信用管理：制度、方法与实务

耿得科　主　编

陈　文　马　强　副主编

中国财经出版传媒集团

经济科学出版社
Economic Science Press

·北 京·

图书在版编目（CIP）数据

信用管理：制度、方法与实务 / 耿得科主编 . --
北京：经济科学出版社，2024.4
ISBN 978 - 7 - 5218 - 5734 - 4

Ⅰ.①信… Ⅱ.①耿… Ⅲ.①贷款管理 - 教材 Ⅳ.
①F830.51

中国国家版本馆 CIP 数据核字（2024）第 062946 号

责任编辑：白留杰 凌 敏
责任校对：隗立娜
责任印制：张佳裕

信用管理：制度、方法与实务

耿得科 主 编
陈 文 马 强 副主编

经济科学出版社出版、发行 新华书店经销
社址：北京市海淀区阜成路甲 28 号 邮编：100142
教材分社电话：010 - 88191309 发行部电话：010 - 88191522
网址：www. esp. com. cn
电子邮箱：bailiujie518@ 126. com
天猫网店：经济科学出版社旗舰店
网址：http://jjkxcbs. tmall. com
北京鑫海金澳胶印有限公司印装
787 × 1092 16 开 16.75 印张 320000 字
2024 年 4 月第 1 版 2024 年 4 月第 1 次印刷
ISBN 978 - 7 - 5218 - 5734 - 4 定价：46.00 元
（图书出现印装问题，本社负责调换。电话：010 - 88191545）
（版权所有 侵权必究 打击盗版 举报热线：010 - 88191661
QQ：2242791300 营销中心电话：010 - 88191537
电子邮箱：dbts@ esp. com. cn）

前　言

肇始于 19 世纪 40 年代美国的现代信用管理，已经成为市场经济活动的重要内容。20 世纪 80 年代以后，改革开放有力推进了中国信用管理的发展。从行业发展、学科建设到人才培养，中国的信用管理取得了长足的进步。当前，随着社会信用体系建设的深入推进，信用管理在国民经济和社会发展中日益发挥重要的作用。相对于高质量发展的要求，在理论、制度、实践、人才等多个方面，信用管理仍有一些亟待加强的地方。

本书意在将西方信用管理理论与中国具体实际相结合，与时俱进，推进中国特色的信用管理体系及人才培养体系的完善，助力新时代中国特色社会主义事业行稳致远。故在内容编排上，具有以下特点：全流程全方位信用管理；定量定性分析协同的信用管理；融入公共信用的信用管理；重视实践能力提升的信用管理。

本书在编写过程中借鉴了国内外许多信用管理专家、学者的研究成果，参阅了多种版本的相关书籍和资料，目的是力求让本书内容规范、新鲜和富有特色。为此，向书中参考文献的作者致谢！同时也广泛参阅了我国新时代社会信用体系建设的理论研究新成果，借鉴了全国各地社会信用体系建设探索与实践的经验，增加了部分新内容，力求体现信用管理与时俱进的时代特色。本书可作为高校信用管理教育教材以及政企各界信用人士的参考手册，也可用于信用管理师职业技能考试辅导用书。

本书在编写过程中得到国内不少信用管理专家的悉心指导，对本书的编写提出了许多宝贵的指导意见，在此谨表谢意！由于时间仓促，水平有限，仍难免有疏漏不妥之处，敬请批评指正！

编　者

2024 年 4 月

目 录

▶ 第一章　客户资信管理 ◀

▶ 第二章　企业信用管理 ◀

▶ 第三章　信用风险管控 ◀

▶ 第四章　征信与信用评级 ◀

▶ 第五章　公共信用管理 ◀

第一章　客户资信管理

第一节　客户信用信息采集与核实

信用信息一般指反映经济主体守信履约状态的信息。采集客户信用信息的主要目的是分析判断客户偿还债务的意愿和能力。基于信息采集的成本收益分析，这类信息采集并非越多越好，应有一个适当的界限范围。在一定的条件下，侧重采集与客户偿债意愿和能力密切相关的信息；与此关系较弱或者基本没有关系的信息，不建议采集。当然，不同的企业，分析研判信用信息的能力和水平不同，则采集同一客户的信用信息范围会有差别，但是客户信用信息的基本范围和内容，基本一样。

一、现场采集信用信息

现场采集客户信用信息主要有两种形式，一是以面访的形式采集；二是以进入现场的形式采集。

（一）面访采集客户信用信息

面访采集客户信用信息是指通过与客户的面对面交谈了解客户信用状况的一种调查活动。相比其他信用调查方式，面访被认为是考察客户信用状况最行之有效的方法之一。有经验的信息采集人员可以通过面访直观而准确地了解客户的品格和能力，评估客户的偿还意愿和能力，判断授予客户信用的风险性水平。信息采集人员在与客户的交谈中，应密切观察客户的言谈举止，既要认真记录客户的谈话内容，又要通过提出各种有针对性的问题识别、验证客户的信用状况。

1. 面访采集客户信用信息的基本流程。

（1）当新客户提出信用申请要求时，销售人员应立刻开始采集客户的相关信用信息，着手准备需要向客户了解的问题大纲。

（2）准备工作完成后，销售人员应预约安排与客户面访的具体时间，告知客户面谈的主题内容。

（3）与客户约定时间后，销售人员应与企业信用管理部门负责人联系，报告面访的相关情况。企业信用管理部门负责人决定是否参加面访，并及时回复销售人员。

（4）面访结束后，销售人员应撰写面访报告（见表1-1）。报告中除了详细记载面访的全部内容外，还必须在每一项调查内容上加入销售人员的意见。报告随客户信用申请表一起提交信用管理部门。在信用管理人员参加面访的情况下，信用管理人员审核销售人员面访报告时必须有自己的意见。

表1-1　　　　　　　　　　　　　现场调查报告

信用信息采集人员：　　　　　　　　　　　　　　信用信息采集时间：　　年　月　日

面访对象				
客户名称				
被调查人员		所属部门		职务	
被调查人员		所属部门		职务	

进场调查对象				
被调查人员		所属部门		职务	
被调查人员		所属部门		职务	
被调查人员		所属部门		职务	

一、面访记录

1. 对客户品格的考察
  （1）向客户提出的问题：＿＿＿＿＿＿＿＿＿＿＿＿＿＿＿＿＿＿＿＿＿＿＿＿
  客户的回答：＿＿＿＿＿＿＿＿＿＿＿＿＿＿＿＿＿＿＿＿＿＿＿＿＿＿＿＿
  （2）向客户提出的问题：＿＿＿＿＿＿＿＿＿＿＿＿＿＿＿＿＿＿＿＿＿＿＿＿
  客户的回答：＿＿＿＿＿＿＿＿＿＿＿＿＿＿＿＿＿＿＿＿＿＿＿＿＿＿＿＿

2. 对客户能力的考察
  （1）向客户提出的问题：＿＿＿＿＿＿＿＿＿＿＿＿＿＿＿＿＿＿＿＿＿＿＿＿
  客户的回答：＿＿＿＿＿＿＿＿＿＿＿＿＿＿＿＿＿＿＿＿＿＿＿＿＿＿＿＿
  （2）向客户提出的问题：＿＿＿＿＿＿＿＿＿＿＿＿＿＿＿＿＿＿＿＿＿＿＿＿
  客户的回答：＿＿＿＿＿＿＿＿＿＿＿＿＿＿＿＿＿＿＿＿＿＿＿＿＿＿＿＿

3. 对客户战略经营方针的考察
  （1）向客户提出的问题：＿＿＿＿＿＿＿＿＿＿＿＿＿＿＿＿＿＿＿＿＿＿＿＿
  客户的回答：＿＿＿＿＿＿＿＿＿＿＿＿＿＿＿＿＿＿＿＿＿＿＿＿＿＿＿＿
  （2）向客户提出的问题：＿＿＿＿＿＿＿＿＿＿＿＿＿＿＿＿＿＿＿＿＿＿＿＿
  客户的回答：＿＿＿＿＿＿＿＿＿＿＿＿＿＿＿＿＿＿＿＿＿＿＿＿＿＿＿＿

4. 对客户资源优势的考察
  （1）向客户提出的问题：＿＿＿＿＿＿＿＿＿＿＿＿＿＿＿＿＿＿＿＿＿＿＿＿
  客户的回答：＿＿＿＿＿＿＿＿＿＿＿＿＿＿＿＿＿＿＿＿＿＿＿＿＿＿＿＿
  （2）向客户提出的问题：＿＿＿＿＿＿＿＿＿＿＿＿＿＿＿＿＿＿＿＿＿＿＿＿
  客户的回答：＿＿＿＿＿＿＿＿＿＿＿＿＿＿＿＿＿＿＿＿＿＿＿＿＿＿＿＿

5. 对客户经营管理团队的考察
　　（1）向客户提出的问题：＿＿＿＿＿＿＿＿＿＿＿＿＿＿＿＿＿＿＿＿＿
　　客户的回答：＿＿＿＿＿＿＿＿＿＿＿＿＿＿＿＿＿＿＿＿＿＿＿＿＿＿
　　（2）向客户提出的问题：＿＿＿＿＿＿＿＿＿＿＿＿＿＿＿＿＿＿＿＿＿
　　客户的回答：＿＿＿＿＿＿＿＿＿＿＿＿＿＿＿＿＿＿＿＿＿＿＿＿＿＿

6. 对客户身份、信用申请目的和偿付能力的考察
　　（1）向客户提出的问题：＿＿＿＿＿＿＿＿＿＿＿＿＿＿＿＿＿＿＿＿＿
　　客户的回答：＿＿＿＿＿＿＿＿＿＿＿＿＿＿＿＿＿＿＿＿＿＿＿＿＿＿
　　（2）向客户提出的问题：＿＿＿＿＿＿＿＿＿＿＿＿＿＿＿＿＿＿＿＿＿
　　客户的回答：＿＿＿＿＿＿＿＿＿＿＿＿＿＿＿＿＿＿＿＿＿＿＿＿＿＿

7. 对客户资金运用的考察
　　（1）向客户提出的问题：＿＿＿＿＿＿＿＿＿＿＿＿＿＿＿＿＿＿＿＿＿
　　客户的回答：＿＿＿＿＿＿＿＿＿＿＿＿＿＿＿＿＿＿＿＿＿＿＿＿＿＿
　　（2）向客户提出的问题：＿＿＿＿＿＿＿＿＿＿＿＿＿＿＿＿＿＿＿＿＿
　　客户的回答：＿＿＿＿＿＿＿＿＿＿＿＿＿＿＿＿＿＿＿＿＿＿＿＿＿＿

8. 对客户抵押担保情况的考察
　　（1）向客户提出的问题：＿＿＿＿＿＿＿＿＿＿＿＿＿＿＿＿＿＿＿＿＿
　　客户的回答：＿＿＿＿＿＿＿＿＿＿＿＿＿＿＿＿＿＿＿＿＿＿＿＿＿＿
　　（2）向客户提出的问题：＿＿＿＿＿＿＿＿＿＿＿＿＿＿＿＿＿＿＿＿＿
　　客户的回答：＿＿＿＿＿＿＿＿＿＿＿＿＿＿＿＿＿＿＿＿＿＿＿＿＿＿

二、进场记录

1. 对客户的工作环境、从业人员的考察
　　现场环境：＿＿＿＿＿＿＿＿＿＿＿＿＿＿＿＿＿＿＿＿＿＿＿＿＿＿＿＿
　　现场被调查人员的信息反馈：＿＿＿＿＿＿＿＿＿＿＿＿＿＿＿＿＿＿＿＿

2. 对客户购货情况的考察
　　现场环境：＿＿＿＿＿＿＿＿＿＿＿＿＿＿＿＿＿＿＿＿＿＿＿＿＿＿＿＿
　　现场被调查人员的信息反馈：＿＿＿＿＿＿＿＿＿＿＿＿＿＿＿＿＿＿＿＿

3. 对客户库存情况的考察
　　现场环境：＿＿＿＿＿＿＿＿＿＿＿＿＿＿＿＿＿＿＿＿＿＿＿＿＿＿＿＿
　　现场被调查人员的信息反馈：＿＿＿＿＿＿＿＿＿＿＿＿＿＿＿＿＿＿＿＿

4. 对客户销售情况的考察
　　现场环境：＿＿＿＿＿＿＿＿＿＿＿＿＿＿＿＿＿＿＿＿＿＿＿＿＿＿＿＿
　　现场被调查人员的信息反馈：＿＿＿＿＿＿＿＿＿＿＿＿＿＿＿＿＿＿＿＿

5. 对客户生产情况的考察
　　现场环境：＿＿＿＿＿＿＿＿＿＿＿＿＿＿＿＿＿＿＿＿＿＿＿＿＿＿＿＿
　　现场被调查人员的信息反馈：＿＿＿＿＿＿＿＿＿＿＿＿＿＿＿＿＿＿＿＿

三、内部管理

内部管理制度	□非常严格	□比较严格	□不太严格
中层人员变动	□较稳定	□ 20%以上	□ 40%以上
短中长期计划性	□均有计划方案	□有部分计划方案	□没有计划方案
财务管理	□非常严格	□比较严格	□不太严格
账款控制力度	□账款控制严格	□账款控制一般	□账款控制不严格

四、产品与市场			
产品竞争性	□少有竞争对手	□行业中有较强竞争性	□行业竞争对手多
产品销售情况	□基本能满足生产能力	□较好，但也有部分积压	□积压较严重
销售渠道	□销售渠道众多	□有一些固定销售渠道	□销售渠道较少，或集中在少数几家
产品市场前景	□正在提升	□保持现状	□市场前景较悲观
产品销售趋势	□正在提升	□保持现状	□正在下降
产品市场范围	□全球	□全国	□地区
供应商情况	□供应商稳定	□供应商不十分稳定	□从未有供应商
购买商情况	□购买商多而稳定	□购买商少但稳定	□购买商刚建立并数量少
业内规模	□处于前列	□处于中游	□处于下游
市场地位	□市场领导者	□市场跟随者	□市场挑战者
五、生产活动			
机器负荷情况	□满负荷	□有较少闲置	□有较多闲置
人员负荷情况	□满负荷	□有较少闲置	□有较多闲置
六、发展前景			
行业发展趋势	□朝阳行业	□成熟行业	□衰退行业
政策支持力度	□大量政策扶持	□有一定政策扶持	□没有政策扶持

2. 面访采集客户信用信息的基本要求。

（1）时机要求。原则上一个新客户提出信用申请时，信息采集人员都必须对客户进行面访，当面采集客户的信用信息。当老客户在付款能力和付款意愿方面出现问题，并危及债务偿还的时候，信用经理也有必要对客户进行面访。新客户的面访应安排在信用评价或者作出决策前进行；老客户的面访应在客户出现危机或出现危机重大事项时立刻安排。

（2）人员要求。对于非重要客户或者条件不允许时，销售人员充当面访时的信息采集人员。对于重要客户，信用管理人员有条件见到客户时，信用管理人员应单独或联合销售人员对客户进行面访。

（3）技巧要求。信息采集人员不能让客户有被审问的感觉，更不能居高临下，怀着不信任的态度进行会谈。提问时应该采用敬语，并用假设和推测的方式询问。不论多么重要的会谈，不论怎样怀疑客户的信用，面访的气氛都应该是和谐友好的。信息采集人员应善于缓和会谈的气氛，使面访变成一个相互了解、增加信任的场所和与对方建立良好关系的开始。

3. 面访采集客户信用信息的问题设计。面访的内容主要是围绕企业经营、财务运营、公司治理等方面展开。事前对客户企业开展翔实的调查研判，可以提高面访内容安排、问题设计的针对性，提高面访效率。调查人员可事先通过销售部门、客户的企业网站或搜索引擎、企业内部保存的客户信用记录、客户信用相关方提供的信息以及客户自己提交的资料等渠道尽可能详细了解，进而组织高效率的面访活动。

在面访时，调查人员主要询问客户以下方面的问题：

（1）客户企业经营管理状况。①从资料中反映，贵公司近3年的销售收入和利润方面不十分理想，是否在经营上有一点困难？②听说贵公司的管理层有一定变动（或企业正在改制），企业在经营和人事的哪些方面将进行调整？③贵公司好像在经营方向上有所调整，这种调整基于什么考虑？

（2）评估客户财务和付款情况的问题。①从财务报表中我们看到贵公司的应收账款较多，最长的应收账款（或DSO）大致是多长？②从财务报表中我们看到贵公司的应付账款周转期较长（或与应收账款周转期差距较大），贵公司对外支付是否较为缓慢？③有的企业反映贵公司付款的速度较慢，这是普遍现象吗？

（3）围绕客户银行往来情况的问题。①贵公司的结算银行好像不止一家，请问贵公司结算银行主要是哪几家？②贵公司的贷款较大，短期和即将到期的贷款数额大致多少？

（4）评估客户企业管理者品格的问题。①您的从业背景和经验是否对企业的经营发挥了重要的作用？②听说贵公司最近涉及一项法律诉讼（行政处罚、经营决策失误等），请介绍一下情况。③从资料上看，贵公司好像存在一些对外支付的压力，通过什么方法解决？

（5）评估企业管理者能力的问题。①贵公司的经营管理理念是什么？②如何能够管理好一家企业，管理的核心是什么？③贵公司如何进行团队建设？

（6）评估企业战略经营方针的问题。

贵公司经营方针和计划是什么（3年或5年计划是什么）？

（7）评估企业竞争优势的问题。

您认为您的企业最突出的优势和资源是什么？

（8）评估企业管理层合理性和稳定性的问题。①董事长和总经理是否同一人？②总经理对董事长的评价如何？

（9）判断客户身份、偿付能力的问题。①贵公司好像刚刚进入这个行业，贵公司为什么进入该行业？②贵公司以往供货商有哪些，为什么放弃继续合作？③贵公司的购买商有哪些？与购买商或代理商在什么时候建立起合作关系？这些购买商合作了几年，每年的采购方式是什么？④贵公司的销售渠道（或客户）较少，如果它们停止购货，贵公司如何应对？⑤如何能够保障按期偿还货款？如果购买商没有按期偿还货款是否会影响贵公司付款？

（10）判断客户资金使用方面的问题。①听说最近贵公司要进行大额资产购置，这些资金从哪里筹措，是否会对支付造成一定的影响？②听说贵公司正在向多元化发展（或对外大额投资），这些投资大约多长时间可以开始盈利？③听说贵公司的管理者热衷于在资本市场的短线投资和资金运作，可否介绍一下这方面的情况？

（11）了解客户在抵押、担保方面情况的问题。①听说贵公司为其他企业提供了担保，请问是否存在此类担保，担保数额的大小？②贵公司向银行贷款是以什么资产担保的？

（二）进场采集客户信用信息

进场采集信用信息是通过对客户现场实际工作、经营状况的考察，了解和核实客户信用状况的调查活动，其优势体现在"现场"，一切调查均来自第一手资料。

1. 进场采集客户信用信息的基本流程。

（1）进场采集信用信息前，信息采集人员应该详细了解该客户的基本情况，制定调查大纲，有计划和有针对性地准备调查的内容。

（2）进场采集信用信息前，应判断客户是否愿意配合调查。如果客户非常重要和强势，并且非常强烈地反对调查，那么信息采集人员的调查可在非公开的情况下进行，不必通知客户调查的情况。如果客户相对弱势或并不介意被调查，为节省时间，信用采集人员可以通知客户安排调查的接待单位和人员。

（3）进场采集工作结束后，应由销售人员撰写现场采集信息的报告。无论是销售人员还是信用管理人员进行实地调查，在调查结束后，都必须撰写"进场采集调查报告"。报告中除了详细记载全部调查内容外，还必须在每一项调查内容上加入信息采集人员的评语和参考意见。报告随后提交信用管理部门。在信用管理人员参加进场采集工作的情况下，信用管理人员审核销售人员报告时可以加入自己的意见。现场调查表包括面访采集信息和进场采集信息。

2. 进场采集客户信用信息的基本要求。

（1）时机把握。一般情况下，企业的信用管理相关制度并不要求所有客户信用申请都必须进场采集信用信息。进场采集客户信用信息的成本是所有信息采集方式中成本最高的，而且可能耗费较多的调查时间。因此，信用管理政策规定，只有在条件许可的情况下，才有必要进场采集信息。

由于销售人员销售工作的便利，在很多情况下销售人员都有机会进入客户现场，这是包括信用管理人员在内的其他人员都不具备的优越条件。销售人员应该充分利用这个便利条件，为企业采集大量的重要信息。对于一些非常重要的客户和业务，有时信用管理人员也会独立或共同完成进场采集客户信用信息的工作。

（2）人员安排。绝大多数进场采集信息的工作由销售人员完成。对于一些重要的或金额巨大的信贷和信用销售，以及授信方与客户所在地在合理距离内时，信用政策中也要求信用管理人员甚至信用经理参加。

（3）注意技巧。进场调查应在和谐友好的气氛中进行。富有经验的信用管理人员会在不知不觉中完成实地调查。

3. 进场采集客户信用信息的主要内容。进场采集的客户信用信息包括但不限于客户生产购货、存货、销售等生产经营信息，以及办公场所和人员状况。相对于客户的财务报表信息，客户购销存和生产情况更加真实，不易作假、修饰、隐瞒，不但能够反映客户真实的经营能力，而且还能验证客户提交的财务报表和信用申请表的真实性。因此，进场后需要重点采集以下五个方面的信息。

（1）生产状况。信息采集人员应走访客户的生产部门，获得客户的生产状况信息。如果客户是一个生产型企业，就有必要对客户的生产能力进行调查。生产能力包括生产设备能力和运转能力，设备能力是机械的设计能力；运转能力是加入原材料、人工、时间等生产要素的总体能力。调查客户的生产能力，首先要了解客户生产能力的计算基准和计算方法。计算基准要素包括每月工作天数、每日工作小时数、每日几班制、机器保养期间、适当运转基准和计算单位等。其次要调查现有职工人数是否与生产能力相适应。通过这些调查，大致可以测量出客户的生产量，验证其他数据中有关客户购销存数字的准确性。

（2）购货状况。信息采集人员可以通过走访客户的合同部门或采购部门获得客户的购货信息。对于一个平稳发展的企业，业务已经定型，每年的购货渠道比较稳定。通过对客户购货渠道和购货合同的了解，能大致计算出该客户全年或一个时期的购买量、销售成本等数据。如果客户没有固定的购销渠道，业务随机性大，存货不能满足生产需要，虽然这个客户的发展潜力可能很大，也会给授信方带来较大的信用风险，在信用评估和决策时应十分慎重。

（3）销售状况。信息采集人员应走访客户的合同管理部门或销售部门，获得客户的销售状况信息。销售活动是企业经营活动最重要的组成部分，无论企业的生产能力有多强，如果产品不能销售出去，企业经营创造利润的最终目标就无法实现。因此，销售能力的调查十分重要。销售能力的调查包括以下几个方面：客户近三年的销售业绩、销售价格、销售渠道、主要销售对象和客户数量、收款情况等。

（4）存货状况。信息采集人员应走访客户的仓储部门，了解原材料和产成品的库存金额、每月或每日耗用量、进货量及库存周转时间，同时也可以顺便了解原材料的进货价格等信息。原材料是企业生产环节中的重要环节，若原材料不足则生产会受到严重影响，甚至难以为继；反之，原材料过多，不仅积压大量现金，而且会大大增加企业的管理费用，甚至影响存货的品质。产成品也是如此，过多的产成品积压说明企业的销售环节出现了问题。因此，企业的原材料存货和产成品存货必须适当。

（5）生产经营场所、办公场所和相关人员状况。客户的生产经营场所、办公场所，从一个侧面反映企业的资金实力和规模。生产、经营和办公场所与客户的资金实力、经营规模、销售收入、利润状况密切相关。如果客户提交的资料显示客户的资金实力和规模很大，但是场所的规模、环境却不相称，客户提交的资料就值得怀疑。如果客户的场所过于豪华气派，与客户的资金实力和规模不符，也需要对客户的真实状况进行核实。企业员工的工作态度、积极性、对企业的看法和忠诚度、薪金水平和福利待遇、员工流动情况等信息，也能够从一个侧面反映企业的经营管理状况。其中，员工对企业的看法和忠诚度最需要调查了解。

二、非现场采集客户信用信息

（一）向客户直接索取相关信用信息

信息采集人员应直接向客户索要相关资料，包括客户的相关证照、信用申请表和财务报表等，以验证客户的身份，了解客户的信用状况。

（二）通过相关方采集客户信用信息

相关方曾经与该客户发生过经济往来和信用往来，掌握着客户大量信用信息和交易记录，对企业信用评估和决策帮助巨大。因此，采集客户信用相关方信息是客户信用信息采集的必要程序之一。

1. 通过关联银行采集客户信用信息。在采集客户关联银行信息时，应对以下进行重点调查。

（1）关联银行数量的调查。企业往来银行的数量应适合其营业规模。如果一家企业关联银行过多，那么这家企业与每家银行的往来关系都不会很紧密，而且企业的资金和存款调度也可能经常发生错误。正常经营、信用良好的企业不会多头开户，而会将其绝大多数业务放在一家银行。因此，关联银行过多的企业本身十分值得怀疑，所以，信息采集人员应该调查企业的关联银行数量，并详细了解每家银行的重要程度和相关客户信息。在财务结算过程中，如果一个客户的付款银行经常发生改变，也是一个危险信号，应被记录到客户信用档案中，作为信用管理部门决策的依据。

（2）银行借款金额的调查。如果从客户财务报表中或其他途径了解到客户存在银行借款，信息采集人员应向客户提供的银行进行调查核实。银行借款调查核实内容包括贷款种类、期限、担保品、贷款偿还情况等内容。如果通过调查发现客户提供的借款金额与银行提供的信息严重不符，信息采集人员应立刻与客户进行核实和查证，也可查询中国人民银行征信系统。

（3）银行存款数量的调查。信息采集人员还应调查客户在银行的存款数量。在得到客户的授权后，信息采集人员可以向银行询问客户在银行的存款数量。

（4）基本账号资金往来情况的调查。信息采集人员应向客户开设基本账号的银行询问客户资金往来的情况。要求银行提供详细数据显然要求太高，但是询问这个账号的资金往来是否活跃则通常可以得到答复。

（5）获得银行对客户的评价。在调查客户的关联银行信息时，最好能获得银行对客户的评价。需要合理看待银行对客户的评价结果，通常情况下银行对客户的评价比客户上游供应商的评价更具参考价值。

2. 通过上游供应商采集客户信用信息。客户的上游供应商是了解客户信用非常重要的信息来源，信息采集人员或信用经理应把采集客户上游供应商信息作为重要的工作任务。对于客户上游供应商，应围绕着客户的付款意愿和付款能力进行重点调查。对于付款意愿的调查，要了解客户以往的付款习惯、账款平均付款速度、有无经常拖欠的记录、有无经常提出质量争议的记录和退货记录等。在付款能力方面，可以了解客户有无因为财政困难而延迟付款的现象，或开出支票被退回的现象。

在直接与客户的上游供应商联系时，最好是由信用经理打电话，这样可以表示出对事情的重视程度，以及对对方的尊重。在联系申请人供应商时，如果供应商有信用管理部门，应直接联系对方的信用经理；如果没有信用管理部门，应联系供应商的销售部门负责人。

打电话是最好的联系方式，这种方式既节省费用，又能够将自身要求陈述清楚。虽然如此，许多银行和供应商不愿在电话中透露申请人的信用记录或其他相关信息，它们通常要求授权书，这时就必须通过发传真的形式将客户信用申请表的授权内容发给申请人的银行或供应商，再进一步进行调查。

3. 通过下游购买商采集客户信用信息。信息采集人员采集客户下游购买商的信息（见表1-2），一是可以验证客户销售的真实性；二是可以了解其客户群体的构成和销售范围；三是可以了解客户销售渠道的稳定性。对于客户的下游购买商，应围绕着客户的销售能力进行重点调查。要了解客户与下游交易方的交易金额、产品价格、产品质量、交易方式、结算方式、合作的延续性和发展趋势等内容。

表1-2   客户信用相关方调查表样例

客户名称：
调查表完成日期：　　　　　　　　　　　　　　　　调查人：
1. 上游供应商信息
供应商1：＿＿＿＿＿＿＿＿＿＿＿＿＿＿＿＿＿　　联系人：＿＿＿＿＿＿＿＿＿＿＿＿＿
开始经济往来日期：＿＿＿＿＿＿＿＿＿＿＿＿　　目前给予信用条件：＿＿＿＿＿＿＿＿

最高信用额度：_____ 现欠款：_____ 逾期账款总额：_____
DSO：_____ 质量争议和退货情况：_____
供应商对客户评价：_____
_____

供应商2：_____ 联系人：_____
开始经济往来日期：_____ 目前给予信用条件：_____
最高信用额度：_____ 现欠款：_____ 逾期账款总额：_____
DSO：_____ 质量争议和退货情况：_____
供应商对客户评价：_____

2. 银行信息

关联银行数量：资金往来银行_____家　　一般账户银行_____家
信贷往来银行_____家
银行1：_____ 联系人：_____
银行往来性质：□资金往来银行　　□一般账户银行　　□信贷往来银行
开始经济往来日期：_____ 银行存款额：_____ 贷款额：_____
贷款种类：_____ 期限：_____ 担保品：_____ 贷款偿还情况：_____
银行对客户评价：_____
_____

银行2：_____ 联系人：_____
银行往来性质：□资金往来银行　　□一般账户银行　　□信贷往来银行
开始经济往来日期：_____ 银行存款额：_____ 贷款额：_____
贷款种类：_____ 期限：_____ 担保品：_____ 贷款偿还情况：_____
银行对客户评价：_____
_____

3. 下游购买商信息

购买商1：_____ 联系人：_____
开始经济往来日期：_____ 目前采用结算方式：_____
合同期限：_____ 年交易额：_____ 产品质量：□好　□一般　□较差
购买商对客户评价：_____
_____

购买商2：_____ 联系人：_____
开始经济往来日期：_____ 目前采用结算方式：_____
合同期限：_____ 年交易额：_____ 产品质量：□好　□一般　□较差
购买商对客户评价：_____
_____

（三）通过政府部门采集客户信用信息

企业征信数据中，大部分征信数据掌握在相关政府部门和商业银行手中。相关的政府部门主要包括市场监管、应急管理、税务、海关、统计、法院、国土等部门。从政府部门采集信用信息时，信用管理人员应做到：一是明确各部门掌握的信息；二是及时跟踪和掌握政府信息公开相关法规和政策；三是关注信用体系建设工作进展情况，并分享信用体系建设的成果。

政府部门归集的企业信用信息。市场监督管理部门（工商行政管理部门）是信用管理人员确认客户合法身份的主要途径和信息来源，掌握的信息包括：企业工商注册登记信息，含设立、变更、注销相关信息；企业年度报告信息；企业股权结构信息；企业董事、监事、经理及其他主要经营管理者信息；专项许可和资质信息；荣誉信息；行政处罚信息和信用等级认定信息等。税务部门掌握的企业信息主要反映企业的纳税状况，可以间接说明企业的诚实守信经营意愿和能力，同时相关证明和证件也可以反映企业的合法经营状况。主要包括税务登记信息、非正常户信息、欠税记录、行政处罚信息、税务信用等级评价信息、违法违章信息等。

此外，质监部门掌握组织机构代码登记信息、产品质量信用信息、行政处罚信息、质量事故信息、黑名单信息等；法院掌握结案信息和被执行信息；国土部门掌握办理房屋所有权登记、转移、变更、注销以及设定他项权登记等信息；环保部门掌握专项许可和资质信息、行政处罚信息、荣誉信息、各类事故责任信息等；外汇管理部门掌握外贸经营权企业从事外汇交易活动的外汇交易额、进出口货物情况、结汇情况、应收账款情况信息等。

（四）通过征信市场购买客户信用调查报告

从征信市场可购买信用信息，也可购买企业资信调查报告和个人信用报告。简单地说，征信市场是指由征信机构组成的专门市场；征信机构是指从事征信业务的各类机构。按《征信业管理条例》定义，征信业务是指对企业信用信息和个人信用信息进行采集、整理、保存、加工，并向信息使用者提供的活动。

1. 企业信用调查报告的内容和格式。我国已出台适用于企业信用调查服务活动的国家标准《企业信用调查报告格式规范：基本信息报告、普通调查报告、深度调查报告（GB/T 26817–2011）》。该标准规定了三项内容：

（1）主要类别。企业资信调查报告可分为基本信息报告、普通调查报告、深度调查报告和专项报告等。

（2）主要内容。企业资信调查报告共分四个部分：封面、声明、正文、附件。

（3）基本信息报告、普通调查报告、深度调查报告的主要正文内容。

①基本信息报告。有些公司将这类报告称为注册资料报告。这是我国内地提供的一种特殊形式的调查报告。这种报告价格低，内容少，以注册登记信息为主。

诚信征信称之为简明信用报告，用于核实和了解报告主体的注册登记信息和股东信息，识别合法性；适用于对初次接触合作伙伴进行法人主体资格核实和股东情况调查。

按国标规定，基本信息报告的正文内容主要包括企业注册信息和企业联系信息两大类；正文具体内容包括组织信用主体标识码、企业名称（中文）、企业名称（英文）、营业执照注册号、工商注册登记机关、组织机构代码、住所、法定代表人、经营范围、经济性质、企业类型、成立日期、营业期限起止日期、税务登记代码、联系地址、邮政编码、传真和电子邮箱等。

②普通调查报告。一份完整的普通调查报告，其内容除企业基本信息外，还包括企业组织结构、分支机构及下属企业、历史沿革、董事与主要经营者信息、营运状况、人员状况、财务报表、银行往来信息、财务和经营指标、公共记录、信用等级、总体评价等。

部分征信机构称之为标准信用报告，用于核实和了解报告主体的基本信用状况，判断应收或预付的交易风险，保障交易活动的安全性及货款回收的及时性；适用于对一般商业合作伙伴进行即时或定期信用审核和信用评估。

按国标规定，普通调查报告的正文内容主要包括基本信息、经营管理信息、财务信息、银行往来信息、进出口信息、历史沿革信息、公共信息、现场核实和其他信息（见表1-3）。

表1-3   普通调查报告正文基本内容

普通调查报告正文基本内容
B. 1　基本信息
B. 2　经营管理信息
B. 2. 1　经营场所信息
B. 2. 2　主要资质信息
B. 2. 3　专项登记证信息
B. 2. 4　上市信息
B. 2. 5　股权结构信息
B. 2. 6　主要经营管理者信息
B. 2. 6. 1　董（监）事会主要成员
B. 2. 6. 2　经理及其他高级管理人员
B. 2. 7　人员构成
B. 2. 8　分支机构信息
B. 2. 9　经营状况信息
B. 2. 9. 1　主要设备
B. 2. 9. 2　主要产品（商品）
B. 2. 9. 3　主要服务项目
B. 2. 9. 4　无形资产
B. 3　财务信息
B. 3. 1　资产负债信息（资产）
B. 3. 2　资产负债表［负债及所有者权益（股东权益）］
B. 3. 3　利润表
B. 3. 4　现金流量表
B. 4　银行往来信息

续表

B.4.1 开户信息
B.4.2 银行融资信息
B.5 进出口信息
B.6 历史沿革信息
B.7 公共信息
B.7.1 荣誉信息
B.7.2 不良信息
B.7.3 司法记录信息
B.8 现场核实信息
B.9 其他信息

③深度调查报告。是指对被调查对象更深入地进行调查，侧重对企业的财务状况分析和运营状况分析，注重的是事实，而不是增加数学方法的数据处理。深度调查报告广泛用于企业并购、企业拍卖、抢夺大客户、重大项目的合作和法律诉讼等方面。

中诚信征信将其深度信用报告产品定义为：用于核实和了解报告主体的全面信用状况，用于重大合资、合作事件或投资、收购、兼并等状态下进行重点调查，提供进一步业务合作方案的决策支持；适用于对重要商业合作伙伴进行重点信用审核和信用评估。

按照国标，深度调查报告的正文内容主要包括基本信息、组织机构信息、经营管理信息、主要关联信息、历史沿革信息、财务信息、银行往来信息与融资信息、其他融资信息、担保信息、付款信息、进出口信息、行业分析、公共信息、信用评价信息、现场核实信息、综合评价等。

2. 通过征信市场采集客户信用信息优缺点。从征信市场采集客户信用信息具有其他采集渠道无法比拟的优势，总结如下：

（1）内容全面。一份由专业资信调查公司提供的资信调查报告包括几乎所有能够反映企业信用状况的信息，包括公司概要、公司背景、业务情况、付款记录、财务情况、银行往来、公共记录、综合评估等内容。

（2）信息及时。资信调查报告从委托到完成一般需要 7～10 个工作日，这个时间可以满足大多数企业的业务需要。如果企业需求迫切，资信调查公司可以在最短 3 个工作日内提供。可以说，没有哪个渠道和方法能够比征信市场采集信息更快捷。

（3）内容专业。①大多数资信调查报告都包含被调查企业的财务信息，资信调查报告还对这些财务信息进行详细的分析，并写明分析结果。②普通调查报告包含信息采集人员实地走访的内容，这些信息能够真实反映一家企业的经营情况，在企业无法现场采集客户信息的情况下，资信调查公司的实地走访对核实客户身份十分必要。③对于中小企业，有时即使掌握了客户的一些信用信息，也无法准确评估客户的信用状况。由于资信调查公司保存着大量行业信息和企业信息，并且长期从事资信调查和信用评估工作，因此，可以比较准确地分析被调查企业的信用状况和信用等级。在普通调查报告中都会提出信用评估和决策的建议，为企业的信用决策提供帮助和指导。

（4）成本低廉。成本是大多数企业长期、大量选择资信调查报告的主要原因之一。与企业内部人员调查相比，资信调查收费相对低廉。目前，国内普通调查报告普遍在 1 000 元以下；国际普通调查报告也不超过 2 000 元。

（五）通过其他外部渠道采集客户信用信息

1. 通过行业组织采集客户信用信息。行业协会商会拥有大量的会员掌握着大量的企业信用信息。企业在查询客户信用信息时，行业协会商会可以提供非常有用的行业整体信息、会员企业基本情况等信息。从欧美国家的行业协会可以采集的信息包括客户在行业中口碑、领导者口碑、企业规模、行业排位、企业公共记录、付款记录和政府部门对该企业的评价等。

随着我国改革开放的不断深入，行业协会等社会组织快速发展，我国行业协会在信用体系建设中发挥着越来越重要的作用，所掌握的企业信息也逐渐增多。2005 年，全国整规办印发的《商会协会行业信用建设工作指导意见》提出，建立行业内部信用信息收集渠道，依法收集和记录会员企业在生产、经营中产生的有关信用信息，利用信用信息开展服务。2014 年，民政部、中央编办、发展改革委等八部委印发的《关于推进行业协会商会诚信自律建设工作的意见》提出，行业协会商会要主动与行业主管部门、国家统一信用信息平台、征信机构以及有上下游产业关系的行业组织进行对接，建立信用信息交换共享机制，为会员企业提供全方位的信用信息服务。

目前，有不少行业协会等社会组织专门采集有关本行业发展及从业人员变化的种种信息，建立健全会员企业信用档案、开展会员企业信用评价等，将会员企业信用信息作为评先评优、拓展市场、行业扶持等工作的重要参考。这是反映行业实际情况和发展趋势的重要信息来源。

2. 通过媒体采集客户信用信息。在高度发达的信息社会里，广播、电视、网络、报纸等大众传媒在传导信息上的作用越来越大。此外，电视、广播、互联网各类信息平台也是重要的信息来源，特别是时效性强、覆盖面广的新闻、经济类节目、社会热点，可以借助于网络的力量，进行即时信息收集与积累。

通过公共渠道获得的客户信息是第二手资料，虽然这些信息有时准确性不高，但是调查成本相对较低，尤其是与客户初次接触，或者无法从客户那里直接获得信息时，通常可以通过媒体、网络等公共渠道调查客户信息。

三、客户信用信息的核实

客户信用信息的来源渠道很多，采集方法不同，内容非常丰富等因素都直接影响到信用信息质量的好坏。因此，在采集到信用信息之后，对信用信息的核实和处理非常重要。

客户信用信息核实的目的是对获取的信用信息进行去伪存真的处理，以免虚假或失真的信用信息进入客户信用档案，造成企业授信决策的失误。核实信用信息的方法有四种，即自行核实、委托他人核实、交叉核实和借鉴"现地现认"。

（一）自行核实与委托他人核实

信用管理人员应该先列出需核实问题，并设计安排合理的提问顺序。基本的排序原则是先简单后复杂、先表层后深入。具体排序如下：（1）公司基本信息和实际经营者；（2）公司历史沿革、分支机构、关系企业、股东、出资人；（3）公司厂房、设备；（4）公司的采购、供货销售情况和惯用的收付款方式。

其中，（1）项不属于敏感的信息，通常比较容易从调查对象那里获得。（2）项和（3）项信息的敏感性也比较低，只要信用管理人员具备一定的沟通能力，完全可以获得。（4）项是最难取得的部分。首先，信用管理人员要找到被调查企业的合适人员，一般来说，销售或财务部门的管理人员才能比较全面地掌握这部分信息。其次，核实这部分信息可通过寻找相关单位部门电话进行沟通核实，但对信用管理人员的个人沟通能力要求较高。如果对方怀疑信用管理人员是在为竞争对手收集资料，肯定不会配合信息核实工作。

鉴于核实客户信用信息需要一定的专业经验和技巧，在企业信用管理部门初建、工作人员经验不足时可以考虑委托他人核实信用信息。基于所掌握的信息深度和广度，找出最能胜任该项目并能愉快合作的征信机构或专家。

（二）交叉核实与现地现认

交叉核实信息是指通过多个信息源核实有关客户的同一项信息，经过多方相互交叉验证，以保证客户信用信息的准确性和有效性。对于大宗交易客户，交叉核实客户信息是非常必要的。在企业预算允许的情况下，通过向多家征信机构订购同一客户的报告的方式核实信息，是一个操作简单的方法。

在核实信用信息时要遵循这样一个原则：要设法穷尽每个信息源。例如在向被调查企业财务经理核实信息时，不妨向其核实所了解的销售信息并记录下来。信用管理人员这样做的原因是基于企业的管理层通常有交流的平台，不同部门之间的沟通、协作使其他经理也会对另外部门的情况有一定了解。穷尽一个信息源，不仅可以用来交叉核实信用信息，更为重要的是在预计信息源不配合时，它就成了被调查企业信息的重要来源。

1. 交叉核实。

（1）信息整理。将获得的信息归类、整理，形成正式的文字资料。首先，信用管理人员应该将不同类别的信用信息区分开，其次，将来自不同信息源的同一类信息列示在一起。

（2）信息处理。对来自不同信息源的同一项信息进行处理，应遵循的规则是：二手信息让位于一手信息；底层提供的信息让位高层提供的信息；其他部门提供的信息让位本部门提供的信息。

（3）信息归档。将经过多方校正的客户信用信息归档，用于分析客户的信用状况和资信等级，以保证授信的科学性。

2. 现地现认。信息核实还应与现场调查环节充分结合，也即现地现认。在一些知名的征信企业中，尤为重视这一方法的运用。充分利用实地调研机会，通过近距离观察被调查客户的生产经营等状况，以及与被调查人员的面对面交流，来核实相关信息，既要在事前做好充足的准备，又要在实地调查中随机应变、灵活应对。

（1）前期准备。要做好空间、时间的准备。包括乘车路线、所需时间的估量。阅读和了解被调查企业的相关资料，并熟记于心，这一点对于在后续调查中保持主动性、提高调查效率极为重要。对拜访的流程和需要获取的信息做到心中有数。接待人员可能在交流过程中偏离主题或没有按照预计的顺序回答，这是非常常见的情况。调查人员要做到心中有数，及时引导接待人员的谈话回到主题。

（2）实地调查。调查人员应略早于预约时间到达被调查企业。一方面是出于礼貌，另一方面是厂区周围也会有很多有用的信息，好的调查人员往往非常善于观察，在细微处发现有价值的信息。实地调查中，需要把握好以下工作要领：

①尽可能与实际经营者洽谈。调查人员必须在接洽前找出关键人物，即实际经营者，这样才会有更大收获。通常洽谈进入状态后，经营者会吐露目前工作的经验、资历、经营理念、社会地位、公司未来的发展愿景及对未来市场的走势预测等。

②诱导式切入重点。调查人员随时随地注意企业所处环境中所发生的重要事件，包括国家政策、投资环境、银行利率、经济发展和社会中的重大问题等，这些都是与被调查人员洽谈闲聊时的好题材，在拉近彼此感情的同时，还可以全面收集资料。

与被调查人员的闲聊以精简为原则，多做听众，少做演说者。因为实地调查的目的是采集信息而不是发布信息，在与接待人员洽谈时要认真倾听，尽可能多地收集信息和吸收专业知识。洽谈顺序和电话访谈相似，在面访中，往往不适合当面做记录，因为会引起警觉，影响洽谈效果，故调查人员要将问题熟记于心。

③争取参观或拍照。应礼貌地提出请求，不经允许的参观和拍照在任何企业都是非常敏感的，因为上述行为可能会涉及公司业务机密或专利技术。企业中无处不是信息来源：标语彰显企业文化；车间中的印刷品可以看出原材料或半成品的供货来源；机器设备可以反映出企业设备的来源及年份；仓库可以看出销售情况和管理水平；员工的精神面貌可以看出企业的经营状况；等等。所以调查人员应争取参观的机会，并细心采集信息。

④迅速记录所获取的信息。面访多是口头交流，为了使接待人员更放松地多透露信息，调查人员往往不做任何笔录。所以在离开被调查客户企业后要第一时间记录，以防遗忘。

第二节　客户财务状况分析

一、客户财务状况分析

财务状况分析是客户信用评级的重点。财务状况分析首先是假设企业提供的财务报表是真实的，否则会陷入不可知论，只有基于这个前提，我们才能认真地去分析财务报表数据；其次是通过核实分析客户的资产负债表、利润表和现金流量表各科目数据信息，寻找可能存在的问题。

（一）资产科目分析重点

1. 货币资金。分析货币资金结构的合理性，一是分析保证金占比是否与其需要保证金的负债规模匹配。二是分析可用货币资金是否能够应付日常支出。三是对于账面资金大幅增加或者账面资金很宽松仍大量借款的企业，分析其是否有新的项目投资或其他预期大额支出等情况。

2. 应收账款。

（1）账龄分析。主要是看其账龄结构是否合理，是否与其经营模式匹配。通常大部分企业一年以上的应收账款应占比在20%以下，如果占比偏高，应分析是否存在拖欠货款或者坏账情况。

（2）余额分析。主要看其余额与销售规模是否呈合理关系，周转次数是否正常，增长速度是否与销售同步。对信用政策放松以刺激销售、财务造假风险（例如提前确认销售收入）以及下游客户的强势地位都有可能导致应收账款非正常增长的，则提示坏账风险。

（3）大额分析。一是看大额应收账款是否与公司的主营业务相匹配，若大额应收账款对应的客户与企业主营业务不搭配，则提示公司可能有不正常的经营行为。二是看债务方资质是否良好，若主要客户资信情况良好，则坏账风险低；反之风险高。

（4）关联交易。看应收账款中关联方交易的占比，若关联方款项占比高，一方面可能存在企业经营独立性不强，对关联企业依赖性高，存在联动风险；另一方面反映坏账风险相对降低，下游销售有一定保障。同时结合关联交易的定价来分析企业是否有转移利润的情况。

（5）集中度分析。主要占比是否很高，一定程度上反映了企业的集中度情况。对于集中度很高的企业，要分析公司与客户之间业务是否稳定，下游是否有出现经营风险影响到公司的销售和回款等情况。

3. 其他应收款。其他应收款主要包括关联方借款、其他企业借款、财政补贴、退税和各种保证金等。关联方借款、其他企业借款反映公司的资金管理结构；财政补贴、退税反映企业获得的财政和税收优惠情况；保证金可提示企业的一些经营细节，例如房地产招标保证金反映公司的投标情况等。这个科目重点在对关联方借款、其他企业借款的分析，对关联方占用的资金要分析资金来源和流向。

关联资金占用较多且流向难以明确的企业，反映企业资金管理较为混乱。对于非关联企业借款，要分析借款企业的资质和还款能力情况，对大额的非关联企业占用须关注借款企业和公司之间的关系和业务往来情况，评估是否合规以及坏账损失的风险。

4. 存货。

（1）结构分析。存货包括原材料、在产品和产成品。若存货结构发生较大变化，例如原材料占比大幅上升，应分析其背后的经济意义。例如公司是否因原材料预期价格上升而提前大幅备货，若产成品比例大幅上升，则分析是否有滞销情况等。

（2）余额分析。分析存货余额是否与销售呈合理比率，存货周转次数是否符合行业正常水平。存货周转次数下降则对营运资金的要求就会增加；存货周转次数上升则对营运资金的要求就会减少。

（3）存货价值稳定性和变现能力分析。分析存货是否存在价格波动大，是否出现大额减值，变现能力是否强，例如3亿元的原油存货比3亿元的专用机械存货的变现能力强。

5. 无形资产。无形资产一般包括商誉、土地使用权、专利等。商誉金额较大，反映企业兼并收购的可能性较大。土地使用权则重点分析是否与企业的经营情况相匹配，若是划拨土地则反映政府对公司的支持。技术专利的余额反映企业的研发能力、技术竞争力情况。同时要注意分析公司无形资产虚高以推高资产规模的情况。

（二）负债科目分析重点

1. 短期借款、长期借款。

（1）余额分析。分析债务总量与货币资金、销售收入、资产规模、盈利规模的比例情况，分析其债务规模是否在自身承受范围内。

（2）结构分析。分析长短期借款是否与其资产结构匹配，是否存在短贷长用的情况。短贷长用通常会给企业带来流动性风险。

（3）到期日分析。分析近期到期的贷款余额，估算企业是否可以在短期内筹集资金还款。对短期借款余额较大，占比较高的企业，其经营对银行融资的依赖性较高。银行收贷，则可能引发资金链极度紧张甚至崩溃。

2. 预收账款。对制造业企业来说，预收账款高的，反映企业产品竞争力较强，需求相对旺盛。但也应警惕公司通过预付账款科目进行关联资金调配，甚至虚构贸易背景等情况。

3. 其他应付款。其他应付款一般以企业间资金拆借为主，一可以结合其他应收款来分析集团的资金调配情况和资金管理水平。二可以从应付母公司的款项分析母公司对企业的资金支持力度，从应付各子公司的款项分析企业对子公司的资金调配能力。三可以从应付罚款、诉讼案件赔款、担保代偿款等科目中分析出企业的非主营业务负债情况。

（三）所有者权益科目分析重点

1. 实收资本/股本。实收资本/股本反映公司的股东投入，是公司资本实力最直接的体现。可通过验资报告、银行转账凭证等分析其注册资本到位情况、增资或减资情况以及出资质量。

2. 资本公积。资本公积来源主要分为超额募资、资产增值等，资本公积科目是容易出现水分的科目，要重点关注资本公积在权益中占比很高的情况。重点应分析其对应的来源，若主要对应商誉等无形资产或者股东借款计入资本公积，则应考虑对公司整体资本实力打折扣。

3. 未分配利润。未分配利润是企业留待以后年度分配或待分配的利润，反映企业的利润留存情况，其余额大小和变动情况一方面反映企业近年来的盈利情况；另一方面反映企业的利润分配力度。例如出现企业每年实现利润就大额分配，未分配利润留存很少，且同时企业优质有形资产不高，多年未增资也无新的资产投入，反映出其股东方可能对其前景不看好或者被当作提款机。对未分配利润在权益中占比高的企业，应分析其来源的真实性，是否通过前期销售盈利积累起来的，警惕企业虚增净资产情况。

（四）资产负债结构分析重点

1. 资产结构分析。一是分析流动资产和非流动资产的构成，是否符合其行业特征，流动资产中应收、预付账款和存货的占比是否合理。若某单一科目占比偏高，应分析其原因。二是分析固定资产规模和结构是否符合企业经营现状，有无大规模扩张、资产变现能力等。三是分析无形资产来源和经济意义，即分析无形资产是否能给企业带来实质的效益，大额的商誉和其他不能变现的无形资产应分析其来源以及剔除后对资产负债结构的影响。

2. 负债结构分析。分析应付、预收账款以及长短期借款占比情况，分析企业主要的营运资金来源渠道。一般来说，商业负债的兑付压力要低于银行融资，商业负债占比高的企业面对下游企业的地位相对强势。

3. 权益结构分析。分析权益中各科目余额占比。例如注册资本占比高，则反映股东投入较大，对企业前景看好；例如资本公积占比高，则应分析其产生原因及对应的资产，具体见资本公积科目分析。例如未分配利润占比高，反映公司前期盈利积累良好。

（五）利润表分析重点

1. 收入结构。分析公司销售收入的结构，主要分析其主营业务收入与其他业务收入占比情况，主营业务收入分行业分产品及分地区的情况。从侧面验证企业的商业模式、主要产品及业务区域分布，其他业务收入构成、对利润的贡献度及可持续性。同时要结合附注中披露的关联交易情况，分析公司销售收入中关联方交易占比情况及贸易背景，是否有虚增收入的情况。

2. 成本构成。看成本的构成情况，分析其中的变动空间和波动幅度。例如以原材料为主要成本的，需关注该原材料的价格波动；对固定资产需求高的产业，折旧在成本中占比高，应关注企业的折旧政策。

3. 费用占比。一是分析管理费用、销售费用、财务费用三项费用在总成本中的占比，若达到能够明显影响营业利润的水平，则应关注其变动趋势。二是分析费用结构是否符合公司的经营特征。若三项费用水平明显高于行业平均，则应分析原因，并判断企业是否有藏利润的倾向。三是分析其财务费用是否跟融资规模相匹配，大概匡算其融资成本。四是分析财务费用是否快速上升，偿债压力变化以及财务费用变化对盈利的影响。

4. 投资收益。一是对交易性金融资产等不稳定收益，在对公司的持续性盈利能力分析中应剔除此部分。二是对子公司的投资收益应结合长期股权投资的计量方式来分析，若采取成本法计量的，收到子公司分红确认的投资收益质量较高；而采取权益法计量的，在子公司权益增值时确认的投资收益质量不高。

5. 营业外收入。营业外收入包括资产处置收益、政府补助、其他。应着重分析该收入的稳定性。政府补助的金额可从侧面印证公司是否为当地支持产业、所具备的技术水平等。对政府补助在利润中占比高的企业应了解当地补贴政策的变化趋势。

6. 营业外支出。一般情况下营业外支出科目数额不会很大。出现大额的营业外支出时，重点分析大额营业外支出产生的原因及其对公司的影响。

（六）现金流量分析重点

1. 经营性现金流。

（1）分析现金跟主营业务收入是否匹配。分析销售商品、提供劳务收到的现金跟当年主营业务收入是否匹配，若差额较大，再分析应收账款、预收账款有无相应的变化，可以解释这个差额。如这两个科目有相应同步的变化，则公司的赊销政策和回款情况有所变化。如无对应的解释，表明公司财务信息可能失真。

（2）分析关联资金占用情况。收到和支付的其他与经营活动有关的现金的差额以及当年流量的分析。这两个科目一般反映与经营相关的保证金、罚款、往来款等现金流。在没有关联资金占用的情况下，一般都不会很大。若这两个科目的流量很大或者流入流出的差额很大，则反映公司存在较为明显的关联资金占用情况，可结合其他应收应付款的余额和变动来分析公司的关联资金占用情况。

（3）分析经营性净现金流的方向以及稳定性。从公司近两年的经营性现金流是净流入还是净流出情况，分析经营性净现金流是否稳定。通常经营稳健的企业经营性现金流都保持在稳定的净流入。例如出现公司在保持盈利的情况下经营性净现金流出现大幅波动，则说明公司存货或经营性应收应付款出现大幅变动，或者大额的关联资金流动引起经营性现金流的波动。

2. 投资性现金流。

（1）分析现金支出的合理性。从固定资产、无形资产等科目的变化，确认公司处置资产收到的现金和购置资产支出的现金是否真实合理。一般来说，固定资产投资现金流大幅流出反映公司处在快速产能扩张期，要关注行业运行状况以及投资的项目预期产能、销售和收益情况。如果在产能饱和甚至过剩的行业企业出现大额固定资产投资支出，销售和盈利增长预期不强的话，很可能把公司拖入债务危机。

（2）分析收入现金流是否可持续。结合公司长期投资的变化，分析公司收回投资收到的现金是否真实。同时结合公司未来几年的资本运作方向，判断其股权转让收入现金流是否可持续。

（3）分析分红现金流是否稳定。结合公司长期股权投资的计量方法，确认公司取得投资收益收到的现金的真实性和准确性。同时也可以通过这个科目的流入金额来判断公司利润表中投资收益的质量。从纵向对比分析近几年内的流量，判断现金流是否稳定。

（4）分析现金流出的合理性。分析收到和支付的其他与投资活动有关的现金，若有大额流进流出，应分析原因，例如比较常见的对外委托贷款、有息的资金拆借等。但也有企业把资金拆借计入其他与经营活动有关的现金流，这要结合不同企业的情况进行分析。

3. 筹资性现金流。

（1）分析其取得和归还银行借款产生的现金流的真实性和准确性。从银行借款的余额变化分析其取得和归还银行借款产生的现金流的真实性和准确性。一般来说，取得和归还借款产生的现金流的差额应等于银行借款的期初期末余额的差额，如果对不上则应分析原因。

（2）判断公司所处的生命周期以及股东对其的支持力度。从公司所有者权益的变动判断公司取得投资收到的现金是否真实准确。可根据该现金流的金额和近几年的变化情况，判断公司所处的生命周期以及股东对其的支持力度。如果公司收到的注资明显大于其原有注册资本，则反映其可能处于投资期或快速扩张期。母公司的增资反映其对公司的资金支持和对公司经营前景的看好。

（3）分析公司支付股利的现金流出的真实性以及其对公司资金面的影响。从货币资金余额的变动情况，分析公司支付股利的现金流出的真实性以及其对公司资金面的影响。同时，根据其与母公司的股权结构来判断母公司对其的控制力和资金调配能力。对于近几年分红额较大的企业，应关注母公司通过要求子公司分红而占用子公司资金的风险。

二、财务分析方法

抽查法是指信息采集人员在资信调查时，对客户财务信息核实所采取的查账方法。为了提高抽查的质量和效率，信息采集人员可选择逆查法、审阅法和核对法进行抽查。

（一）逆查法

逆查法是征信人员查账过程中最常用的方法之一。逆查法又称倒查法，其基本思路是从会计报表的分析入手，找出重点，然后以此为线索，有针对性地检查相关的账目和原始凭证，提高了查账效率。与逆查法对应的是顺查法。顺查法也称正查法，是指按照经济业务账务处理的时间顺序进行查账的方法。顺查法工作量大且不利于突出调查的重点，不太适合信息采集人员的查账。

（二）审阅法

审阅法是指以当时的政策法规为准绳，通过仔细阅读审查各种书面资料，从中发现疑点或问题，以便确定查账线索的一种方法。审阅的书面资料包括会计凭证、会计账簿、会计报告等其他相关资料。

审阅的内容包括：一是形式审阅，例如资料是否完整，格式是否合规，项目填写是否齐全，手续是否完备等；二是实质性审阅，例如相关资料口径是否一致，相关数据是否衔接，内容是否真实等；三是合理合法性的审阅。

（三）核对法

核对法是指对账簿记录等相关资料两处或两处以上的同一数值或有关数据进行互相对照，核对账账、账证、账实是否相符，以便核实账簿记录是否正确，是否有错账、漏账、重账等情况。会计资料之间的核对方法有：原始凭证之间的核对；原始凭证与记账凭证之间的核对；凭证与账簿的核对；账账核对；账表核对；表表核对等。

（四）异常分析法

异常分析法是指通过审阅相关账户、数据、金额、往来关系等异常现象、异常变化、异常关系，寻找问题的查账方法。重点关注异常情况为：账户名称异常；项目摘要异常；金额精确异常；数据增加异常；往来关系异常等。

三、客户财务指标分析

（一）指标分析

1. 偿债能力分析。偿债能力是指企业清偿债务的能力。偿债能力的强弱反映着企业在未来一个时期的信用风险的大小。偿债能力分析指标包括流动比率、现金比率、产权比率、权益乘数、利息保障倍数等。

（1）流动比率。流动比率是企业短期偿债能力分析指标，衡量短期债务到期前可以用流动资产变现偿债能力，一般要求流动比率为 2，但是不同行业表现出较大的差异性。

$$流动比率 = 流动资产/流动负债 \times 100\%$$

（2）现金比率。该指标是企业短期偿债能力分析指标，能够反映企业即时付现能力。

$$现金比率 = （现金 + 有价证券）/流动负债 \times 100\%$$

（3）产权比率。产权比率是企业长期偿债能力分析指标，反映企业所有者权益对债权人权益的保障程度。通常情况下，产权比率越低，说明企业长期偿债能力越强。

$$产权比率 = （负债总额 \div 股东权益） \times 100\%$$

产权比率与资产负债率对评价偿债能力的作用大致相同，两者的区别是：资产负债率侧重分析债务偿付安全性的物质保障程度；产权比率则侧重揭示财务结构的稳健程度和自有资金对偿债风险的承受力。

（4）权益乘数。权益乘数也称"股本乘数"，是指资产总额相当于股东权益的倍数。权益乘数越小，表明所有者投入企业的资本占全部资产的比重越大，企业的负债程度越低，债权人权益受保护的程度也就越高。

$$权益乘数 = 资产总额/股东权益总额$$

或：

$$权益乘数 = 1 + （1 - 资产负债率）$$

（5）利息保障倍数。利息保障倍数表示企业用生产经营获得的利润和利息能偿付利息费用多少倍，是企业长期偿债能力分析指标。利息保障倍数越多，说明支付利息费用的能力越强，债权越安全。

$$利息保障倍数（倍） = （利润总额 + 利息费用）/利息费用$$

2. 盈利能力分析。盈利能力就是公司赚取利润的能力，是企业赖以生存和发展的基本条件。衡量企业盈利能力的指标包括销售利润率、总资产利润率、净资产收益率、成本费用利润率等。

（1）销售利润率。销售利润率反映企业主营业务盈利能力，其内在含义是企业通过在市场上销售其产品所能获取的利润水平。这一指标在某种程度上，也能反映出企业的市场竞争能力。一般来说，该指标越高越好，由于这项指标与行业关系密切，因此应在同行业内进行比较。

$$销售利润率 = 利润总额/销售收入净额 \times 100\%$$

（2）总资产利润率。总资产利润率反映企业运用全部资产获利能力的高低，在一定意义上表现出企业资产质量的优劣。总资产利润率越高，表明企业利用资产的效率越高；反之，则表明资产利用效率不佳。

$$总资产利润率 = （利润总额 + 利息支出）/平均资产总额 \times 100\%$$

其中：平均资产总额 = （年初资产总额 + 年末资产总额）/2

（3）净资产收益率。净资产收益率说明的是企业股东权益的收益水平。这一指标是考察企业盈利能力的核心指标，因为投资利润及股东财务最大化是股东投资的根本目的，指标数值越高，表明股东投资与该企业所能获得的收益越高；指标数值越低，则反映出股东投资在某种意义上的减值。

$$净资产收益率 = 净利润/平均净资产 \times 100\%$$

（4）成本费用利润率。成本费用利润率反映企业全部成本与利润的关系，体现企业的投入与产出水平和所得与所费的关系。

$$成本费用利润率 = 利润总额/成本费用总额 \times 100\%$$

3. 营运能力分析。企业营运能力分析是指通过对反映企业资产营运效率与效益的指标进行分析，评价企业的营运能力，为企业提高经济效益指明方向。营运能力分析指标包括存货周转率、应收账款周转率和总资产周转率等。

（1）存货周转率。存货周转率表示企业存货周转和变现的速度，衡量企业的销售能力和存货库存状况。存货周转速度越快，偿债能力越强。但在不同行业之间差别较大，分析时要参考对比行业平均值，一般中小企业存货周转率应大于 5 次。在实际分析中，也可利用存货周转天数（360 ÷ 存货周转率）加以补充分析，所需天数越多，说明存货周转情况越差，滞留时间越长。

$$存货周转率（次） = 销货成本/平均存货$$

（2）应收账款周转率。应收账款周转率表示企业赊销产品收回现金的速度，反映应收账款的管理效率，一般企业应大于 6 次。在分析中，也可利用应收账款周转天数（360 ÷ 应收账款周转率），时间越短，说明应收账款的回收工作做得越好。

$$应收账款周转率（次） = 赊销收入净额/应收账款平均余额$$

（3）总资产周转率。总资产周转率反映了企业全部资产的使用效率。该周转率高，说明全部资产的经营效率高，取得的收入多；该周转率低，说明全部资产的经营效率低，影响企业的盈利能力。企业应采取各项措施来提高企业的资产利用程度，例如提高销售收入或处理多余的资产等措施。

$$总资产周转率 = 主营业务收入净额 \div 平均资产总额$$
$$平均资产总额 = （期初资产总额 + 期末资产总额）\div 2$$

4. 发展能力分析。发展能力是指企业的持续发展趋势和市场扩张能力，主要分析指标为：利润增长率、营业收入增长率和资本积累率等。

（1）利润增长率。利润增长率表示企业当年利润增长额与上年利润总额的比率，反映企业一定期限内营业利润的增减变动情况。

$$利润增长率 = 当年利润增长额 / 上年利润总额 \times 100\%$$

其中：当年利润增长额 = 当年利润总额 - 上年利润总额

（2）营业收入增长率。营业收入增长率反映企业营业收入的增减变动情况。营业收入增长率越高，表明企业营业收入的增长速度越快，企业市场发展前景越好。

$$营业收入增长率 = 当年营业收入增长额 / 上年营业收入总额 \times 100\%$$

其中：当年营业收入增长额 = 当年营业收入总额 - 上年营业收入总额

（3）资本积累率。资本积累率反映投资者投入企业资本的保全性和增长性。该指标越高，表明企业的资本积累越多，企业资本保全性越强，可持续发展的能力越大。

$$资本积累率 = 当年所有者权益增长额 / 年初所有者权益 \times 100\%$$

5. 经营现金流分析。经营现金流分析的主要指标是经营现金流量比率，该比率用于衡量企业经营活动所产生的现金流量可以抵偿流动负债的程度。根据负债的构成，该比率可以具体演化为下列三个：

$$经营现金流量比率 = 经营现金流量净额 \div 流动负债$$
$$经营现金流量比率 = 经营现金流量净额 \div 长期负债$$
$$经营现金流量比率 = 经营现金流量净额 \div 负债总额$$

这三个比率分别反映企业经营活动产生的净现金流量偿还短期债务、长期债务和全部债务的能力。该比率越高说明偿债能力越强，财务弹性越好。

（二）财务报表的粉饰及其识别

1. 财务报表粉饰类型与手段。

（1）盈余管理和恶意粉饰。

①盈余管理。企业出于财务报告的目的，考虑自身生产经营上的优点或缺点，会对财务信息有所操纵。利润操纵是指采取不正当手段人为地改变会计报告利润的行为。如果这种操纵局限于会计准则规定的范围之内，理论界称为盈余管理，也称为善意粉饰。善意粉饰的原因在于企业的报告盈余往往对企业股票在资本市场上的业绩表现有重要影响。大量事实表明，善意粉饰成为很多经营业绩稳固和遇到暂时性困难的企业惯用的财务报告操控手法。所以，财务信息使用者必须"去粗取精，去伪存真"地分析使用财务报表，这样才能获得预想的效果。

②恶意粉饰。财务报表粉饰是指企业通过人为的调整，使公司财务报表达到企业所希望的财务状况和经营业绩。广义的财务报表粉饰包括会计造假。会计造假是指凭空捏造会计数据，进行虚假披露。财务报表粉饰与盈余管理的共同点都是人为地操控利润，但如果从遵循市场规则的角度看，财务报表粉饰较之盈余管理的应用范围更广，

危害也更大。

（2）财务报表粉饰的类型。根据粉饰对象的不同，财务报表粉饰可分为经营业绩粉饰、财务状况粉饰和现金流量粉饰三种类型。①经营业绩粉饰的具体表现形式为利润最大化、利润最小化、利润均衡化和利润清洗等。②财务状况粉饰的具体表现形式为高估资产、低估负债和或有负债等。③现金流量粉饰的具体表现形式为突击制造现金流量、混淆现金流量的类别等。

（3）财务报表粉饰的现代手段。企业财务报表粉饰手段分为现代手段和传统手段两大类。现代手段与传统手段相比，现代手段具有粉饰效果立竿见影、粉饰手段逾越法律法规界线不明晰等特点。

①利用资产重组。资产重组是上市或拟上市公司为调整产业结构、优化资本结构、实现战略转移等目标而实施的资产置换和股权置换。

②利用关联交易。利用关联交易粉饰财务报表，其主要方式包括虚构经济业务、采用大大高于或低于市场价格的方式进行购销活动或资产置换、虚构企业经营业绩、调节财务费用和调节利润等。

③利用资产评估。不少企业，特别是国有企业，上市公司往往在股份制改组、对外投资、租赁、抵押时，通过资产评估将坏账、滞销和毁损存货、长期投资损失、固定资产损失以及资产盘亏等确认为评估减值，冲抵"资本公积"，达到虚增利润的目的。

④利用补贴收入。出于地方保护主义等种种原因，地方政府直接为上市公司提供财政补贴的现象屡见不鲜，有的财政补贴数额巨大且没有正当理由，从而使企业立刻扭亏为盈。

⑤利用资产减值准备。我国新会计准则要求以"资产负债观"作为收益确定基础，极大地提高了会计信息的质量，但也难免会被少数企业所利用。当会计准则发生重大变化时，不少过去做假账或采用不稳健会计政策导致资产、负债不实的企业，借机选择巨额冲销，或者择机转回减值准备，巧妙地将该影响归咎于新的会计准则。

⑥利用会计政策变更。在实际工作中，会计政策变更、会计估计变更和会计差错更正的区分界限有时不是很清楚，有些企业趁机利用漏洞来粉饰其报表。典型做法是故意混淆会计政策与会计估计变更或者将会计估计变更解释为前期会计差错，滥用追溯调整等。

2. 剔除不实财务数据的方法。财务分析者以最容易粉饰的财务报表项目为中心，细心观察剖析，便不难发现报表上已有粉饰之处。由这些最有可能被粉饰的报表项目可以追索到的会计科目，主要有存货、应收款项、借入款项、预付款项、预收款项及未结算款项。

财务分析应该诊断企业的八大财务状况：资金是否不足；资本是否过少；负债是

否过多；销量是否过低；存货是否过多；成本是否过高；费用是否过多；盈余是否过少。

通过初步的企业诊断，上述问题的答案如果不是正常的，则要提高警惕，抱着怀疑的态度进一步采用识别财务报表粉饰的方法，深入分析企业财务数据，以搞清真实情况。

（1）审计报告分析法。为了提高财务信息的质量，增强其可信度，降低交易成本，客观上就需要有独立、客观、公正的第三方对其财务信息发表见解，以合理保证财务信息在何种程度上可以被用做决策依据。在市场经济中，这个角色一般是由注册会计师担任的。审计报告的意见类型共分为四种：无保留意见、保留意见、否定意见、无法表示意见。因此，关注审计报告以及意见类型，看透审计报告所传递出的信息。

（2）不良资产剔除法。需要剔除的不良资产不仅包括待摊费用、待处理财产净损失、长期待摊费用和开办费等虚拟资产项目，还包括可能产生潜亏的资产项目。不良资产剔除法的操作：一是将不良资产总额与净资产比较，例如不良资产总额大于或等于净资产，说明企业的持续经营能力可能有问题，也可能表明企业在过去曾夸大利润而形成"资产泡沫"；二是将当期不良资产的增加额和增减幅度与当期的利润总额和增加幅度比较，如果不良资产的增加额及增加幅度大于或等于利润总额的增加额及增加幅度，说明企业当期的利润表有"水分"。

（3）非经常性损益剔除法。非经常性损益具有偶发性、一次性的特点，投资者可能无法通过非经常性损益预测企业未来的发展前景。有必要在利润表中将经常性收益与非经常性损益分别列示，以便投资者预测企业未来的盈利能力及判断企业的可持续发展能力。

①非经常性损益包括：交易价格显失公允的关联交易导致的损益；处理下属部门、被投资单位股权损益；资产置换损益；政策有效期短于3年，越权审批或无正式批准文件的税收返还、减免以及其他政府补贴；比较财务报表中会计政策变更对以前期间净利润的追溯调整数；中国证券监督管理部门认定的其他非经常性损益项目。

②非经常性损益还可能包括：流动资产盘盈、盘亏损益；支付或收取的资金占用费；委托投资损益；各项营业外收入、支出。由于非经常性损益具有一次性、偶发性的特点，非经常性损益占净利润的比例越低，则盈利质量越高。

（4）关联交易剔除法。关联交易剔除法是指将来自关联企业的营业收入和利润总额予以剔除的一种方法，分析某一特定企业的盈利能力关联企业依赖程度，以判断这一企业的盈利基础是否扎实、利润来源是否稳定。运用关联交易剔除法，了解一家企业自身获取利润能力的强弱，判断该企业的盈利关联方依赖程度，判断其利润来源是否稳定、未来的成长性是否可靠等。

（5）现金流量分析法。现金流量分析法是指将经营活动产生的现金净流量、投资活动产生的现金净流量、筹资现金净流量分别与主营业务利润、投资收益和净利润进行比较分析，以判断企业的主营业务利润、投资收益和净利润的质量。一般而言，没有相应现金净流量的利润，其质量是不可靠的。

分析现金流量应注意的问题：充分利用间接法将利润调整为现金流量的补充资料；剔除关联交易的现金流量；剔除异常现金流量，例如补贴收入、长期资产转让、股权转让所获得的收益；分析现金流量的时间间隔和分布；关注投资活动和融资活动的现金流量；从现金流量的角度修正企业的财务比率。

（6）关键报表项目分析法。企业进行报表粉饰时，常运用的项目包括应收账款、其他应收款、其他应付款、存货、投资收益、无形资产、营业外收入、资产减值准备等会计科目。需要分析这些会计科目出现的异常变动。

以上各种分析方法的运用，除了利用财务报表中的数据以外，还应注重使用财务报表附注的资料。

第三节　企业信用风险分析模型与应用

在开展企业信用分析工作时，仅靠管理人员的经验和传统方法，例如比较流行的专家分析法，难以解决信用评价中的一致性和主观性两大问题。相似的客户，不同的授信决策者运用不同的标准得出不同的评价，并且这种评价易受感性因素及外界因素的干扰，从而产生较大的偏差。20 世纪下半叶，尤其是 20 世纪 80 年代以后，随着金融全球化趋势及金融市场波动的加剧，信用风险量化分析技术迅速发展。企业信用风险分析模型为精准识别企业信用风险奠定了重要基础。

一、信用风险分析模型类别

根据目标和效能的不同，信用风险分析模型可以分为预测类模型和管理类模型。

（一）预测类模型

预测类模型主要用于预测企业发展前景，衡量企业破产的可能性。主要有：Z 值模型、巴萨利模型和 A 值模型。这三种模型都以预测企业破产的可能性为目标，只是所采用的比率和计算公式略有不同。

（二）管理类模型

管理类模型侧重于均衡地解释企业信息，从中衡量企业实力，一般不具有破产预测性。该类模型具有较大的灵活性，被广泛应用于信用决策领域。较为典型的是营运资产分析模型和特征分析模型。

二、运用预测类模型分析企业信用风险

（一）Z 值模型

Z 值模型是美国学者奥特曼（Altman）于 1968 年提出，通过几个财务比率计算出来的。这些比率用于分析企业财务的健康程度，而且绝大多数计算比率所需的数据都可以通过财务公开报表获得。它是通过对"健康"企业和"失败"企业样本数据的分析来构建的，运用关键的财务比率计算出 Z 值，并据此预测公司破产的可能性。

1. 计算步骤。首先，选择能够识别"健康"企业和"失败"企业的指标；然后计算每一个指标的系数，从而构建模型，计算出 Z 值。

$$Z = C_1X_1 + C_2X_2 + C_3X_3 + \cdots + C_nX_n \tag{1-1}$$

其中，X_1、X_2、$X_3 \cdots X_n$ 表示模型选择的比率指标，C_1、C_2、$C_3 \cdots C_n$ 表示对应指标的系数。Z 值越高，企业就越健康；Z 值越低，企业存在的风险就越大，破产的可能性就越高。

2. Z 值模型的三种形式。

（1）上市公司的 Z 值模型。1986 年，奥特曼根据对美国破产和未破产企业的分析，选择了五个关键指标，构建的 Z 值模型如下：

$$Z = 1.2X_1 + 1.4X_2 + 3.3X_3 + 0.6X_4 + 0.999X_5 \tag{1-2}$$

式中，Z 是判别函数的值。

X_1 =（流动资产 – 流动负债）÷ 资产总额，该比率反映企业资产的流动性和分布状况，比率越高说明资产的流动性越强，企业破产的可能性越小。

X_2 = 未分配利润 ÷ 资产总额，该比率反映企业的积累水平，比率越高说明企业的积累水平越高，企业破产的可能性越小。

X_3 =（利润总额 + 利息支出）÷ 资产总额，该比率反映企业的获利水平，比率越高说明企业的获利能力越强，财务失败的可能性越小。

X_4 = 权益市场值 ÷ 负债总额，该比率反映企业所有者权益或净资产与企业债务之间的关系，比率越高，说明企业所有者权益越高或净资产越高，企业破产的可能性越小。

X_5 = 销售收入 ÷ 总资产，该比率反映企业总资产的周转速度或营运能力，比率越高说明企业的资产利用率越高，效果也越好。

在该模型中，判断企业财务失败的临界值为2.675。若$Z > 2.675$，则表明企业财务状况良好，发生破产的可能性较小；若$Z < 1.81$，则表明企业财务状况恶化，发生破产的可能性较大；若$1.81 < Z < 2.675$，则称为灰色地带，企业财务状况很不稳定，无法判断其破产可能性。

（2）非上市公司的Z值模型。非上市公司Z值模型如下：

$$Z = 0.717X_1 + 0.847X_2 + 3.107X_3 + 0.420X_4 + 0.998X_5 \qquad (1-3)$$

式中，Z、X_1、X_2、X_3、X_4、X_5 的含义同上式。

在该模型中，判断企业财务失败的临界值为2.9。若$Z \geqslant 2.9$，则表明企业财务状况良好，发生破产的可能性较小；若$Z < 1.23$，则表明企业财务状况恶化，发生破产的可能性较大；若$1.23 < Z \leqslant 2.9$，则称为灰色地带，企业财务状况很不稳定，无法判断其破产可能性。

（3）非制造企业的Z值模型。

$$Z = 6.56X_1 + 3.26X_2 + 6.72X_3 + 1.05X_4 \qquad (1-4)$$

式中，Z 表示判别函数的值。

$$X_1 = (流动资产 - 流动负债) \div 资产总额$$
$$X_2 = 未分配利润 \div 资产总额$$
$$X_3 = (利润总额 + 折旧 + 摊销 + 利息支出) \div 资产总额$$
$$X_4 = 所有者权益 \div 负债总额$$

在该模型中，判断企业财务失败的临界值为2.9。若$Z \geqslant 2.9$，则表明企业财务状况良好，发生破产的可能性较小；若$Z < 1.23$，则表明企业财务状况恶化，发生破产的可能性较大；若$1.23 < Z \leqslant 2.9$，则称为灰色地带，企业财务状况很不稳定，无法判断其破产可能性。

Z值模型最大的优势是数据可得性强，从企业或企业集团的公开报表即可获得所需指标数据，因此该模型应用广泛。但其理论基础相对薄弱、无法计量表外风险、权数的确定受多种因素影响。

（二）巴萨利模型

以Z值模型为基础，亚历山大·巴萨利（Alexander Bathory）提出的巴萨利模型是衡量企业财务风险的重要模型之一。

其模型表达式如下：

$$DR = SLZ + SY + GL + YF + YZ \qquad (1-5)$$

其中，*DR* 表示模型算出的指数值。$SLZ=$（税前利润 + 折旧 + 递延税款）÷ 流动负债，表示企业利润与流动负债的比值，能够较为直接地反映企业绩效水平；$SY=$ 税前利润 ÷ 营运资本，表示企业营运资本回报率；$GL=$ 股东权益 ÷ 流动负债，反映企业资本结构，衡量股东权益对流动负债的保障水平。$YF=$ 有形资产净值 ÷ 负债总额，反映扣除无形资产后的净资产对总债务的保障程度；$YZ=$（流动资产 – 流动负债）÷ 总资产，反映企业资产流动性。

DR 值越高，说明企业实力越强，财务风险小；反之，则说明企业实力弱，财务风险高。该模型形式简单且不需要复杂的计算，可适用于所有行业，在预测企业破产中具有重要的参考价值。

（三）A 值模型

Z 值模型的财务比率都需要依靠公开的企业财务数据计算、统计分析得出，但是对于那些陷入财务困境的企业，易于通过财务粉饰甚至财务造假来掩饰经营困境，进而难以通过财务报表反映企业真实状况。同时，即使是真实的财务报表，大多情况下也难以全面反映企业的管理及经营状况。对此，约翰·阿根蒂（John Argenti）提出 A 值模型。

A 值模型的基本思想是试图将与风险因素相关的各种现象或因素逐一列出；然后将每一个对应的条目确定一个对应的评估分值范围，根据企业表现评估出该条目相应的分数；最后将该企业所有项目的得分相加。A 值模型既关注企业管理不善因素，又关注财务状况。阿根蒂将企业管理不善的现象归纳为 17 类，并给每一类现象制定了最高分值，总分为 100 分。测试企业时，根据企业表现打出相应的分数。总得分超过 25 分的企业就有潜在的破产风险（见表 1 – 4）。

表 1 – 4 　　　　　　　　　　　　管理不善的现象

序号	缺陷	最高分值
1	独裁管理	8
2	董事长和首席执行官是同一个人	4
3	董事会不起积极作用	2
4	董事会成员构成不平衡	2
5	财务总监权力不大	2
6	管理不够充分有效	1
7	没有预算约束	3
8	没有现金流量计划或现金流量报告	3
9	没有成本系统	3
10	对市场变化反应缓慢	15

序号	缺陷	最高分值
	总计	43
	及格	10
	错误	
11	财务杠杆率过高	15
12	过度交易	15
13	正在推行大型项目	15
	总计	45
	及格	15
	征兆	
14	财务指标恶化	4
15	寻机性会计	4
16	非财务指标恶化	3
17	出现终结迹象	1
	总计	12
	及格线	0
	总分数	100
	及格线	25（或者低于25）

三、运用管理类模型分析企业信用风险

信用管理人员可以运用营运资产分析模型、特征分析模型等管理类信用风险模型判断企业信用风险。

（一）营运资产分析模型

营运资产分析模型常常被用于计算信用额度，其计算分营运资产计算、资产负债比率计算和评估值计算三个步骤。

1. 营运资产计算。营运资产分析模型通过企业营运资产指标衡量企业规模；通过营运资本和净资产衡量企业基本信用风险。其中净资产反映了企业信用能力的保障水平。

$$营运资产 =（营运资本 + 净资产）÷ 2$$

其中，营运资本 = 流动资产 – 流动负债。该模型考虑了企业当前偿债能力和净资产实力，并以这二者的均值衡量信用风险水平。

2. 资产负债比率计算。营运资产分析模型通过四项资产负债比率对营运资本进行

调整和修正，从而推算出较为合适的信用限额。这四项比率分别是：

$$流动比率 = 流动资产 \div 流动负债$$

$$速动比率 = (流动资产 - 存货) \div 流动负债$$

$$短期债务净资产比率 = 流动负债 \div 净资产$$

$$债务净资产比率 = 负债总额 \div 净资产$$

流动比率和速动比率均衡量公司的资产流动性；短期债务净资产比率和债务净资产比率均衡量公司的资本结构。

3. 评估值计算。评估值综合考虑了资产流动性和负债水平两个最能反映企业偿债能力的指标。评估值越大，表示公司的财务状况越好，信用风险越小；反之则反是。根据评估值确定营运资产比（见表1–5）。

$$评估值 = 流动比率 + 速动比率 - 短期债务净资产比率 - 债务净资产比率$$

表1–5 评估值与营运资产比

评估值	风险类别	信用程度	营运资产比（%）
≤ – 4.6	高	低	0
– 4.59 ~ – 3.2	高	低	2.5 ~ 5.0
– 3.19 ~ – 1.8	高	低	7.5 ~ 10.0
– 1.79 ~ – 0.4	有限	中	12.5 ~ 15.0
– 0.39 ~ 1.0	有限	中	17.5 ~ 20.0
> 1.0	低	高	25.0

4. 模型值计算。通过对营运资产和由评估值确定的营运资产比（经验百分比），即可计算出客户的模型值（授信上限），计算公式为：

$$模型值(授信上限) = 营运资产 \times 营运资产比(经验百分比)$$

计算模型值的关键在于经验百分比的确定，这是一个经验性的数字，依据评估值得出，经验值是信用管理专家在大量经验基础上得出的数据。

运用营运资产分析模型时应注意两点：一是根据营运资产模型得出的赊销额度只能作为企业授信决策的参考，而不能严格按照模型确定额度，因为还有一些其他影响信用风险的因素在模型中没有得到体现。二是营运资产比应根据企业的信用政策和当前整体赊销水平适当调整。

总之，与预测类分析模型相比，营运资产分析模型比较简单，使用的财务数据和比率比较简单，可直接在财务报表中获得，而且计算简便、易于操作、适用性强，比较适合我国企业应用，但不能用于预测企业的破产可能性。

（二）特征分析模型

特征分析模型基本做法是综合分析客户各类财务和非财务因素，采用特征分析技术对其进行区分和描述。

1. 企业信用信息类别。一般情况下将企业信用信息分为三大类特征共 18 个项目，用于衡量客户信用状况的综合评定（见表 1 - 6）。

表 1 - 6 客户信用信息类别特征

类别特征	项　　目
特征	（1）产品概要；（2）产品需求；（3）竞争实力；（4）外表印象；（5）最终顾客；（6）管理能力
优先特征	（1）可获利润；（2）市场吸引力；（3）产品质量；（4）市场竞争；（5）担保；（6）替代能力
信用特征	（1）资信证明；（2）付款历史记录；（3）资本和利润增长率；（4）资产负债表情况；（5）资产结构比率；（6）资本总额

2. 计算步骤。首先，在 1 ~ 10 范围内对每一个特征进行打分；其次，用权数乘以 10，计算出最大可能评分值（另外，根据公司的销售政策和信用政策对每一项都赋予一个权数，18 个项权数之和为 100）；最后，用实际分数乘以权数并加总得出加权总分，并以此与加总的最大可能评分值相比，得出最终百分率。

3. 特征分析模型最终百分率分类（见表 1 - 7）。

表 1 - 7 特征分析模型最终百分率分类

最终百分率	类　　别
0 ~ 20	收集的信息特征不完全，信用风险不明朗或存在严重的信用风险。不建议开展赊销交易
21 ~ 45	交易的风险较高，交易的吸引力低。建议尽量不与之进行赊销交易，即使进行，也不可突破信用额度，并时刻监控
46 ~ 65	风险不明显，具有交易价值，很可能发展为未来的长期客户，可适当超出原有额度进行交易
66 以上	交易风险小，为很有吸引力的大客户，具有良好的长期交易前景，可给予较高的信用额度

使用特征分析模型的用途之一是调整赊销额度。与营运资产分析模型相比，特征分析模型更全面。可以将特征分析模型与营运资产分析模型结合起来确定企业赊销额度。操作方法是根据特征分析模型得出的最终百分率对在营运资产分析模型基础上得出的赊销额度进行调整（见表 1 - 8）。

表 1 -8　　　　　　　　　　　根据特征分析模型调整赊销额度

根据特征分析模型得出的最终百分率	可超出赊销额度（根据营运资产分析模型确定）的数量
0 ~ 20	0
21 ~ 45	赊销额度×21% 至赊销额度×45%
46 ~ 65	赊销额度×（46% + 0.5）至赊销额度×（65% + 0.5）
66 以上	赊销额度×（66% + 1.0）以上

在采用特征分析模型时，权数的重心倾向实质反映了公司的政策取向。不管权数是偏重于销售或偏重于财务，有一些项目因为其重要性总是具有较高的权数，包括：付款担保、付款历史记录；资本结构比率；管理能力；产品概要等。一笔交易的信用风险不光取决于付款能力，还取决于它的付款意愿。

Z 值模型、巴萨利模型和营运资产分析模型主要以财务分析为主。而特征分析模型既考虑了财务因素，又考虑了非财务因素；既考虑了付款能力，又考虑了付款意愿。另外，企业从多渠道获得信息（例如销售人员获得信息）也可以在特征分析模型中加以利用。因此，特征分析模型是值得企业广泛采用的一种有效方法。

四、运用信用风险指数预测企业技术性破产风险

企业技术性破产实际上就是企业发生财务危机导致的破产。西方学者为了有效地将研究对象量化、客观，一般以破产作为财务危机的标准展开研究。由于我国以公司破产为标准的研究尚不成熟，国内大多数学者将上市公司因财务状况异常而被 ST 作为公司发生财务危机的样本进行展开研究。

（一）企业财务危机主要表现形式

1. 从企业运营状况看，表现为企业销售额和销售利润明显下降，多项绩效评价指标严重恶化，产销严重脱节。

2. 从企业资产结构状况看，表现为产品库存迅速上升，应收账款大幅增长。

3. 从企业偿债能力状况看，表现为流动资产不足以偿还流动负债，总资产低于总负债，丧失偿还到期债务的能力。

4. 从企业现金流量状况看，表现为现金总流入小于现金总流出，缺乏偿还即将到期债务的现金流。

（二）企业财务危机发生的早期特征

企业财务危机实质上是一种渐进式的积累过程，是企业财务状况的一种表现形态。

企业的违约、无偿付能力、亏损等可视为财务危机的一种前期表现，破产只是企业财务危机历程中最为极端的表现结果；短期表现为无力支付到期债务或费用，长期表现为企业创造现金流能力的持续下降，是企业财务关系恶化的集中体现。

一般说来，销售的非预期下降、非计划的存货积压、平均收账期延长、规模过度扩张、财务报表不能及时公开、财务预测在较长时间内不准确、过度依赖贷款、过度依赖关联公司等都是企业财务危机发生的早期特征。

（三）财务危机产生的原因分析

1. 负债风险转化，主要是指企业过度使用财务杠杆，造成财务风险过大。
2. 企业经营失败，例如产品滞销、产生巨额损失等。
3. 理财技术性失败。企业由于资金管理和调度不当，造成支付能力不足。

（四）财务风险指数

财务风险是指全部资本中债务资本比率的变化带来的风险。企业负债经营的动力源于企业追求价值最大化。当企业负债经营，不论利润多少，债务成本是不变的。于是，当利润增大时，每一元利润所负担的债务成本就会相对减少，从而使投资者收益有更大幅度的提高。但是当企业经营业绩下滑时，负债比率越高，企业利润减少幅度将越大，因此，企业的信用风险越大，财务风险大小用财务杠杆系数表示。

财务杠杆系数表明的是息税前盈余增长所引起的普通股每股收益的增长幅度。财务杠杆系数越大，表明财务杠杆作用也越大，财务风险也越大。

财务杠杆系数的计算公式为：

$$DFL = \frac{\dfrac{\Delta EPS}{EPS}}{\dfrac{\Delta EBIT}{EBIT}} \tag{1-6}$$

式中，DFL 为财务杠杆系数，ΔEPS 为普通股每股收益变动额，EPS 为变动前的普通股每股收益，$\Delta EBIT$ 为息税前盈余变动额，$EBIT$ 为变动前的息税前盈余。

上述公式还可以推导为：

$$DFL = \frac{EBIT}{EBIT - I} \tag{1-7}$$

式中，I 为债务利息。

【例 1-1】A、B、C 为三家经营业务相同的公司，它们的有关情况如表 1-9 所示。

表 1-9   单位：元

项目公司	A	B	C
普通股本	2 000 000.00	1 500 000.00	1 000 000.00
发行股数	20 000.00	15 000.00	10 000.00
债务（利率8%）	—	500 000.00	1 000 000.00
资本总额	2 000 000.00	2 000 000.00	2 000 000.00
息税前盈余	200 000.00	200 000.00	200 000.00
债务利息	—	40 000.00	80 000.00
税前盈余	200 000.00	160 000.00	120 000.00
所得税（税率25%）	50 000.00	40 000.00	30 000.00
税后盈余	150 000.00	120 000.00	90 000.00
财务杠杆系数	1.00	1.25	1.67
每股普通股收益	7.50	8.00	9.00
息税前盈余增加	200 000.00	200 000.00	200 000.00
债务利息	—	40 000.00	80 000.00
税前盈余	400 000.00	360 000.00	320 000.00
所得税（税率25%）	100 000.00	90 000.00	80 000.00
税后盈余	300 000.00	270 000.00	240 000.00
每股普通股收益	15.00	18.00	24.00

表 1-9 说明：

1. 财务杠杆系数表明的是息税前盈余增长所引起的每股收益的增长幅度。

例如，A 公司的息税前盈余增长 1 倍时，其每股收益也增长 1 倍（15÷7.5-1）；

B 公司的息税前盈余增长 1 倍时，每股收益增长 1.25 倍（18.00÷8.00-1）；

C 公司的息税前盈余增长 1 倍时，其每股收益增长 1.67 倍（24÷9.00-1）。

2. 在资本总额、息税前盈余相同的情况下，负债比率越高，财务杠杆系数越高。财务风险越大，但预期每股收益（投资者收益）也越高。

例如，B 公司比起 A 公司来，负债比率高（B 公司资本负债率为 500 000/2 000 000 × 100% = 25%，A 公司资本负债率为 25%），财务杠杆系数高（B 公司为 1.25，A 公司为 1），财务风险大，但每股收益也高（B 公司为 8.00 元，A 公司为 7.50 元）；

C 公司比起 B 公司来负债比率高（C 公司资本负债率为 1 000 000/2 000 000 × 100% = 50%），财务杠杆系数高（C 公司为 1.67），财务风险大，但每股收益也高（C 公司为 9.00 元）。

负债比率是可以控制的。企业可以通过合理安排资本结构，适度负债，使财务杠杆利益抵消风险增大所带来的不利影响。

本章练习

一、思考题

1. 如何设计客户信用评级模型？

2. 企业为什么会经常出现"有利润而没钱"的情况？

3. 粉饰类财务报表的手法有哪些？

4. 财务杠杆系数如何计算？

二、不定项选择题

1. 下列关于预测类模型说法正确的是（　　　）。

A. 用于预测企业客户的前景　　　　　B. 用于衡量客户破产的可能性

C. 偏重于均衡地解释客户信息　　　　D. 在信用决策中得到广泛应用

2. 从企业内部采集信用信息时，为确保信息的有效完整，要注意（　　　）事项。

A. 明确列出从哪些部门获得哪些信用信息

B. 制定不同部门之间的信用信息共享流程

C. 制定不同部门信息共享时可能会出现的争端解决机制

D. 将信息共享纳入各部门绩效考核

3. 营运资产分析模型与预测类模型相比的优点（　　　）。

A. 营运资产分析模型比较简单　　　　B. 使用的财务数据和比率并不复杂

C. 计算简便、易于操作、适用性强　　D. 比较适合于我国企业应用

4. 在面访时，信息采集人员应向客户询问（　　　）等方面的问题。

A. 评估客户经营管理　　　　　　　　B. 评估客户财务和付款情况

C. 围绕客户银行往来情况　　　　　　D. 评估客户企业员工品格

5. 在面访时，信息采集人员应向客户询问的问题应包括（　　　）。

A. 评估企业管理者能力的问题

B. 评估企业竞争优势的问题

C. 评估企业管理层合理性和稳定性的问题

D. 判断客户资金使用方面的问题

6. 现场采集客户信用信息，进场采集的信息包括客户生产经营、办公场所和人员状况（　　　）等。

A. 生产状况　　　　B. 购货情况　　　　C. 存货情况　　　　D. 销售情况

7. 测算客户的生产能力首先应了解（　　　）。

    A. 生产能力的计算基准

    B. 现有职工人数是否与生产能力相适应

    C. 设备能力

    D. 运转能力

8. 销售能力的调查包括（　　）等方面。

    A. 客户近三年销售业绩　　　　　　　　B. 销售价格

    C. 销售渠道　　　　　　　　　　　　　D. 主要销售对象

9. 对来自不同信息源的同一项信息进行处理，应遵循的原则，下列说法错误的是（　　）。

    A. 二手信息让位于一手信息

    B. 底层提供的信息让位高层提供的信息

    C. 其他部门提供的信息让位本部门提供的信息

    D. 市场提供的信息让位政府提供的信息

10. 信用 5C 分析法就是通过 5C 系统来分析顾客或客户的信用标准，5C 系统评估顾客或客户的信用品质要素包括（　　）等。

    A. 品质和能力　　　B. 抵押和条件　　　C. 资产与负债　　　D. 收入与支出

11. 5C 原则的运用具体操作步骤为（　　）等。

    A. 从 5C 原则中找出相关风险因素

    B. 确定评级的指标

    C. 量化的指标及权重

    D. 计算客户的资信评级分值，划分资信等级

12. 对资产结构分析重点关注（　　）。

    A. 流动资产和非流动资产的构成，是否符合其行业特征

    B. 应收账款很高，是不是因为下游企业过于强势

    C. 存货很高，是否因为原材料大量备货

    D. 固定资产应关注其规模和结构是否符合企业经营现状，有无大规模扩张，资产变现能力等

13. 利润表审核分析重点包括（　　）等。

    A. 收入结构　　　　B. 成本构成　　　　C. 费用占比　　　　D. 投资收益

14. 通常可以用来反映财务弹性的财务指标有（　　）。

    A. 现金流量比率　　B. 流动比率　　　　C. 资本周转率　　　D. 销售利润率

15. 核实信用信息的方法有（　　）等。

    A. 使用交叉核实　　B. 公安部门侦查　　C. 委托他人核实　　D. 自行核实

三、分析题

1. A 公司 2019 年初的流动资产总额为 900 万元（其中应收票据为 300 万元；应收账款为 200 万元；存货为 400 万元），流动资产占资产总额的 25%；流动负债总额为 600 万元，流动负债占负债总额的 30%；2009 年末的流动资产总额为 1 100 万元（其中应收票据为 350 万元；应收账款为 300 万元；存货为 450 万元），流动资产占资产总额的 20%，流动负债占负债总额的 32%。2009 年末股东权益与年初股东权益的比值为 1.5。

该公司 2009 年的营业收入为 6 000 万元，销售毛利率为 22%，负债的平均利息率为 9%，经营现金流量对流动负债的比率为 0.5。

要求：

（1）计算 2019 年初的负债总额、资产总额、权益乘数、流动比率和速动比率；

（2）计算 2019 年末的股东权益总额、资产总额、产权比率、流动比率、速动比率；

（3）计算 2019 年的应收账款及应收票据周转率、存货周转率（按营业成本计算）和总资产周转率（涉及资产负债表数据使用平均数计算）；

（4）计算 2019 年的经营现金流量净额、现金流量利息保障倍数（涉及资产负债表数据使用平均数计算）。

2. B 公司近三年的主要财务数据和财务比率如表 1 所示。

表 1　　　　　　　　　　B 公司近三年的主要财务数据和财务比率

项目	2020 年	2021 年	2022 年
销售收入（万元）	4 000	4 300	3 800
资产总额（万元）	1 430	1 560	1 695
普通股	100	100	100
留存收益	550	550	550
所有者权益合计	600	650	650
流动比率	1.19	1.25	1.20
应收账款平均账龄（天）	18	22	27
存货周转率	8	7.50	5.50
债务/所有者权益	1.38	1.40	1.61
长期债务/所有者权益	0.50	0.46	0.46
销售毛利率（%）	20.0	16.3	13.2

续表

项目	2020 年	2021 年	2022 年
销售净利率（%）	7.5	4.7	2.6
总资产周转率（%）	2.80	2.76	2.24
资产净利率（%）	21	13	6

假设 B 公司没有营业外收支和投资收益，所得税率不变，要求：

（1）分析 B 公司运用资产获取利润的能力的变化及其原因；

（2）分析 B 公司资产、负债和所有者权益的变化及其原因；

（3）假设你是 B 公司的信用总监，你认为未来应从哪些方面改善公司的财务状况？

3. 表 2、表 3 是 C 公司财务资料，利用 Z 值模型判断其未来破产的可能性。（要求：计算结果保留 3 位小数点）

表 2 C 公司资产负债表

2023 年 12 月 31 日 单位：元

资产	期末余额	期初余额	负债和所有者权益	期末余额	期初余额
流动资产：			流动负债：		
货币资金	2 415.46	2 100.52	短期借款	2 300	1 800
应收票据			应付票据	285.63	123.26
应收账款	3 191.84	2 386.8	应付账款	3 197.91	2459.73
预付账款	1 340.99	1 128.74	预收账款	283.97	354.37
其他应收款	550.5	668.15	其他应付款	49.3	263.51
存货	4 240.23	3 816.73	应付职工薪酬	10.82	45.31
			应交税费	43.07	35.65
流动资产合计	11 739.02	10 100.94	流动负债合计	6 170.7	5 081.83
非流动资产			长期借款		
长期投资	261.3	261.3	负债合计	6 170.7	5 081.83
固定资产原价	4 120.89	3 895.62	所有者权益：		
减：累计折旧	674.46	618.74	实收资本	6 000	6 000
固定资产净值	3 446.43	3 276.88	资本公积	362.47	362.47
在建工程	386.52	213.09	盈利公积	430.36	
长期待摊费用	1 093.26	647	未分配利润	3 963	3 054.91
非流动资产合计	5 187.51	4 398.27			
			所有者权益合计	10 755.83	9 417.38
资产总计	16 926.53	14 499.21	负债和所有者权益总计	16 926.53	14 499.21

表3   **C公司利润表**

2023年12月   单位：元

项目	上期金额	本期金额
一、营业收入	13 117.16	16 380.03
减：营业成本	11 613.32	14 534.67
税金及附加	0	0
管理费用	188.07	192.69
销售费用	114.86	129.06
财务费用	132.48	167.39
加：其他收益	1.31	0
投资收益（损失以"－"号填列）		
公允价值变动收益（损失以"－"号填列）		
资产减值损失（损失以"－"号填列）		
资产处置收益（损失以"－"号填列）		
二、营业利润	1 069.74	1 356.22
加：营业外收入	1.8	1
减：营业外支出	0.26	0
三、利润总额	1 071.28	1 357.22
减：所得税费用	267.82	339.305
四、净利润	803.46	1 017.915

第二章 企业信用管理

第一节 企业信用管理制度与流程

企业信用管理制度主要分为两个方面：一是基于企业的社会性，企业的诚信建设与培育制度。这些制度主要围绕遵章守法、诚信经营、积极履行社会责任、建设信用文化等内容展开。二是基于企业的市场性，企业的信用风险管理制度。该类制度主要体现在企业内控管理、客户资信调查、客户授信制度、合同与履约管理、应收账款管理、外部信用工具应用等方面，重点是解决客户信用风险内外部控制和转移问题。

一、企业信用管理制度的内容

（一）企业对信用管理的需求

企业对信用管理的需求水平决定企业信用管理制度的内容设计。有多种因素影响企业的信用管理需求水平。一般而言，企业规模越小，对信用管理的需求水平越低，处于生命周期起步阶段的企业，对信用管理的需求水平越低；反之则反是。粗略地，可以将企业对信用管理的需求，由低到高，依次划分为以下五个层次：对信用管理没有需求；减少信用损失的需求；全面防范信用风险的需求；提高信用管理能力的需求；培养信用文化的需求。

（二）企业信用管理制度的基本内容

企业信用管理制度的基本内容主要包括精神、物质、制度三个层面。

1. 在精神层面树立诚信价值观。树立诚信价值观通常从培养诚信精神、诚信意识入手。树立诚信价值观的主要措施有：（1）企业内部确立共同价值观，这是企业诚信经营的前提。（2）开展诚信教育，培养和强化企业员工的诚信意识，以无形资产的视角对待诚信。（3）企业管理层，尤其是企业一把手，做好诚信表率，发挥好示范作用。（4）强化员工群体诚信行为的塑造，鼓励员工不断提升业务技能，推进企业以优质的产品和服务取信于消费者，取信于社会。

2. 在物质层面培育产品（服务）信用。物质文化是企业文化的外在表现和载体，是制度文化、行为文化和精神文化的物质基础。物质文化的主要内容有：企业提供的产品和服务、企业的履约能力、企业的办公环境、员工的衣装、企业广告、产品包装设计等。产品是否质量优良、服务是否尽到了责任，都体现了企业的诚信度。因此只有做到产品信用、服务信用和践约信用，企业信用管理制度建设才有物质基础保证，信用就不再是虚无缥缈的"东西"。

3. 在制度层面建立保障诚信行为的相关制度。（1）将诚信作为企业的根本行为准则纳入企业规章制度，贯穿于企业的生产、经营管理中。（2）以合规管理为导向，将信用管理融入业务流程，建立合规控制关键点，实施内部控制，建立健全企业信用档案，提高经营信息、财务信息等信息链质量。（3）建立公平、公正、公开的信用奖惩制度，加强约束和激励机制建设，对诚信者进行表彰和奖励，对失信者进行批评和惩戒，在企业内外形成倡导诚信、推广诚信、实践信用的价值体系。

二、企业信用管理制度构建要领

（一）企业信用制度的影响因素

1. 内部影响因素。企业信用管理制度建设能提升企业的信用价值和抗风险能力，为实现企业资产安全、激励员工遵守企业规定、提高信用风险控制效率、确保相关财务记录完整准确等内部目标服务。

2. 外部影响因素。（1）符合企业社会责任标准，保证企业对外的诚信形象。（2）符合征信机构提升企业资信级别的标准，确保企业的资信级别逐渐提升。（3）符合相关部门对信用管理部门实施的客户风险控制制度的认可，并且能够达到政府相关监管部门的监管要求。（4）考虑未来行业协会、相关金融企业、标准化组织对企业信用管理体系的相关认证。

（二）企业信用制度构建原则

1. 保障企业信用资源的有效利用。信用作为企业内部一项重要资源，在信用管理的过程中应得到充分利用。制定和实施企业信用管理制度应该能够促进信用信息的有效利用，力求使企业以较少的管理成本获取最大的企业收益。

2. 提高企业信用风险管理能力。企业信用风险的存在以及可能产生的严重后果使企业信用管理成为必然，而且越来越具有重要意义；防范和控制企业信用风险也就成为企业信用管理的主要任务之一。因此，作为企业信用管理的一种重要手段，制定和实施企业信用管理规范应将提高企业信用风险管理能力作为一项重要原则。

3. 增强企业盈利能力。企业信用管理的根本目的是提高企业竞争能力和盈利能力，实现企业利润最大化。因此，制定和实施企业信用管理制度的根本原则也应是有助于增强企业盈利能力，提高企业市场竞争力。

（三）企业信用管理制度构建步骤

1. 第一阶段——观念重塑。首先要统一思想，明确观念重建的企业战略和目的，企业的管理层在表达"变革的必要性"时，必须非常坚决、明确，使公司上下都认识到除了变革别无选择，认识到信用管理体系的建立不仅仅是信用管理部门的职责，也需要销售、财会等部门的共同参与和密切配合。同时，企业管理层应说明实施新的体系流程后企业将会取得哪些成果，将有助于企业获得新的竞争优势。企业将确定新的与企业销售目标和财务目标一致的信用管理目标。

2. 第二阶段——流程优化。

（1）分析与诊断现有流程。由专门的小组对现有信用管理效果、应收账款的质量进行诊断。通过分析可以知道哪些工作环节还比较欠缺；哪些环节是不必要的；哪些环节应当加强或改进。

（2）设计信用政策。信用管理政策和目标本身是企业的战略方针，企业制定信用政策时应当考虑到多方面的因素：①建立信用管理体系的成本估算；②信用管理的具体操作方式；③企业管理层的支持；④销售部门的理解和配合；⑤消除企业内部的恐惧和阻力。

（3）设计流程。应该针对前面分析和诊断的结果，按照业务操作顺序，特别是三段管理——事前控制、事中控制和事后控制，来设计新的信用管理业务流程，将信用管理部门的各项功能作为核心控制环节确立其中。

（4）制作信用管理流程标准书面文件。为整个流程定下明确目标和宗旨，描述信用流程的每一个步骤和操作要求。

3. 第三阶段——组织实施。

（1）健全组织和人员。确定相关的人员或建立信用管理部门行使信用管理的职能。确定信用管理职能部门的组织架构、基本功能设置和必要的人员组成。为信用管理人员定岗定责，订立绩效考评指标和激励机制。

（2）培训和推广。此时的工作重点是认真协助各相关部门，特别是对销售人员、财会人员和物流人员进行信用知识和政策执行的培训，让新流程尽快投入运行，让每一个环节和要求都变得非常清晰，从而使客户信用管理工作有条不紊地进行。

（3）协调配合，严格执行。任何想让信用管理部门最好、最高效地发挥信用风险监控功能的企业，管理人员、信用经理或高层领导，都必须使企业的信用政策和信用流程相互配合、相互衔接，而不能互相矛盾或抵触；而且必须全面严格执行，不得轻易逾越制度搞特例。

（4）评估完善。适时评估、改进和完善整个体系，保持信用管理的高效，巩固企业的竞争优势。

（四）内控制度构建

内控制度是指为保证战略目标的实现，对企业战略制定和经营活动中存在的风险予以管理的相关制度安排。简单理解，企业内控制度就是企业各项规章管理制度和流程，只要企业制定了规章制度或流程，就是在做内控建设，例如一家信用服务机构制定了一个《信用评级业务操作管理办法》，这个办法就是内控制度。

内控制度建设作为企业信用风险管控的重要内容，在 21 世纪初突然流行起来主要是源于"安然事件"。这家美国巨无霸的安然公司因财务造假丑闻倒闭，引发各国政府相继出台了非常严厉的政策，督促企业尤其是上市企业通过完善内控体系建设来防控各种企业风险。

1. 内控制度构建原则。

（1）风险导向原则。内控制度建设应以防范风险为出发点，重点关注对实现内部控制目标造成重大影响的风险因素。

（2）适应性原则。内控制度建设应当与企业不同发展阶段、经营规模、管理水平等相适应，随着经营情况内外环境变化及时加以调整。

（3）实质重于形式原则。内控制度建设应当注重以实际效果为主线，不能也不应该局限于特定的表现形式和实现手段。

（4）成本效益原则。内控制度建设应合理实现成本有效控制，权衡实施成本与预期效益的匹配。

2. 企业建立与实施有效内部控制的基本内容。

（1）环境控制。包括治理结构、机构设置及权责分配、内部审计、人力资源政策、企业文化等，是企业实施内部控制的基础。

①完善法人治理，明确决策、执行、内部审计、监督等方面的职责权限，形成有效的职责分工和权力制衡机制。

②根据业务特点和内控要求合理设置内部机构，明确职责和权限。通过编制内部管理手册，使全体员工掌握内部机构设置、岗位职责、业务流程等情况，明确权责分配，以便正确行使职权。

③制定和实施有利于企业可持续发展的人力资源政策。

④培育积极向上的价值观和社会责任感，倡导诚实守信、爱岗敬业和团队协作精神，树立诚信管理理念，强化风险意识。

简单来说，环境控制就是要做到"三个真心"，即真心想做一家有品质的企业、真心想做管理、真心想通过制度来管理企业。做到这"三个真心"，企业的基本控制环境就到位了。如果一家企业就是一个目标：不择手段地拼命赚钱，那坦率说，就没有必要兴师动众地搞什么成体系的内控制度建设了，因为制度和流程多了，只会把企业管理搞复杂，降低效率。因此内控制度建设是一把双刃剑，一定要根据企业自身情况量身定做，绝对不要认为内控制度和流程越多，一定越有利于企业的发展。

（2）风险评估。是企业识别经营活动中与实现内部控制目标相关的风险，合理确定风险应对策略的重要环节。企业通常成立专项内控项目小组开展对企业各种风险的分析和评估，中小企业一般由财务部门牵头；大型企业一般由外部咨询顾问来做。通过项目小组的扎实工作把企业现在面临的风险和未来可能面临的风险，逐一进行分析，在风险与收益匹配的原则下，看是否要综合运用风险规避、风险分担和风险承受等风险应对策略。

（3）控制活动。是企业根据风险评估结果，通过手工控制与自动控制、预防性控制与发现性控制相结合的方法，将风险控制在可承受范围之内的活动。

控制活动简单地说，叫做"四眼原则"，就是一个人操作的任何事项，至少有另外一个人监督复核；如果没有人监督复核，就要有机器监督复核。根据事务风险级别的不同，可能上升为"六眼原则""八眼原则"……监督复核力度逐步升级，对于超过一定金额的支出，可能需要由董事会讨论后批准，甚至要由股东（大）会来讨论决定。

确定了针对每一项业务风险的控制活动后，最终由内控项目小组形成一整套内控文档，提交企业管理层和治理层批准后实施。上市企业完整的内控文档包括流程图、电子表格内控文档（内控流程）、内控规章制度。控制措施包括不相容职务分离控制、授权审批控制、会计控制、财产保护控制、预算控制、运营分析控制和绩效考评控制等。

（4）信息与沟通。是指企业及时、准确地收集、传递与内部控制相关的信息，确保信息在企业内部、企业与外部之间进行有效沟通的活动。

企业信息包括财务信息和非财务信息，财务信息简单说就是如何更好地生产财务信息、如何更好地传递财务信息、如何更好地使用财务信息帮助企业成长。电子表格内控文档和内控规章制度是非财务信息，这些制度和流程如何在企业中更好地被执行，就要有一套良好的信息沟通机制。企业每次出台新的制度或流程，就要更新相应的电子表格内控文档和内控规章制度，并且用版本号进行区分，然后在企业相应的信息发布平台统一发布，发布时要明确新的流程和制度与旧的版本有什么区别、新的版本什么时候生效、新旧政策的过渡期如何定义、是否组织员工培训、电子和纸质版本的新制度和流程存放在哪里、员工如何查询。

（5）内部监督。是指企业通过对内部控制建立与实施情况进行监督检查，评价内部控制的有效性，发现内部控制缺陷，应当及时加以改进的活动。内部监督可分为日常监督和专项监督。日常监督是指企业对建立与实施内部控制的情况进行常规的监督检查；专项监督是指在企业发展战略、组织结构、经营活动等发生较大调整或变化的情况下，对内部控制某方面进行有针对性的监督检查。

三、信用管理流程设计

对于每个具体相关部门而言，制度化的信用管理不单是一个系统，更是一个工作流程。讲究流程，实际上讲究的是一种企业的责任文化、管理文化。每家企业都需要有一个职责清晰、省时高效的信用工作流程予以支持和实现信用管理的目标。企业通过信用管理的规章制度和流程文件，对内部的各个相关部门提供了一份如何落实客户信用政策的详尽说明和解释，以此来规范企业内部在业务活动中的操作，避免具体相关部门违反规章制度作出随意的决策，给企业带来风险和损失。

（一）建立信用管理工作的流程

信用管理流程是一个从调查了解客户开始、经过赊销决策、账款产生直至账款回收的全程业务监控流程，是一个动态过程，由明确的流程目标、完善的规章制度和相应的组织机构三个部分组成。

信用管理流程的设计，是从业务流程整体角度来全面分析信用管理工作，遵循业务流程操作的逻辑顺序，特别是对应三段管理：事前控制、事中控制和事后控制，专业化地完成从订单签订到账款回收全过程的风险控制。三段管理和控制如图2-1所示。

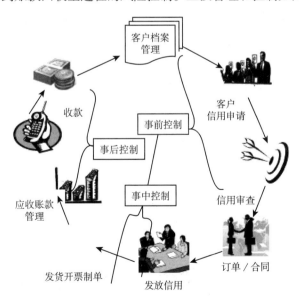

图2-1　三段式管理

1. 事前控制。事前控制是指信用管理人员在与客户合同交易成交、签订订单之前的工作，信用管理人员的介绍和服务支持应该在客户与销售人员提出信用条件成交意向之时开始启动。客户信用额度申请报批程序如图2-2所示；客户评估和授信决策程序如图2-3所示；创建、修改客户账户信用数据监控流程如图2-4所示。

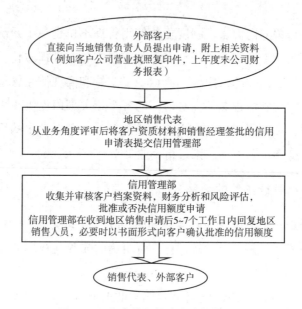

图2-2　客户信用额度申请报批程序

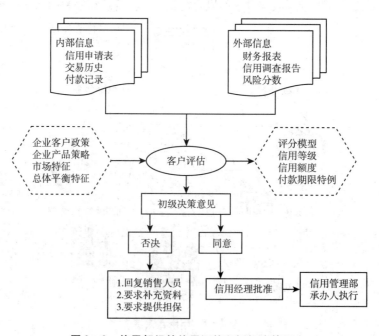

图2-3　信用部门的信用评估和授权决策程序

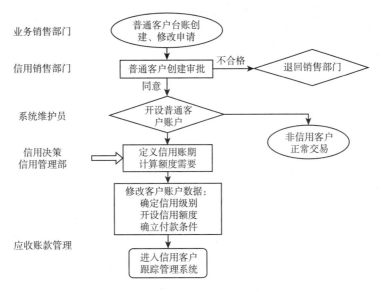

图 2 - 4　创建、修改客户台账流程

2. 事中控制。企业与客户正式签署交易合同，并全面投入生产和备货，安排运输，按照计划交货，进入执行合同阶段，信用管理部门要进行事中控制。信用管理人员应该关注客户信用额度的使用情况，有无超过额度、订单无法确认生效的情况，原因是什么？如何处理？有无延迟付款？双方往来账目是否及时核对无误？有无障碍影响按时发货？（1）信用核查、决定发货与否流程。此项流程的执行人是信用管理部门，如图 2 - 5 所示。（2）账期内的应收账款跟踪和管理。

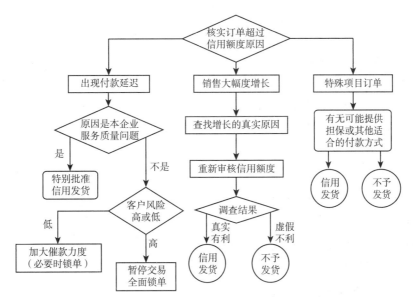

图 2 - 5　信用核查和发货监控流程

3. 事后控制。（1）逾期账款追收。（2）逾期账款账龄分析和调整。定期以客户为单位的逾期账款账龄分析报表，对具体数额和账龄段的客户，根据调整后的轻重缓急需要，参照收账程序规则安排和落实相应力度的追款行动和措施。（3）计提坏账准备流程如图 2 - 6 所示。

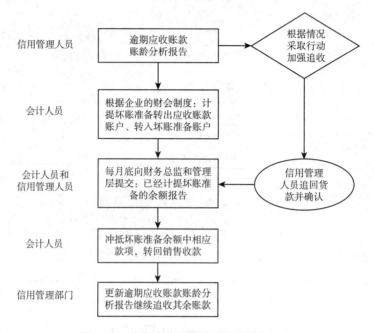

图 2 - 6　逾期应收账款计提坏账准备流程

（二）检验工作流程的合理性和完整性

检验信用管理工作流程的合理性和完整性，应该分几个方面进行考察，下面将常见的问题列出清单，以方便信用管理人员自查：

1. 对客户风险和信用价值评估的完善性。

2. 为客户提供的信用标准是否合理？是否符合企业的信用政策？

3. 企业的销售增长是否获得哪些有力支持？

4. 流程的时间和质量是否既令客户满意，又令企业内部各相关部门支持？

5. 流程中各种申请表格的内容和传递是否顺畅、易于操作？

6. 回复客户的问题和投诉是否及时？

7. 催收机制是否完善、有效？

8. 人手配备是否合理？

9. 职权划分和实际控制是否和谐有效？

10. 信用管理考核指标是否顺利实现？如未达到，原因是什么？如何改进？

第二节　企业信用管理组织结构与绩效评价

一、企业信用管理部门设计

（一）企业信用管理部门的设置方式

是否设立独立的信用管理部门是困扰许多企业的一个难题。有关数据显示，设立独立的信用管理部门的企业在破产率、坏账率、销售利润率，甚至在企业的发展速度方面，都明显优于没有设立信用管理部门的企业。我们将在下文中介绍企业信用管理部门不同的设置方式，并对这些不同方式的优劣进行比较。

1. 财务部门主导信用管理。

（1）由财务部门负责信用管理工作这种设置方式的优点：①财务部门所掌握的信息比较全面，可以及时了解公司生产销售各个环节的情况，由财务部门负责企业的信用管理工作可以有效地制约企业销售部门。②财务部门善于通过财务分析，可以有效地控制企业信用销售的风险。③财务人员相比较企业的销售业务人员，具备专业的财务知识，信用风险意识更强，有利于控制销售风险。

（2）由财务部门负责信用管理工作这种设置方式的缺点：①财务部门过于保守，往往不愿意资金被他人"无端"长期占用，会影响到企业的销售额，而且会加剧和销售部门的矛盾，增加公司的管理成本，影响工作效率，严重的还会造成企业内部信息流通不顺畅，财务部门和销售部门无法进行必要的沟通。②相比较于企业的销售部门，财务部门和客户的联系较少，对客户情况不熟悉，难以针对不同的客户制定不同的信用政策，从而导致信用政策缺乏必要的灵活性和针对性，不利于公司业务的开展。③财务部门缺乏专业的信用管理知识，承担信用管理工作已经超出了它们的知识范围和工作范围，不能够像专门的信用管理人员那样与客户商讨销售合同条款的细节或是起草正规的追讨信函等。

2. 销售部门主导信用管理。不单独设立信用管理部门，由销售部门兼企业的信用管理工作出于以下三个方面考虑：一是信用管理贯穿于企业销售业务的始终，从最初的信用调查、评估、债权保障到最后的应收账款回收无一不与销售业务密切相关；二是销售人员比任何人员都清楚业务进展情况和实际履行状况；三是销售人员处在经营活动的第一线，直接面对和接触客户，对于客户的品格、经营情况、资金状况、信誉等情况相对了解。

（1）由销售部门负责信用管理工作这种设置方式的优点。①销售部门由于长期和客户接触，能够及时全面地了解客户的信息，能够根据客户的现实情况，制定出更具有针对性和动态性的信用政策，有助于维持与客户的关系。②销售部门接触新客户的过程中，对新客户制定优惠的信用政策，有助于开发新客户，扩大企业的销售额。③销售部门必须通过灵活的销售方式和多样的销售手段吸引客户，灵活的信用销售政策可以作为销售部门吸引客户的一个重要手段。

（2）由销售部门负责信用管理工作这种设置方式的缺点。①分散了销售人员的精力，销售人员应将主要精力放在增加公司经营业绩上。②在涉及企业的销售利益和信用风险的关系时，销售人员会倾向于扩大销售而较少考虑控制信用风险。③销售人员往往不具备专业的信用管理知识，而且销售人员所接触的企业生产、财务等信息没有财务部门丰富，从而导致销售部门难以制定专业的信用销售政策。

3. 建立独立的信用管理部门。设置独立的信用管理部门和专职的企业信用管理人员有利于保证企业信用管理工作公平、公正及提升工作效率。一是使财务部门和销售部门从复杂的信用管理工作中解脱出来，更加有效地开展本职工作；二是可以控制销售部门为了追求销售业绩而盲目扩大信用额度；三是可以推动企业使用更加灵活的贸易方式寻找商机，在控制风险的同时扩大业务。事实证明了建立独立信用部门的正确性，但是并不是所有的企业管理者都会接受这个建议。这是因为：（1）管理者认识不到位，没有认识到设立独立信用管理部门的作用。（2）管理者信用交易的意义，交易方式简单，交易对象单一。（3）建立独立的信用管理部门会增加企业的经营成本。（4）信用管理部门在实际运行中难免会与相关部门发生矛盾和冲突。

（二）工作岗位设计

岗位设置。企业的信用管理职能是通过各个专业岗位的作用来实现的，信用管理岗位的设置必须合理，各岗位的职责必须明确。岗位不同，人员的职权就不同，将合适的人放在最适合的位置，才能充分地发挥每个人的能力和优势，才能发挥信用管理部门的各项功能，实现部门和企业目标。

（1）不同信用管理分工模式下的岗位设置。信用管理部门岗位设置按不同的分工模式，分按横向和纵向两种模式进行设计。

①横向信用管理分工模式下的岗位设置。横向信用管理分工模式的岗位设置即按照信用管理专业的职能分工设置岗位。对于一个大型工贸企业来讲，信用管理部门应由五个科室组成，分别是客户信用档案科、授信审批科、账款管理科、商账追收科和客户服务科，横向信用管理分工模式下的组织机构，如图 2 - 7 所示。

②纵向信用管理分工模式下的岗位设置。纵向信用管理分工模式下的岗位设置即按全程风险责任管理设置岗位，可以将固定区域内的客户划分给指定的岗位人员负责，以便于信用管理人员更好地熟悉托管区域内的业务组织机构和销售人员，深入了解和

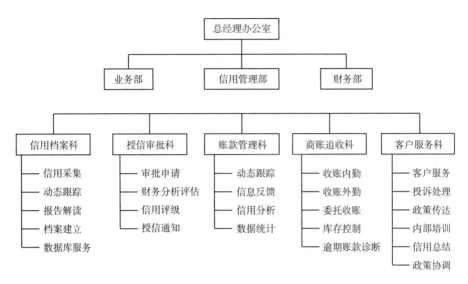

图2-7 横向信用管理组织结构和职能分工

跟踪客户群体，全面培养和提高信用管理人员的业务能力和综合素质，注重追求高效率的全程风险控制，如图2-8所示。

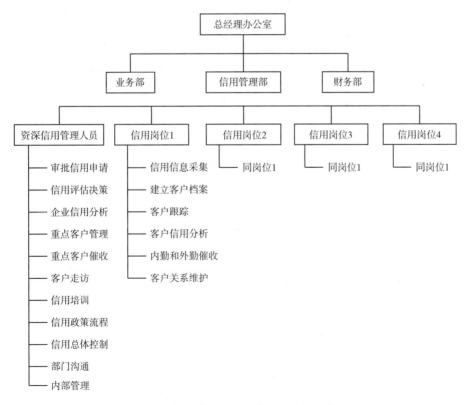

图2-8 纵向信用管理组织结构和职能分工

在纵向信用管理分工中，每位信用管理人员都必须参与更多具体的管理工作。信用管理人员的具体工作包括：业务层面，主要包括客户信用申请审核、客户信用评估和决策、本企业信用状况分析、重点客户管理和催收、客户走访、信用培训等；信用政策制度层面，主要包括制定和调整信用政策和流程、信用额度总体控制、部门间和上下级沟通、内部部门管理等。

（2）岗位类别。设置岗位的同时，要定义专业的岗位职责。例如信用经理、信用监理/主办、信用调查人员、客户档案管理人员、信用分析人员、逾期账款催收人员、信用申请窗口人员等。

（3）岗位调整。

①根据部门设置调整岗位。按照基本信用管理组织结构设置的信用管理部门，为扩展员工的技能范围，可将员工在信用管理部门内部多个岗位上轮换，这样还可增加员工的灵活性和可靠性，例如遇某职员生病或休假，其他职员也可及时地临时接替其工作。

信用管理部门可根据企业的业务组织机构有针对性地设置岗位，将人员按不同的业务部门对口配置，或者根据销售区域的划分配置。另外，岗位人员可能因为全程管理事项过多，一旦客户诉求集中或遇到销售旺季时，因忙于应付最紧急的信用申请和重大款项的催讨，而疏忽了客户资料完整地收集和系统化管理，例如对较小数额逾期账款的处理不够及时或者是在重点关注服务于大客户、核心客户的同时，对小型或普通客户出现怠慢等。企业应结合实际的情况和要求，综合考虑决定如何调整最有利。

②根据行业性质设置岗位。如果在同一集团内，业务部门较多，业务的性质差别很大，为了更好地服务于特定的业务部门，可对具体类别业务的风险监控实施有针对性的监控，也可单独为具体的业务门类设置信用管理岗位。

例如，对于制造业企业：销售元器件的业务付款周期较短，合同较为简约；而成套设备的销售、承包工程项目的业务以及大型设备的租赁业务等，商务谈判和合同条款审核要求高、付款方式复杂、周期相对较长；这些业务的风险监控有着非常不同的特点。必要的话，企业可以针对销售元器件产品、销售成套设备、工程项目业务和租赁销售业务，分别设置和配备专门的信用岗位人员，让每一个业务部门都能得到熟悉本业务的信用管理专家的指导、支持和监控。

又如，对于商业企业：客户群体有着明显的差异，可以针对某几大类客户群设置专门的信用管理人员，深入调研、熟悉和掌握各类客户的风险特征和有效的监控办法。

（三）编制核定

在确定信用管理人员编制时，需要考虑公司的规模，决定信用管理部门规模的主要因素有企业的规模、业务量、工作人员的素质、信用管理部门的技术水平等。

实践中，企业一般根据企业信用赊销的规模、业务模式的繁简、客户数目多少和企业对信用管理部门的职能要求，来确定信用管理部门的人员编制。人员编制的原则应少而精，特别是中小企业，信用管理人员可以身兼数职。

如果因为客户数目较大、客户群体较多、业务类别较宽泛、分支机构重叠，确有需要的话，信用管理部门可以设为信用经理、信用主管和信用分析员三级管理，如图2-9所示。

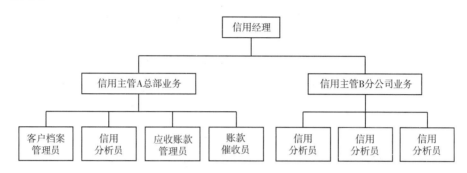

图2-9 信用管理部门三级管理机构设置

(四) 权限设置

担任过企业客户信用经理的人都明白，在企业里，只有极少数工作的职责大于职权，信用经理的岗位便是其中之一。信用经理的权限范围是根据各家企业自身的业务特点、商务模式、对客户信用政策和信用控制的松紧程度，以及信用经理在企业中所处地位、其本身的经验、能力、专业水平和管理水平所决定的。企业给信用经理的基本授权应包括：

1. 客户的信用额度和信用账期的批准权和否决权。是否对客户开放信用？理论上企业应当授权给信用经理，无论信用额度的大小，应该经过信用经理评估审核后决定，而不应由业务人员来决定。在实践中，有些企业始终保留给销售经理一定金额的信用额度审批权，结果往往削弱了信用经理和信用管理部门的权威和职能。而一旦风险源头未能有效加以防范和控制，事后的补救措施也难以奏效。

2. 对客户停止接纳订单或停止发货的"锁单"权。当客户超过期限未能及时还款，企业是否能够容忍？是否应当继续发货？在什么时候应当暂停发货？企业在信用政策和操作规程中应有明确的规定。例如，有的企业规定：当客户的超期账款进入大于30天或45天的账龄时，信用经理和信用管理人员必须强制对该客户"锁单"，或停止接纳新订单或暂时停止发货，甚至全面"锁单"，向客户方施加和保持强大的压力，保证超期账款的尽快回收。

3. 是否恢复信用交易、降低信用或取消信用资格的决定权。对产生过延迟付款记录或拖欠货款的客户，不论严重程度如何，当客户最终付清所欠的账款，或者企业最终讨回客户的拖欠款时，如果客户、销售人员仍旧希望继续恢复信用交易，企业是否同意？在什么样的条件下才能同意？是否降低信用额度？是否不再给予信用？是否应将客户列入"黑名单"？应当说，信用经理是对所有情况和过程了解最全面的人，应当最有资格得到企业的授权决定将作何处置。而信用经理的处置决定，一定要充分考量过企业所面临的风险和可能获得的商机孰轻孰重，如果事关重大，需要超乎常规的处理方式，信用经理会向上一级领导反映并特别申请获得必要的相关授权。

4. 是否采取法律手段或其他方式追讨客户逾期账款的决定权。根据企业的信用政策和实际问题的严重性以及账款追讨时效之需，信用经理应有权决定是否诉诸法律手段，包括诉讼、仲裁和非诉讼的手段，维护和实现企业的债权。在这一授权中最敏感的核心部分，是企业授予了信用经理处理客户的权利，包括得罪客户，甚至彻底破坏与某些客户的关系。因此，在信用经理行使这一授权时，也应该遵循相关的工作流程：在最终作出决定将客户列入强力追账程序之前，信用管理部门除了要透彻分析和诊断所涉及的案件，评估债权回收的可行方案和可能性外，同时就下一步的行动计划对与客户的业务合作产生的各种利弊，一定与销售业务部门充分沟通协调好。在报告给信用经理的建议方案中，应当测算出企业将因此而可能发生的直接和间接费用成本。信用经理的批准和决定应当符合企业给予的权限金额范围和审批制度。

二、绩效评价设计

制定信用管理部门奖惩考核指标的问题较为复杂，如果奖惩考核指标设计出现偏差，不但不会给信用管理工作带来好处，反而可能使信用管理部门走入歧途。制定奖惩考核指标忌讳采用单一考核指标或孤立考核指标，而应采用综合评定指标，并与企业利润增长水平挂钩。

采用信用成本率指标衡量信用管理部门和信用管理人员业绩是一个较为合理的方法。通过比较信用成本率的变化情况，可以作为信用管理人员奖惩考核指标的依据。

信用成本率是指在某一销售期间所有信用成本支出和赊销额之间的比率关系。这个指标反映该时期信用管理的水平、信用成本与销售额直接的对比关系，因此，可以作为评价和考核信用管理人员的管理成果和绩效考核的指标。

以考核某信用管理人员信用成本率为例，考核的计算方法如下：

信用管理人员月度信用成本率的计算公式为：

信用管理人员月信用成本率＝（月现金折扣＋月坏账准备金＋月利息成本

＋月信用管理成本－月滞纳金）/月赊销额

月现金折扣是指企业根据客户付款速度提供的折扣优惠政策，现金折扣以当期计入报表数据为准。

月坏账准备金是指月注销坏账计入利润表的数据，即考核期间月初余额减去考核期间月末余额。

月利息成本是指占用资金付出的财务费用，月利息成本＝月应收账款平均余额×企业贷款月利率。

月信用管理成本是指该信用管理人员在当期发生的所有信用管理成本总和。

月滞纳金是指由于客户迟付货款而收取客户的处罚金额。

在计算信用成本率时，应计算该信用管理人员负责的当期赊销总额而不是企业销售总额。

$$赊销额 = 当期未含税赊销额 \times 1.17$$

在进行年度考核时，将考核年度信用成本率与上一年度信用成本率进行比较：

信用管理人员年度信用成本率变化度＝考核年度信用成本率/上一年度信用成本率×100%（年度平均信用成本率是各月信用成本率的总和除以12）。

据此信用管理人员的年度信用成本率变动幅度，合理地与其奖金挂钩。例如，某信用管理人员年度信用成本率变化度＝考核年度信用成本率/上一年度信用成本率×100%＝90%，那么可以将因此为企业节约的信用成本乘以一定系数，与该信用管理人员的奖金挂钩。

三、信用管理绩效指标设计

企业在设立信用管理的专职人员或信用管理部门的同时，会根据信用管理部门要实现的任务目标来确定对信用专职人员或信用管理部门业绩评价和衡量的绩效指标，其中有的指标对企业有着非常重要的意义，属于反映企业经营和财务状况的关键性绩效指标（简称"KPI"），例如 DSO、坏账率、保险覆盖率等。

（一）DSO（应收账款回收天数）

企业在诸多财务考核指标中，首先会选择 DSO（包括正常账期内账款的 DSO 和逾期账款的 DSO）作为考评信用管理部门的主要业绩指标之一。看一家企业的 DSO 指标数，不但可以清晰明确地看到该企业在客户信用风险管理和监控中的水平和结果，而且还能非常直观明了地测算出该企业投入在客户赊销中的这部分资金的质量和价值。

（二）坏账率

坏账率是企业考核信用管理业绩的另一项非常核心的重要指标。确定一个会计年度坏账比率的计算公式是：

$$年度坏账率 = 年度坏账损失总额 / 调整后的该年度销售总额 \times 100\%$$

【例 2 - 1】 某企业调整后的年度销售总额为 1 326 000 000 元；同年坏账损失额为 33 400 000 元。

那么：坏账率 = $(3\ 340\ 000 / 1\ 326\ 000\ 000) \times 100\% \approx 0.0252 \times 100\% = 2.52\%$

如果企业是新成立的，可能没有过去的记录作为企业经验的标准用来参照，那么可以采用同一集团内或同一行业内其他企业的经验值来对照参考。当企业有了过去几年的坏账比率时，将它们相加汇总，然后再算数平均，就得到一个可以用于参照的代表企业过去几年的平均坏账比率。

（三）信用销售额百分比

信用销售额百分比即信用销售额占全部销售的比例及其变动状况。企业定期考查这一百分比，由此评价出企业对信用赊销所投入资金的大小规模和对通过信用赊销来实现企业销售目标的依赖程度。

具体计算方式是，先将当期信用销售额单独统计出来；再将这一数额与当期全部销售额比较，可以得到信用销售额占全部销售总额的百分比。

对一家企业而言，当信用销售额占其总体销售额的比例从 30% ~40% 增长到 80% ~90% 时，这一比例数字所代表的含义对于企业来说，其对于信用管理部门工作应给予的关注程度和对管理水准的要求，肯定与以往是大不相同的。

（四）应收账款当月回款率

$$应收账款当月回款率 = 本月实际收款金额 / 本月应收款余额 \times 100\%$$

注：本月实际收款金额 = 本月销售额 + 上月应收账款余额 - 本月应收账款余额。

（五）应收账款的保险和担保覆盖率

应收账款的保险和担保覆盖率是在西方企业对信用管理的业绩考核中，常常可以见到的另一个重要指标。保险企业在对具体的客户账目确认的保险赔付额内承保，凡是有保险企业承保的应收账款就被视为有保险覆盖的账款。通常保险企业向企业确认的承保额要小于企业对客户开放的信用赊销金额，企业应当尽量在保险企业承保的安全范围内开展信用销售。

应收账款和担保覆盖率的计算方法：

将所有客户的应收账款余额和保险企业确认的承保金额一一对应列出并两项对应相减，得出每个客户保险额覆盖的盈余额或短缺额后，将短缺额也称为未覆盖差额作汇总，再将应收账款总计余额减去总的未覆盖差额，就得到覆盖总额。将覆盖总额除以应收账款总余额就得出覆盖率。表 2 - 1 为实际覆盖金额计算。

表 2 - 1	计算实际覆盖金额			单位：元
客户	应收账款余额	保险或担保额度	短缺差额	实际覆盖金额
A 客户	23 560 783	20 000 000	- 3 560 783	20 000 000
B 客户	15 664 289	16 000 000	335 711	15 664 289
C 客户	18 304 575	12 000 000	- 6 304 575	12 000 000
D 客户	8 766 250	10 000 000	1 233 750	8 766 250
总计	66 295 897	58 000 000	- 8 295 897	56 430 539

保险或担保覆盖率 $= (56\ 430\ 539/66\ 295\ 897) \times 100\% \approx 0.8512 \times 100\% = 85.12\%$

第三节　信用交易管控

一、赊销管理

（一）赊销的定义

赊销即信用销售是市场销售发展的最高级形式，是指企业基于对买主的信用动因和信用能力的信任，使买主无须付现就可以获得商品、服务来实现的一种销售。其实质是售货企业对买主间接提供信贷的一种销售。

根据交易结算方式的不同，将企业客户划分为赊销客户和非赊销客户两种类型。对于企业销售部门来说，凡是付钱购买本企业产品或服务的企业和消费者个人都是企业的客户。使用现金购货的企业和个人都是非赊销客户，交易形式不属于赊销赊购，对于作为卖方的企业，不存在拖欠和坏账风险。这些买主不属于企业信用管理部门的客户，但是它们是企业销售部门的客户。

在企业的销售工作中，销售部门的管理功能是以售出产品为导向的；而信用管理部门的管理功能则以保证收回货款和防范企业不必要支出为导向。信用管理部门与销售部门是工作配合关系，从企业销售部门接触到的非赊销客户和潜在客户之中，信用管理人员有可能筛选出有价值的赊销客户或有培养前途的潜在客户。在技术上保证企业只与守信的客户进行信用交易，这是企业开始实施信用管理的起点。

（二）赊销管理的基本内容

企业在与客户开展赊销业务时，必须进行专门的管理。因为在信用销售中，存在坏账产生的可能性。企业在赊销业务中，要围绕如何控制客户的信用风险展开。规范的赊销业务管理应该从以下几个方面入手：

1. 建立信用申请制度。企业应针对客户设计赊销申请表，并根据其申请额度的大小和客户风险类别收集必要的信用资料，例如营业执照、利润表、专业机构提供的资信报告等。信用经理无审批额度后，向客户发出赊销账户通知书，双方正式建立赊销贸易关系。同时，企业根据客户的付款记录和资信变动情况调整客户信用等级和信用限额。

2. 核算销售成本。在销售业务中，是否与客户建立赊销贸易关系，除了对客户的信用等级有要求外，企业还要计算赊销成本。赊销成本主要包括赊销管理成本、机会成本、坏账损失和短缺成本等。

$$应收账款持有成本 = \sum（机会成本 + 管理成本 + 坏账成本 + 短缺成本）$$

$$应收账款机会成本 = 维持赊销业务所需资金 × 资金成本率$$

$$维持赊销业务所需资金 = 平均每日赊销额 × 平均收账天数 × 变动成本率$$

$$平均每日赊销额 = 年赊销额 /360（假设一年按 360 天计算）$$

$$变动成本率 = 变动成本 / 销售收入$$

$$应收账款机会成本 =（年信用销售额 /360）× 平均收账天数$$
$$× 变动成本率 × 资金成本率$$

$$应收账款坏账成本 = 信用销售额 × 坏账损失率$$

$$销售短缺成本 =（最大销售量 - 实际销售量）× 销售利润率$$

【例 2 - 2】A 公司预测某年赊销额 600 万元，应收账款 DSO 天数 60 天，变动成本率 70%，资金成本率 10%，求应收账款机会成本。

维持赊销业务所需资金 = 平均每日赊销额 × 应收账款周转天数 × 变动成本率 = $600/360 × 60 × 70\% = 70$（万元）

应收账款机会成本 = 维持赊销业务所需资金 × 资金成本率 = $70 × 10\% = 7$（万元）

3. 设定赊销授权条件。赊销管理中最重要的就是赊销额度审批，企业一般对不同额度进行不同授权，其审批所需的资料也不同。例如企业规定在 15 万元以内时一般由销售经理审批：需要客户填写完整的申请表，由销售人员获得其他供应商的评价；在销售额为 15 万 ~50 万元区间时，由信用总监审批，需要增加的资料是客户的资信评级报告；超过 50 万元的赊销，由总经理审批，进一步增加的资料有客户开户银行的评价、客户的付款记录表和订单记录表。

4. 参考信用等级控制风险。客户不同的信用等级代表着不同的风险类别。赊销客户的管理政策目标就是要培养资信良好的大客户和付款及时的小客户。例如，信用等级为 A 的客户给予宽松政策，如有争议应该由销售经理或财务经理优先解决，同时保障继续供货。信用等级为 C 的客户尽量要求客户提供付款担保条件，一旦发生拖欠，立即停止供货，同时列入公司拖欠客户名录、通知所有销售部门。信用等级为中等的客户采用标准管理政策，发生拖欠后及时催收。

（三）赊销合同技术条款设计

赊销合同的技术条款主要涉及信用期限、现金折扣、信用限额、结算方式、失信处罚、纠纷处理六个方面。以下为具体设计内容：

1. 信用期限设计。确定适宜的信用期限是企业制定赊销合同时首先需要解决的问题。信用期限的设计，一方面可根据行业内长期经验和惯例形成的行业标准来设定或者选用；另一方面可针对企业自身的特点，通过对不同赊销方案进行分析和计算得出。合理的信用期限应当着眼于使企业的总收益达到最大，理论最低限额应该是损益平衡。

2. 现金折扣设计。现金折扣是赊销合同给予客户信用条件的另一个重要组成部分，它是一个价格的扣减。在现金折扣条件下，购买方如果在一个比既定的赊销期限短的时间内支付货款，就可以在支付发票金额时减少一部分。设计时应注意，采用现金折扣的方式因为缩短了付款期，会使资金的机会成本、管理成本和坏账成本减少，但同时现金折扣的成本增加了。企业决定是否提供现金折扣以及提供怎样的折扣政策，应着重考虑的是提供折扣后所获收益是否大于现金折扣的成本。

3. 信用限额设计。信用额度在一定程度上代表企业的实力，反映其资金能力，以及对客户承担的可容忍的赊销和坏账风险。其额度过低将影响到企业的销售规模，并势必相应增加同客户的交易次数和交易费用。但是，信用额度过高会加大企业的收账费用和坏账风险。因此，企业信用管理部门应根据自身的情况和市场环境，合理地确定信用额度。

4. 结算方式设计。所谓结算方式，是指用一定的形式和条件来实现各单位（或个人）之间货币收付的程序和方法。结算方式是办理结算业务的具体组织形式，是结算制度的重要组成部分。赊销合同中一定要约定清楚款项的结算方式，采用票据结算时，必须注意使票据关系建立在可靠的票据基础上，以防范未取得对价情形下的票据付款造成的损失，有效地保护自己的合法权益。

结算方式的主要内容包括：商品交易货款支付的地点、时间和条件；商品所有权转移的条件；结算凭证以及其传递的程序和方法等。现行的结算方式包括银行汇票、商业汇票、银行本票、支票、汇兑、委托收款、异地托收承付等。

5. 失信惩罚设计。失信惩罚条款是针对合同双方违反合同的义务而设计的。《民法典》中明确规定，当事人一方不履行合同义务或者履行合同义务不符合约定的，应当承担继续履行、采取补救措施或者赔偿损失等违约责任。合同双方可以通过条款约定，一方违约时应当根据违约情况向对方支付一定数额的违约金，也可以约定因违约产生的损失赔偿额的计算方法。

（四）消费者信用的分期付款合同设计

1. 分期付款信用销售方式概念。消费者信用产生于商品经济条件下，信用的提供者是企业，表现形式为商品赊销，它是由"企业—企业"到"企业—消费者"的一种商业信用的发展和延伸。消费者信用作为企业与消费者之间信用关系的一种重要形式，是工商企业以商品、货币或劳务为载体，向消费者个人提供的以延期付款为主要内容的商业信用。

根据授信主体的不同，消费者信用可以分为零售信用和现金信用两大类。零售信用是生产企业用自有资金支持的信用方式，通常分为三种，即零售赊欠信用、零售分期付款信用和零售循环信用；现金信用是商业银行等主流金融机构资金支持的信用品类，包括单笔信贷、分期付款信贷、现金循环信用等形式。

分期付款是消费者信用常用的形式。分期付款是指赊购方将应付的总价款，在一定时期内分次向赊销方支付的买卖方式。在现代商品交易活动中，分期付款买卖所占的地位越来越重要，特别是在房屋及高档耐用消费品的买卖中更是屡见不鲜。在我国的市场上，分期付款信用销售方式都是由商业银行支持的现金信用类的消费信贷，但它在操作上完全是从零售分期付款信用销售方式借鉴过来的。二者的原理相同，方法相似，只是授信方不同。

2. 分期付款信用销售方式的特点。

（1）采用契约经济形式，授信方与消费者之间签订有销售合同。

（2）根据所签订的销售合同，消费者同意授信方通过消费者个人信用调查机构了解其信用记录或信用评分，用来作授信的参考或依据。

（3）在合同执行期间内，对于所购置的物品，其所有权仍属于卖方，消费者享受的是使用权。

（4）合同将所欠货款和利息（扣除首期付款部分）按月分成若干付款期数，消费者通常每月付款一次。

（5）赊销方通常要求消费者支付一定比例的首期付款。

（6）每次付款的额度都是事先设定好固定的具体数目，包括本金、利息和其他费用。

（7）在消费者如期付清全款之后，信用交易自动结束，消费者在授信方的账户也随之结清归档。

（8）根据有些国家的法律，对于属于零售分期付款信用和现金分期付款信用范围的赊销合同，必须附有在消费者意愿下加速还款的有关条款，消费者可以在合同执行期间随时提前付清全部货款。而作为授信方的零售商不得加收任何后期的利息和惩罚性管理费。

3. 消费者信用的分期付款合同条款内容。

以零售分期付款为例，赊销商品的卖方通常在分期付款合同中应该考虑以下条款内容：

（1）首期付款。它是消费者在赊购商品时需要用现金支付的部分。通常，首付款只占全部货款的小部分，其余的货款将在日后按期以固定方式支付。对于卖方，首付款应该比较科学地确定。如果首付款额定得过高，消费者可能因为手头现金不足而放弃购买。相反，如果首付款额定得太低，一旦消费者不履行付款义务时，收回来的商品作为二手商品处理后的所得，将不能抵偿损失。首付款通常在 0 ~ 30%，主要因商品的寿命和价值而定。

（2）分期付款的条件。分期付款的条件包括付款余款金额、合同执行时间和付款次数。在确定每次付款额度时，应该考虑到消费者的付款能力，即其收入和其他债务。在理论上，最长的付款期限不能超过所购商品的使用寿命。从消费者利息负担角度来看，付款期限也不宜过长。

（3）强行收回售出的商品。以分期付款信用方式售出的商品，在消费者没有完全付清货款时，其所有权仍属于卖方。强行收回已售出的商品的情况，只有在消费者违反合同，不按照协议的付款期进行付款时才会发生。出于法律和执行方面的种种因素考虑，除非迫不得已，卖方绝不愿意采取这种行动。另外，即使收回商品，其价值早已大不如前，赊销和消费者双方都有损失。

（4）提前付清货款的回扣。如果分期付款信用销售合同，有消费者可以提前付清货款的条款，消费者就可以在合同执行完毕以前的任何时候付清全部货款。消费者愿意提前付清货款的理由是手头宽裕和减少融资费用。在赊销合同中，货款的利息已经被计算在内。如果消费者提前付清全部货款，预收利息应该退还给消费者。退还给消费者的预收款项被称为回扣。

（5）加速条款。加速条款规定，如果消费者连续数次不缴纳应付的货款，则消费者必须一次性付清合同余额、所欠利息，二者将按照拖欠天数计算。

（6）利息的计算。计算利息及利息计算的精确程度，必须遵守有关的法律法规，或者政府制定的有关规则。

此外，在分期付款信用销售合同中，可能带有提前付清货款的惩罚条款。有些国家的法律不允许对提前付清货款的消费者收取任何惩罚性的管理费，尽管赊销的企业会因此增加一些管理成本，例如消费者提前付清货款而做的会计方面的处理，包括重新计算预期收入和核准销售业绩等。所有给赊销方带来的与内部管理有关的麻烦，都由赊销方自己吸收，不得因此惩罚消费者。

4. 设计分期付款合同条款时应注意的事项。在设计分期付款合同时应特别注意消费者信用的所有权保留条款、期限利益丧失条款、合同解除条款、担保条款等特殊性条款的设计。

（1）所有权保留条款设计。所有权保留是指在转移财产所有权的商品交易中根据法律规定或当事人的约定，财产所有人转移财产占有权于对方当事人，而仍保留其对该财产的所有权，待对方当事人交付价金或完成特定条件时，该财产的所有权才发生转移的一种法律制度。所有权保留适用于买卖、互易、赠与等领域，尤以买卖合同中的所有权保留条款最为常见。分期付款合同作为买卖合同，其所有权转移也适用《民法典》的规定：标的物的所有权自标的物交付时起转移，但法律另有规定或者当事人另有约定的除外。

（2）期限利益丧失条款的设计。期限利益丧失条款，是指在分期付款买卖合同中约定，如果赊购方不按期偿付分期价款，赊销方有权要求赊购方将所剩价款一次付清，赊购方将丧失他在分期付款买卖合同中所享有的期限利益。如前文述及，分期付款买卖的价值就在于赊购方利用价款的分期偿付性达到融资的目的。如果赊购方不能按期偿付分期价款，赊销方要求赊购方一次性付清所剩价款来保护其利益，这必然会使赊购方的期限利益丧失。

（3）合同解除条款的设计。合同解除条款，即在订立分期付款买卖合同时双方约定，当赊购方一次迟延支付价款时，该分期付款买卖合同就失去效力。《民法典》规定，迟延支付的到期价款达到全部价款的1/5时，赊销方可主张解除合同。当事人在合同中约定，在合同成立之后全部履行之前，由当事人一人在某种情况出现后享有解除权，可以通过行使解除权来消灭合同关系。赊销方基于其保留的所有权将标的物取回的行为可视为行使合同解除权。约定解除权的解除与协商解除相比，它是事前通过约定赋予单方解除权。

对于分期付款买卖合同，赊销方也不能利用其经济优势滥用权利，而随意约定解除条件。如果达到《民法典》规定的情形，因不可抗力致使不能实现合同目的；在履行期限届满前，当事人一方明确表示或者以自己的行为表明不履行主要债务；当事人一方迟延履行主要债务，经催告后在合理期限内仍未履行；当事人一方迟延履行债务或者有其他违约行为致使不能实现合同目的；法律规定的其他情形。赊销方也可以通过行使法定解除权来解除合同。

（4）担保条款的设计。为保障赊销方利益，防止价款落空，可以考虑建立分期付款买卖的担保制度。赊销方可以要求赊购方或第三人提供一定财产（包括分期付款买卖合同的标的物本身）作为抵押，一旦赊购方无力支付或拖延支付价款，赊销方可作为抵押权人行使法定权利，由此保证赊销方权利的最终实现，而不需保留标的物的所有权。

如果是独立的担保合同，要谨防担保合同无效，担保合同的无效一般使债权人所受保护小于担保合同有效时所受担保；还要注意识别虚假的债权担保合同，例如假的银行保函。

如果是其他财物的抵押担保，要注意抵押物是否已经抵押登记；要确保担保物权设定的效力，例如设定最高额抵押，就应特别注意标的物的特定化、所担保的债权类型、最高担保额、是否以登记为抵押设定条件；注意抵押登记机关，抵押登记机关有误，不享有优先受偿权。

（五）赊销风险控制的主要措施

企业赊销风险控制应从事前、事中、事后三个方面进行防范。

1. 事前防范。

（1）评估客户资信。为了降低赊销风险，在赊销前应对客户进行资信等级评估。按企业信用等级评估标准，根据每个客户真实的报表资料，评估客户的信用等级，再与企业信用政策比较分析，从而决定是否赊销。

（2）制定鼓励客户积极回款的政策。企业既要鼓励客户采取购销、现款现货等交易方式，也要对货款回流及时、销售良好的赊销客户给予奖励或给予返利上做出适当让步优惠，也可在售后服务等方面提供特别优惠，提高客户及时付款的积极性。

2. 事中控制。

（1）加强合同管理。在赊销过程中必须贯彻"先签约、后履行"原则，同时对客户提出的标的、数量和质量、价款或酬金，交货的期限、地点和付款方式，以及违约责任等应认真审查。如需变更销售合同，购销双方应充分协商，达成一致后再签订补充合同或者新的合同，以确保购销双方的合法权益。

（2）加强销售业务处理过程的管理。加强对收款、开具提货单、发货、结算方式等环节的管理是应收账款控制的关键所在。收款方面，如企业收到汇票、支票等，应及时办理入账手续；如收到银行承兑汇票，必须及时向银行查询是否有效。开具提货单方面，按销货合同开具提货单由客户签收。发货方面，发货时由负责销售业务的部门根据提货单组织发货，切实做到货物的数量、规格、型号准确无误。结算方面，尽可能选择安全性高的结算方式，减少在途资金时间。

（3）建立动态的资信评审和账款跟踪管理体系。客户资信评估是个动态长期的工作，其中，最重要的环节是账款追踪分析和账龄分析。对资信度高、效益优良的客户给予优惠的信用政策；而对资信度低、效益低的客户采用严格的信用政策。

3. 事后监督。事后监督主要是赊销合同到期时款项的收回控制和款项到期由于各种原因无法收回而形成坏账损失的处理。（1）对于逾期未能收回的款项，会计部门应立即报经有关决策部门审查；如果确定坏账损失，应做出相应的账务处理，并核销对应的应收账款。（2）信用管理部门和销售部门要密切注意造成坏账损失客户的经营等情况，如有还款可能，应即刻组织力量追款。（3）已注销未收回的坏账损失，也应定期向其客户寄送对账单，提醒客户还款。同时，信用管理部门应查明坏账产生的原因，明确相关责任部门和责任人，做出相应的处理。

二、授信管理

授信是赊销风险管理的关键手段。作为授信主体的企业，开展授信活动的根本目的是在扩大销售规模的同时使信用风险最小化，实现企业利润最大化，以增强与竞争对手的抗衡能力。授信管理是企业信用管理的重中之重，授信活动对企业的经营状况和盈利水平具有重大影响，一笔成功的授信可能使企业赢得优质客户，提高企业的销售规模和利润水平。但是相反，一笔不良的授信却会给企业带来潜在的巨大机会成本和坏账损失，进而有可能将企业引入财务困境的边缘。为了防范和降低信用交易风险及其带来的坏账损失，企业的授信活动一定要按规范谨慎的程序进行管理，最终达到在降低信用风险的同时扩大销售的目的。

授信管理主要围绕信用条件和信用额度两个方面的内容进行规划设计。

（一）信用条件

在信用交易中，企业对客户授信是信用管理的关键环节。企业对客户授信，应该建立在对客户进行资信调查和信用状况评估分析的基础上，并且对授信的信用条件和信用标准进行综合选择之后，确定授信额度。

信用条件是指企业给予客户信用时延期付款的若干具体条件，包括信用期限、现金折扣、结算回扣、分期付款和发货控制及有关拖欠罚金等信用条件。企业的信用条件一般是遵循本行业的惯例制定，给客户什么样的信用条件，直接影响甚至决定企业应收账款持有的水平和规模。

1. 信用期限。信用期限是指企业允许客户从购货到支付货款的时间间隔。企业销售量与信用期限之间存在一定的依存关系。确定信用期限是信用管理的重要环节，确定信用期限的标准是让企业赢得更多的利润。信用期限对企业的盈利能力产生影响：一是信用期限会影响企业的成本，信用期限越长，企业背负的成本就越大；二是信用期限影响企业的市场竞争力，企业给予的信用期限越长，客户购买商品时所付出的代价就越低，产品在市场上就越有竞争力，企业赢得的市场份额就会越大。因此，最佳信用期限决定于企业成本与收益之间的平衡。

（1）标准信用期限。是指企业信用管理部门确定客户信用期限的指导性数据。企业应当根据客户的信用记录和交易的重要性，在标准信用期限的基础上对客户信用期限进行适当调整。标准信用期限设定步骤：

第一步，企业可以根据国家或地区的行业信用期限统计数据或者权威统计数据，按照行业惯例初步确定一个期限。

第二步，根据企业自身的销售经验和信用政策，采用边际分析法或净现值法来选择较佳的信用期限。

第三步，根据应收账款统计报告、DSO 报告进行信用期限修正。例如，某企业整体信用额度为上年营业额的12%，则意味着企业的标准信用期限不超过 43.2（360 × 12%）天。

企业的标准信用期限可以只有一个，对于不同类型的客户群体和重要性不同的交易，信用期限一定是有所区别的。因此，企业可在标准信用期限下细分出不同客户群的指导信用期限或者按照销售区域设置指导信用期限。表 2 – 2 为某公司分类客户信用期限。

表 2 – 2　　　　　　　　　　　　某公司分类客户信用期限

单一客户月平均销售额	指导信用期限
标准信用期限	30 天
销售额低于 5 万元的新客户和低于 2 万元的老客户	立即付款
销售额为 2 万 ~10 万元的老客户	30 天内付款
销售额为 10 万 ~50 万元的老客户	45 天内付款
销售额为 50 万元以上的老客户	60 天内付款

（2）信用期限设定的方法。企业要根据企业生产经营、市场销售、现金流的变化情况，本着提高有效销售、增加企业利润、保持企业健康发展的原则，需要适时地调整信用期限，所用的方法主要有边际收益法和净现值法。企业可以结合自己的实际情况，选择合适的调整方法。

信用期限的长短与销售收入、应收账款、坏账损失都密切相关。信用期限越长表明企业给予客户的信用条件越优越，会使企业销售收入增长。但是应收账款的成本和坏账损失也随之增加。因此，必须运用边际收益法、净现值法测算并加以比较，才能决定信用期限延长或缩短。

边际收益法。是企业采取新的信用期限与原有的信用期限相比，在计算所增加的收益（称为边际收益）和所增加的成本（称为边际成本）后，算出信用期限调整所带来的边际净收益。如果要考察多种信用期限调整方案，则选取边际收益最大的信用期限调整方案。决策的程序是：①确定标准信用期限，可以选择企业以前年度的信用期限或本行业的平均信用期限，也可以将信用标准期限设为零。②测算变更信用期限的若干方案的边际成本和边际收益。③按边际收益减去边际成本后的最大化原则选择最佳方案。

边际收益测算如表2-3所示。

表2-3 边际指标测算

条件	数值
S0：现信用期限下的销售收入（万元）	200
S1：新信用期限条件下的销售收入（万元）	320
ΔS：销售收入的变化值	
T0：过去采用的信用期限（天）	30
T1：新提高的信用期限（天）	45
B0：过去的坏账损失率	1%
B1：采取新信用期限条件下的预估坏账损失率	2%
ΔB：边际坏账损失率	
I：当前的国债投资年利率	7%
A：以往企业销售毛利率	16%
M0：现信用期限条件下的管理成本（万元）	2
M1：新信用期限条件下的管理成本（万元）	$2 \times (1 + 15\%) = 2.3$
MC：边际成本	
MI：边际收益	
NMI：边际收益净值	
ΔO：边际机会成本	

【例2-3】 A公司过去一直按照当地同行的平均水平授予其客户30天的信用期限，企业年信用赊销额达到200万元。信用经理办公会根据A公司生产现状和市场环境决定进一步促进赊销和较大幅度地降低产品库存量，提出延长客户信用期限至45天的方案。A公司销售部门预测，延长信用期限后赊销额将增加到320万元，应收账款的管理成本将在现有的2万元基础上增加15%，坏账损失率估计由1%增长到2%，当前的国债投资年利率为7%，以往A公司销售的毛利率为16%。根据以上条件，A公司信用管理部门对此进行可行性分析。

解析：

第一步：边际收益测算。

按实施新信用期限条件下增加的赊销额和销售毛利，测算出新销售方案的边际收益如下。

$$MI = \Delta S \times A = (320 - 200) \times 16\% = 19.2 \ (万元)$$

第二步：边际成本测算。

应收账款的持有边际成本等于边际机会成本、管理成本和坏账损失之和。

$$边际机会成本 = (S1/360) \times T1 \times I - (S0/360) \times T0 \times I$$
$$= (320/360) \times 45 \times 7\% - (200/360) \times 30 \times 7\%$$
$$= 2.8 - 1.17 = 1.63 （万元）$$

边际管理成本 = M1 - M0 = 2.3 - 2 = 0.3（万元）

边际坏账损失 = S1 × B1 - S0 × B0 = 320 × 2% - 200 × 1% = 4.4（万元）

MC = 1.63 + 0.3 + 4.4 = 6.33（万元）

第三步：边际净收益测算。

NMI = MI - MC = 19.2 - 6.33 = 12.87（万元）

第四步：结论。

A 公司将客户信用期限延长至 45 天，使企业增加 12.87 万元的利润。从企业信用管理角度看，方案是可行的。

净现值法。是计算企业采取各种信用期限方案给企业带来的净现值，当存在多个信用期限方案可供选择时，选取净现值最大的方案。决策程序是：①确定标准信用期限及变更方案。②根据日产销量、单价、单位成本、平均收账天数、坏账损失率以及利率等因素计算日营业净现值。③根据日营业净现值的多少进行方案决策。

日营业净现值法是通过比较不同信用期限下日营业净现值的大小，来决定信用期限的优劣。以日营业净现值大的方案为优。其计算公式为：

$$企业日营业净现值(NPV) = P \times Q(1-B)/(1+K \times T) - C \times Q \qquad (2-1)$$

其中，P 为单价；Q 为日销量；C 为单位成本；B 为坏账损失率；K 为日利率；T 为平均收账期。

【例 2 - 4】假定 B 公司原采用 30 天的信用期限。企业产品单价为 600 元/件，单位成本为 400 元/件。每天销售量为 600 件，由于部分客户拖延付款使得平均收账期为 40 天，坏账率为 2%。现拟将信用期限放宽至 60 天，日销售量提高到 800 件，售价不变，单位生产成本降为 350 元/件。根据过去的经验估计，在新的信用条件下平均收账期为 70 天，坏账损失率增加至 3%，假定目前的日利率为 0.02%。现根据上述条件，分析 B 公司两种信用期限方案的优劣。

解析：

原方案 B 公司日营业净现值：

NPV0 = 600 × 600 × (1 - 2%) ÷ (1 + 0.02% × 40) - (400 × 600) = 110 000（元）

新方案 B 公司日营业净现值：

NPV1 = 600 × 800 × (1 - 3%) ÷ (1 + 0.02% × 70) - (350 × 800) = 179 171（元）

由于 60 天期的日营业净现值大于 30 天期的日营业净现值，故 B 公司应选择 60 天期的信用期限。

2. 现金折扣。现金折扣是赊销合同给予客户信用条件的另一个重要组成部分。对企业来说，最终目的是要把商品卖出去，把钱收回来，为了达到这个目标，企业通常采用折扣的办法。现金折扣是指企业对客户在商品价格上所作的扣减。向客户提供现金折扣的优惠，一是吸引客户为享受优惠而提前付款，缩短企业的平均收账期；二是通过现金折扣招揽一些视折扣为减价出售的客户前来购货，扩大销售量。

企业应根据自己的实际情况确定给予客户的信用期限和折扣率。折扣表示采用例如"2/10、1/20、n/30"的形式，"/"号前表示可以享受的价格优惠；"/"后数字表示付款期限。例如销售货款原始价为 1 000 元，2/10 表示在 10 天内付款可享受 2%的折扣，只需要支付 980 元；1/20 表示在 20 天内付款，只需要支付 990 元；n/30 表示付款的最后期限为 30 天，但此时已无优惠了。这种做法鼓励那些有能力支付的客户选择尽可能短的信用期限。

现金折扣成本是企业为提前收回货款所付出的代价，相当于加速获取资金为客户支付利息。企业在给予客户现金折扣时，如折扣率过低无法产生激励客户提早付款的效果。折扣率过高则企业成本过大。企业提供现金折扣的大小主要取决于提供现金折扣减少应收账款投资所带来的收益，是否大于提供现金折扣所付出的代价。

现金折扣折算成年利率的计算公式是：

$$现金折扣年利率 = 现金折扣率 \div (信用期限 - 折扣期) \times 360$$

以"2/30、n/60"为例，现金折扣年利率 $= 2\% \div (60 - 30) \times 360 = 24\%$

可以看出远远高于银行短期贷款利率。因此给予客户什么程度的现金折扣，需要计算现金折扣的成本和收益后作决策。

企业在准备使用现金折扣政策时通常要确定两个数字，一个是折扣率；另一个是折扣期限。下面举例说明现金折扣的计算方法。

【例 2 - 5】C 公司的标准信用期限为 45 天，2018 年销售额为 100 万元，相应的应收账款管理成本为 2 万元，预计坏账损失率为 1%，市场资金收益率为 10%。为加速账款回收，拟采取三种现金折扣方案（见表 2 - 4），请选择 C 公司最优的现金折扣方案。

表 2 - 4　　　　　　　　　　各现金折扣方案的影响

项目	A 方案	B 方案	C 方案
采用折扣方式	2/20	3/10	2/10
账款在折扣期收回的可能性（%）	98	95	90

续表

项目	A 方案	B 方案	C 方案
管理成本降低为（%）	50	70	80
坏账损失率（%）	0.50	0.60	0.80

解析：比较这三种方案的收益情况。

A 方案净收益的增加额为：$2 \times (1 - 50\%) + 100 \times (1\% - 0.5\%) + 100 \times 98\% \times 10\% \times (45 - 20)/360 - 100 \times 98\% \times 2\% = 0.22$（万元）

其中，$2 \times (1 - 50\%)$ 是 A 方案可以节省的管理成本；$100 \times (1\% - 0.5\%)$ 是可以减少的坏账损失；$100 \times 98\% \times 10\% \times (45 - 20)/360$ 是账款在折扣期内收回给企业带来的资金收益，是按照市场资金收益率来衡量的；$100 \times 98\% \times 2\%$ 是采取现金折扣所减少的账款回收额。

同理，可以计算 B 方案和 C 方案给企业带来净收益的增加额：

B 方案净收益：$2 \times (1 - 70\%) + 100 \times (1\% - 0.6\%) + 100 \times 95\% \times 10\% \times (45 - 10)/360 - 100 \times 95\% \times 3\% = -0.93$（万元）

C 方案净收益：$2 \times (1 - 80\%) + 100 \times (1\% - 0.8\%) + 100 \times 90\% \times 10\% \times (45 - 10)/360 - 100 \times 90\% \times 2\% = -0.33$（万元）

从获取净收益最大化角度看，比较结果是 A 方案最佳。

3. 其他信用条件。除了上述所谈到的信用期限、现金折扣等信用条件以外，企业还可以选择使用一些与客户交易的特殊条款和方式作为信用条件，包括有关拖欠罚金的约定、结算回扣条款、分期付款方式和发货控制条件等。

（1）结算回扣。结算回扣是指企业对于超过一定销售金额的客户，在一般现金折扣的基础上再给予销售折扣，主要是对分销商和大客户进行的。在实施结算回扣的过程中，要把客户的销售规模、提前付款或及时付款作为条件，有区别地进行选择。

（2）拖欠违约金。拖欠违约金是指企业在交易活动中对于客户违约所约定的违约金，它能够对客户及时付款产生威慑力和保障力。企业对于信用好的客户可以不采用拖欠违约金的方式，对于信用差的客户则需要采用这种方式。

（3）发货控制规定。具体规定：超过额度的客户订单需要审批、超过信用期限一定时间需停止发货、款到发货指令由财务部发出、通知客户停止发货信函。

（4）分期付款。分期付款方式的特点是一个项目持续时间比较长、付款的性质和种类比较多、项目分阶段进行，是一种比一次性付款对客户更具有吸引力的结算方式。对于交易规模比较大、信用好的客户可以选择分期付款的方式；对于交易规模小、信用较差的客户一般不采用分期付款方式结算。

（二）信用额度

信用额度又称授信额度，是指企业在进行信用销售时授予客户的赊销限额。信用额度的大小在一定程度上代表企业的实力，反映企业的资金实力、对客户所承担的机会成本和坏账风险的承受能力。

整体信用额度制定时需要考虑的因素有坏账风险的整体比例、企业能承担的整体信用额度（或风险、现有债务）以及国家和行业风险、平均目标信用期限等。

企业整体信用额度＝全年销售目标×标准信用期限(月)/12(月)

例如，一家企业的年赊销额为 1 200 万元，标准信用期限为 3 个月，则企业可以设定大约为 300 万元的整体信用额度，表示相当于有 3 个月的销售账款还没有收回。

（三）客户信用额度

1. 制定客户信用额度考虑的因素。虽然有了整体信用额度和标准信用期限，但是对于每一个客户，也要制定一个信用额度，作为赊销金额的上限。授给每个客户个体的信用额度，是批准客户信用申请授信工作的最后一道手续。例如，某工厂的信用管理部门批准其客户的信用额度是 10 万元，这就意味着该客户可以先不付货款，就可以从工厂提走价值 10 万元的产品。

制定具体客户信用额度需要考虑因素：（1）订货规模和货物或服务的价格；（2）订货周期；（3）结算的行业标准条款；（4）客户的信用评估；（5）现有客户的付款记录。

2. 确定每个客户个体的信用额度方法。

（1）参考其他债权人所给予的信用额度。使用参考其他债权人所给予的信用额度方法的前提是企业了解它的竞争对手给客户的信用额度。虽然很难获得准确的数字，但可以通过直接交换信息或从调查机构获得大概的情况。但是这种方法的不利之处，因为其他企业允许的信用额度也可能会超过客户的实际承受力。即使其他企业授信额度不高，但几个销售商同时向一个客户供货，客户的承受能力是否能够得到保证不能确定，一般企业都是依靠它们自己对信息的分析和理解来设定信用额度，只有在特殊情况下才参考竞争者的经验。

（2）低额启动，随经验增长。小金额开始供货是非常普遍和实际的方法，如果该客户按时付款则逐步增加金额。信用管理部门开始时可以给客户一个较小的信用限额，随着与客户往来的增多，客户证明它们能支付更大的金额，则信用管理部门可以提高限额以使客户能够支付更大的购买力。如果客户支付能力不足，信用管理部门将维持现有额度以限制客户的购买，甚至降低额度。但是这种方法可能丧失有利的商业机会，也可能会发生大额的坏账，不利于企业可持续发展。

（3）按时间段确定购买数量。企业信用管理部门可尝试在一个特定的时期内限定某些货物购买的总额。实际的时限会根据不同的行业、不同的情况而变化。随着销售额不断增加信用限额也会随之不断增加。这种方法的优势在于简单统一；缺点是金额难以准确确定。

（4）以调查机构的评级为基础。具体的信用额度可以从财务评估和信用评级两个方面确定，信用调查机构提供评级以表明财务能力和总体信誉水平，由调查机构提供欠账记录和其他数据的情况越来越普遍。

（5）使用公式方法计算出信用额度。这种方法以某些财务数据为基础，例如净资产、流动资产、库存等。随着大数据、人工智能的广泛应用，很多企业已经开发了不少信用管理系统和模型以帮助它们作出信用决策和设定信用额度。

企业可以为新客户建立一套标准的信用额度，它建立在一般购买规模和标准结算条款的基础上。每一个新客户都将根据其信用评估而在这个信用额度内获得由企业提供的信用，企业也可以根据时间和有关内容对每一个客户的信用额度作出调整等。

3. 信用额度的计算方法。计算客户的信用额度时，可以应用很多技术方法，例如，营运资产法、销售量法、回款额法、风险指数法和快速测算法等。在实践中，可以根据企业自身的需要选择合适的模型。

（1）营运资产法。是指以客户的最大负债能力为最大限额进行修正，从而测算信用额度的计算方法。营运资产法属于一种管理模型，用于评估客户的资金和信用能力。营运资产法的计算过程分四个阶段：

第一阶段：营运资产的计算。

$$营运资产 = （营运资本 + 净资产）/2$$

其中，营运资本 = 流动资产 – 流动负债；净资产即企业自身资本或股东权益。

营运资产法综合考虑了当前偿债能力及净资产实力，既考虑了客户当期的偿债能力，即营运资本的大小，又考虑客户的最后清偿能力，即客户净资产的多少。如果只有第一阶段，一般以营运资产的 0 ~ 25% 作为信用限额。

第二阶段：通过相关资产负债比率衡量营运资产质量。常用的资产负债比率来衡量资产质量的指标：

A. 流动比率 = 流动资产/流动负债

B. 速动比率 = （流动资产 – 存货）/流动负债

C. 短期债务净资产比率 = 流动负债/净资产

D. 债务净资产比率 = 债务总额/净资产

其中，A 指标和 B 指标主要衡量企业的资产流动性，指标值越高说明客户的短期偿债能力越高，对债权人来说越安全；C 指标和 D 指标主要衡量企业的资本结构，该两项指标值越高，说明客户的净资本相对较少，对债权人来说风险越大。

第三阶段：计算评估值。

$$评估值 = A + B - C - D$$

评估值综合考虑了资产的流动性和负债水平，该值越大，表明企业的财务状况越好，风险越小。

第四阶段：计算信用限额。

根据评估值大小和客户的付款历史等情况确定经验百分比，从而测算信用限额。

$$信用限额 = 营运资产 \times 经验百分比$$

经验百分比是经验性数据，是专家在大量经验基础上得出的数据。经验百分比的确定是计算信用限额的关键，通常是依据评估值的范围进行经验估算得出。

经验性数据采用营运资产分析模型应注意两点：①根据营运资产模型得出的赊销额度仅作为信用管理人员决策参考，而不是按照模型给出确定额度，因为一些影响信用风险的因素在模型中并没有得到体现。②每一个评估值都对应一个经验百分比，是一个经验性数据。营运资产百分比等级应该根据公司的销售政策和公司当前整体赊销水平不断进行调整。评估值代表了评估的信用等级，是专业分析人员在大量经验基础上获得的重要数据。针对不同的行业，百分比有所不同。

表 2-5 是某企业的经验性百分比确定，可以作为参考依据。

表 2-5 经验百分比确定

评估值	风险类别	信任程度	经验百分比（%）
≤ -4.6	高	低	0
-4.6 ~ -3.9	高	低	2.5
-3.89 ~ -3.2	高	低	5
-3.19 ~ -2.5	高	低	7.5
-2.49 ~ -1.8	高	低	10
-1.79 ~ -1.1	有限	中	12.5
-1.09 ~ -0.4	有限	中	15
-0.39 ~ -0.3	有限	中	17.5
-0.31 ~ -0.9	有限	中	20
1	低	高	25

（2）销售量法。是指根据客户以往的订货量和订货周期确定赊销额度的方法。通常以客户上个季度的订货量作为基本数额，以本企业标准信用期限为参数，结合客户

的历史付款记录或客户的信用等级作为修正系数，测算客户的信用额度。

使用销售量法确定客户的赊销额度按如下步骤：

第一步：确定客户上季度订货量。企业一般会定期记录和统计客户的销量，对于有进销存管理软件的企业来说，可以采用软件直接统计数据；对于手工操作的企业来说，可以依据销售记录、订单或出库单等信息来确定客户的订货量。

第二步：确定客户的信用期限。在标准信用期限内由信用管理人员给出客户的一般信用期限，也可根据客户的类型和交易的重要性，直接使用标准信用期限。

第三步：计算信用限额。

$$信用限额 = 季度订货量 \times 信用期限 \div 90$$

第四步：修正信用限额、确定客户的赊销额度。

$$赊销额度 = 信用限额 \times 风险修正系数$$

风险修正系数的确定有两种确定的方法，一是依据客户的信用等级；二是依据客户的信用记录，即客户以往及时付款或拖欠的情况。两种方法的运用如表2-6、表2-7所示。

表2-6　　　　　　　　　　　　　风险修正系数1（信用等级）

风险级别（信用等级）	修正系数（%）
A	100
B	60
C	20
D	0

表2-7　　　　　　　　　　　　　风险修正系数2（信用记录）

拖欠金额×拖欠天数（某行业）	信用评分记录	修正系数（%）
无	100	100
25万元	80	80
60万元	50	50
100万元	20	20
200万元	10	10

此外，在运用销售量法确定客户赊销额度时，具体要考虑客户能否提供担保，以及竞争对手给客户的信用额度，以便及时作相应的调整。销售量法是一种企业用来确定信用额度的应用广泛的方法，以客户的实际销售量作为依据来预测其信用额度较为简便易行，而且与销售密切相关，容易在企业实施。

（3）回款额法。是考虑客户最近半年的回款能力条件，为客户设定标准信用额度的方法。企业对客户近半年来，每个月的回款额进行加权平均计算，以本企业标准信用期限为参数，计算客户的信用额度。

①回款额法计算步骤：

第一步：确定客户评估日期前半年每个月的回款额。企业财务部门一般会定期记录和统计客户的回款情况，对于有财务软件的企业来讲，可以直接使用软件中的统计数据；对于采用手工记录方式的企业来说，利用收款凭证和销售台账等信息确定客户每个月的回款额。

第二步：确定本企业的标准信用期限（参照销售量法）。

第三步：计算赊销额度。

$$标准赊销额度 = (最近月份回款额 \times 6 + \cdots \times 5 + \cdots \times 4 + \cdots \times 3 + \cdots \times 2$$
$$+ 半年内最远月份回款额 \times 1) \div (6+5+4+3+2+1)$$
$$\times (标准信用期限 \div 30)$$

②回款额法的应用。回款额法以客户前一个周期实际付款的数量来核定信用额度，方法简单，易于操作，不用进行参数设定，比销售量更为稳妥，但对于销售季节性较强的商品交易和客户回款及其不稳定的情况会有一定的误差。

（4）风险指数法。

①风险指数的含义。风险指数是对企业资信状况进行量化分析结论中最有用的指标，也是决定授信额度的依据。风险指数与资信评级的原理相同，有时目标也相同，因此在无法取得完整财务数据的情况下，风险指数可以是资信等级的替代品。

邓白氏公司的风险指数及其含义，如表2-8所示。该指数按倒闭及营运企业的不同情况，将风险水平分成6个等级，用数字1~6标记。其中，数字1代表较低的企业停业比率；而6代表较高的企业停业比率。

表2-8　　　　　　　　　　　　风险指数含义

风险指数	含义	企业停业比率（%）
RI1	最低风险	0.01
RI2	显著低于平均风险	1.09
RI3	低于平均风险	1.8
RI4	略低于平均风险	2.5
RI5	两倍高于平均风险	8.0
RI6	五倍高于平均风险	19.6
NA	由于信息不足，无法进行评估	—

②风险指数的应用。风险指数主要应用于两个方面：一是评估新的信用申请或新的客户；二是监控现有客户便于调整信用额度，决定应收账款的追收方式或跟踪供应

商的稳定性。

a. 评估新进客户。在企业对新进客户进行信用决策时，可以同时考虑邓白氏风险指数与其他信息，例如企业内部信用申请情况、销售人员反馈、邓白氏公司提供的其他信息等。在将邓白氏风险指数和各企业内部客户群体分析相结合的基础上建立最佳的企业信用风险标准，从而产生较低、中等、较高三种风险水平。针对不同风险指数的客户，企业将授予不同的信用额度。

b. 监控现有客户。当现有客户的信用指数发生变化时，企业应该调整客户的信用额度（见表2－9）。

表 2 - 9 客户的信用额度调整

现有信用额度	风险水平		
	较低风险	中等风险	较高风险
高	（1）调整至更高额度； （2）可考虑适当扩大销售机会	（1）保持较高的额度（无须调整）； （2）常规监控指数变化的趋势	（1）严格监控指数变化的趋势； （2）调整至较低的信用额度
中	（1）维持中等信用额度或调整至较高额度； （2）可考虑适当扩大销售机会	（1）维持中等信用额度（无须调整）； （2）常规监控指数变化的趋势	（1）严格监控指数变化的趋势； （2）调整至较低的信用额度
低	维持较低的信用额度或根据客户的实力调整到中等信用额度	（1）维持较低的信用额度； （2）调整至更低的信用额度； （3）严格监控指数变化的趋势	（1）严格监控指数变化的趋势； （2）考虑现金支付或其他应收账款管理的方式

③企业客户的信用风险指数计算。客户信用风险指数计算的关键点是要收集客户的征信资料，包括客户基础的财务数据和业务数据以及其他影响客户信用风险评价的重要因素等，借助数理统计方法和数学模型，形成变量从而计算出风险指数。

企业信用管理部门在使用该指数对某一客户进行信用管理决策时，可以将邓白氏风险指数结合客户群的具体情况加以分析，建立起适用于自身的风险指数标准。影响邓白氏风险指数的主要因素及其权重，如表2－10所示。

表 2 - 10 影响风险指数的主要因素及其权重

序号	主要因素	权重分配（％）
1	商业信息	52
2	财务信息	26
3	地理信息	9

序号	主要因素	权重分配（%）
4	付款信息	8
5	公众记录	5

（5）快速测算法。为了提高授信效率或及时对数量较多的小客户授信，企业可以使用快速测算法。

①营运资产法简化。

$$赊销额度 = 净资产 \times 10\%$$

或：

$$赊销额度 = 流动资产 \times 20\%$$

②销售量法简化。

$$赊销额度 = 客户上季度平均每月订货量的两倍$$

③心理测算法。是一种心理估算，是非常有经验的业务人员或专业信用管理人员使用的方法。这种方式实质上不是一种科学的计算，但实际工作中具有很强的实用性。

4. 使用信用额度时的注意事项。客户的信用额度设定好之后，必须持续地定期调整。在销售过程中，根据客户的货款支付状况，要对其信用等级和信用额度进行再评价来考虑调整客户的信用额度：（1）半年或一年一次定期审核客户信用额度；（2）客户提出申请要求调整信用额度时；（3）客户订货量持续超过信用额度时；（4）客户付款变慢，产生大量预付货款时；（5）客户可能发生经营危机时。

对于调整后的客户信用额度和使用条件，要及时告知客户，并向其说明调整的原因，以取得对方的理解。信用额度的调整，还需要考虑企业的整体信用额度有无调整，以及企业有无促销计划，一般在促销期间，要放宽赊销政策，增大客户的信用额度；同时对于企业遇到的重大、特大项目，由于会对企业发展造成重大影响，因此其信用额度的制定要受更多方面的影响，需要单独审批。

三、应收账款管控技术

（一）未到期应收账款管控技术

应收账款管理的目标，一是降低因赊销而导致的持有应收账款的各项相关成本，使企业因使用赊销手段而增加的销售收益尽可能地大于持有应收账款所产生的费用；二是保证全额收回账款，保证按期收回账款；三是最小化持有应收账款的成本，降低和规避信用风险，维系良好的客户关系，以实现应收账款的最佳流动性和效益性。因此，应收账款管理不仅仅是对逾期账款的催收，而且对期内应收账款管理也非常有必要。

1. 期内账款日常管控内容与方法。

（1）期内账款日常管理的内容。

①准确报价，进行定价管理。报价是将一个产品或一项服务的正式价格报给目前客户或潜在客户的过程。完整的报价是高质量地满足客户订货和准确开具发票的基础。报价决定产品服务提供的可行性和可交易性，是信用销售双方一致同意的交易条款和条件的清晰表达。

准确定价是成功管理应收账款的决定性因素，科学合理的定价管理必须做到以下几点：第一，尽可能使用简单的定价方案；第二，确保提供的所有产品和服务都有一个独立的产品标号和价格；第三，确保自主定价和个别客户价格安排的所有要素的最新和有效；第四，确保促销定价置于安全的控制下；第五，确保所有合同价格和价格安排的变化能在生效之前进行充分沟通；第六，采用合理的争议管理程序来解决定价和其他争议。

准确的报价和科学合理的定价管理，是满足客户订货和准确开具发票的第一步，对进行信用销售产生的应收账款管理具有重大意义，能够有效地避免很多事后不必要的纠纷和争议，提高应收账款管理的有效性。

②客户收货确认及合同管理。企业应该备有"收货确认单"，在客户提货或送货上门时，送货人员必须要求确认收货单内容，并在单据上签字或盖章。这种单据是一种证据，代表客户已经初步验货，这对未来的收款很重要。

信用销售意味着主动权在客户手中。在信用销售中，尤其是信用期限较长的时候，如果没有在合同的检验期限上作出明确的期限要求，对企业是非常不利的。因此，企业有必要在合同中明确写明检验的期限，并指出，在商检期限内未提出质量异议并书面回执时，视为确认质量合格。除非特殊的原因，在合同中规定的商检期限日期必须早于这批货物的应收账款到期日。

合同是信用销售双方协商一致的交易证明，规定了在合同有效期内收到订单的交易条款和条件。签署合同的客户一般为大客户或在一段时间内经常发生交易行为的客户，所以必须确保合同的准确性、及时性和长期有效性。

合同管理最重要的是要建立一个合同系统，对于即将到期的合同及时续签，交易条款和条件随时更新，将积压订货的价格变化反映在合同系统中。

"收货确认单"的签署和严格的合同管理，有效地避免了客户延迟付款和付款不足现象的发生，可以减少很多不必要的重复性工作。

③及时与客户沟通。大量拖欠货款的案例中，客户错误理解合同中的信用销售条款、货物质量、包装、运输、交货期、结算方式和合同的漏洞等是产生纠纷的原因。

所以，企业要及时与客户沟通，了解客户的抱怨和要求，及时发现错误和产生的原因，及时协调有关部门采取补救措施，这样可以减少应收账款向拖欠款的方向发展，对维护客户关系及时回收账款具有重要意义。

④尽早发现客户经营或产权发生重大变化的征兆。企业要动态跟踪客户，及时了解客户企业的经营状况和产权状况发生的变化。如客户发生了经济纠纷、大规模的销售活动失败、进行并购谈判等可能会影响应收账款回收可能性的情况，企业要及早采取信用风险转移手段来减少坏账损失。

⑤培养客户正常付款的习惯。企业要设计一个适合自身的工作程序，有步骤地与客户沟通，培养客户正常付款的良好习惯。一般来说，债务人总是优先将货款支付给管理严格的债权人。

⑥在合同即将到期前提示客户付款。对于信用销售产生的应收账款，客户的付款行为一般分为：第一类：很快付款；第二类：快到期才付款；第三类：被提醒后才付款；第四类：受到强催款压力后才付款；第五类：拖欠不愿付款。

实践经验显示，第二、第三类客户占客户总数的绝大多数，所以企业要对客户进行分类，并在应收账款到期前5个工作日通知客户相关部门，提示信用销售合同的到期时间和额度，让客户的财务人员安排资金支付货款。具体可以通过电话形式通知客户的财务或者有关负责人，这样既节省成本又具有时效性，但通话时要注意措辞的礼貌、严谨和资料准确。

⑦调整应收账款的账龄结构。随时掌握应收账款的基本情况，作好适时的决策。根据DSO分析结果，采用一定的管理技巧微调应收账款的分布，使企业所持有的应收账款内部结构趋于合理。由于应收账款的发生是持续不断的，企业应根据所持应收账款的不同时间分布进行分级管理，例如针对合同期内应收账款、预警期内应收账款、到期应收账款、逾期应收账款、最后通牒期的逾期应收账款、交付专业追账的逾期应收账款、付诸法律的逾期应收账款和坏账等进行分组管理。

⑧不断完善收账政策。企业通过定期对持有应收账款进行合理规模和质量分析，适时调整企业信用政策。首先分析现行的信用标准及信用审批制度是否存在漏洞，然后对违约客户的资信等级重新调查，进行再次审批确认；对于恶意拖欠、信用品质差的客户应当从信用清单中除名，不再对其授信，并加紧追收欠款；对于信用记录一向正常或者良好的客户，在去电发函的基础上，再派人与其面对面地沟通协商一致，争取在维护相互业务关系的情况下妥善解决账款拖欠的问题。

（2）期内账款跟踪管理方法。应收账款的跟踪管理就是从赊销过程一开始，到应收账款到期日前，对客户进行跟踪、监督，从而最大限度地降低逾期账款发生率。赊销企业在应收账款发生时就应积极考虑如何按时足额收回欠款而不是消极等待对方付款。日常监督和管理就是要对赊销者的经营情况、商品销售状况、货款偿付能力及信用质量进行深入调查，应将挂账金额大、信用质量差的客户欠款作为分析重点，必要时企业可要求客户提供担保，以防患于未然。实施对应收账款的跟踪管理，可以一定程度上减少发生账款逾期的可能性。

期内账款跟踪管理一般采取国际上通用的 RPM 远程监控法（RPM 是英文 redHat package manager 的缩写）。RPM 远程监控法具体操作为：

第一步：销售业务人员应该将交易资料、债务人有关资料和销售报告等进行整理和编号，在货物发出日之前交给专门负责客户信用管理档案的人员保管，建立客户信用档案，同时可备份给财务人员。

第二步：发货日当天，信用人员以电话或传真方式主动与客户联系，通知客户发货情况。同时要注意观察客户是否有异常反应。

第三步：在发货后 5 日内，记录下货到日期，再次与客户联系，询问客户是否收到货物、货件数与发货单是否一致、包装是否有损坏、接货是否顺利等，应尽量获得客户发来收到货物的确认传真或信函，并要保留和归档。

第四步：货到后 5 天内，业务人员要以电话、传真或信函方式再与客户取得联系，了解货物查收详细情况，例如客户对货物质量是否有异议、是否有意外事故发生等。如果货物有质量问题，则应立即将问题转向销售或客户服务部门。

实践中，客户对货物的质量不满意是造成拖欠产生的重要原因之一。良好的售后服务是避免这种情况发生最好的办法。多听客户讲情况，认真做好记录，并关注对方的语气和意愿，分析客户是否有拖欠的企图。如果客户表露出对产品质量或价格不满意又没有根据时，则属于异常情况，应及时汇报有关部门采取相应措施。

第五步：在货款到期前 5 天，业务人员要再一次与客户联系，可以是电话、传真、信件或登门拜访等形式。了解客户对交易是否满意，客户的支付能力，提醒客户要按期付款。联系完成以后，最好向客户提交一份书面文件，明确还款的日期及金额。

第六步：逾期，进入追账流程。

（3）识别未到期应收账款风险信号。发生了应收账款的企业，要时刻关注债方企业的经营情况，有经验的信用人员，可以通过"应收账款常见的危险信号"及早发现客户经营变化情况，采取有力措施，确保应收账款的安全回收。

①客户短期持续大量增加或减少产品的进货量或出货量。例如新成立的公司有了特大额订单、客户突然下了比以前大得多的订单、对赊销要求非正常增加。这通常意味着债方企业产品销售或回款出了问题，资金链绷紧。

②付款出现问题。例如客户最近付款明显比 3 个月前缓慢、客户答应付款但连续两次毁约、客户的支票被银行以存款不足为由拒付等，意味着债方企业还款意愿或还款能力发生了改变。

③客户联系变得困难。例如公司财务人员经常性地回避、客户负责人员长时间联

系不上或几次不回复留言电话、发出的催款函长期没有任何回复等情况。

④客户股东和重要领导人突然发生改变。例如频繁转换管理层、业务人员；公司离职人员增加；公司负责人发生意外等情况。

⑤企业相关信息近期频繁变动。例如债方企业最近经常更换银行账户；厂址突然更改但没有通知您；办公室地点由高档向低档搬迁等情况。

⑥债方企业自己生产的产品销售价格比以前大幅度下降。

⑦债方企业被其他供应商以拖欠货款为由进行起诉。

⑧债方企业的重要客户破产或其买方客户所在地区发生天灾。

⑨债方企业发展过快，且其客户所在行业内竞争加剧。

⑩债方企业的决策层存在较严重的内部矛盾，未来发展方向不明确。

当企业的经销商出现以上危险信息时，企业应采取果断措施，调整信用政策，控制或缩小信用规模，及早防范应收账款回收过程中可能出现的风险。

2. 应收账款合理持有量的确定方法。企业应收账款的发生，会同时给企业带来正反两个方面的影响。一是推行信用销售将有利于扩大企业的销售规模，带来较高的销售收入；二是持有应收账款会发生一系列持有成本。因此，对应收账款的持有成本分析，就是要确定企业最佳的应收账款持有水平。

一般情况下，应收账款持有成本与应收账款规模呈正相关关系，应收账款规模越大，发生的总成本越高，反之亦然；持有应收账款规模越大，赊销额越高，反之亦然。

持有应收账款主要会产生四种成本，即机会成本、管理成本、坏账成本和短缺成本。测算企业当前最佳的应收账款持有水平，一般情况下，采用最小成本法或最大净收益法。

（1）最小成本法。最小成本法主要是利用企业进行信用销售产生的应收账款短缺成本与其他成本呈反比例变化的关系，找出总成本曲线上的最低点，与这一点相对应的应收账款持有水平就是企业当前最佳的应收账款持有水平，企业可在该点取得最佳收益。

一般来说，可以通过求函数极值的数学方法找到相应答案，并测算出信用额度的最小成本。企业持有应收账款会发生管理成本、机会成本、坏账成本和短缺成本，前三项成本与应收账款的持有规模成正比；但短缺成本与应收账款的持有成反比。将四种成本与对应的应收账款持有规模相对应，可以发现总成本曲线存在一个最低点，而利用最小成本法就是要找到这个最低点，并以此来确定应收账款最佳持有水平。

【例2－6】某公司现有三套收账政策，当年持有120万元应收账款，资金成本率为10%，变动成本率为100%，计算三种方案的总成本，并对每一种方案进行评价，比较其优劣（见表2－11）。

表 2 -11   ABC 三种信用方案成本比较   单位：元

项目	A	B	C
收账费用	12 000	25 000	50 000
机会成本	20 000	16 000	13 333
坏账损失	60 000	36 000	12 000
收账总成本	92 000	77 000	75 333

显然，C 方案的总成本最小，为应收账款最好持有方案。

（2）最大净收益法。最大净收益法是将信用销售产生的销售收入，减去被占用资金的机会成本、管理成本、坏账成本等之后得到信用销售的净收益；然后再比较多个信用销售的净收益，找出取得净收益最大的方案，即可确定企业的最佳应收账款持有水平。

该法与最小成本法考虑问题的出发点刚好相反，它通过找出与企业持有应收账款呈正比例关系的销售收入以及与销售收入中减去被占用资金的机会成本、管理成本、坏账损失等得出的净收益来解决问题，从数学的角度讲，是求最大值。

【例 2 -7】接【例 2 -6】某公司现有三套收账政策，当年持有 120 万元应收账款，资金成本率为 10%，变动成本率为 100%，计算三种方案的总成本，并对每一种方案进行评价，比较其优劣（见表 2 -12）。

表 2 -12   ABC 三种信用方案净收益比较   单位：元

项目	A	B	C
1. 应收账款持有水平	1 200 000	1 200 000	1 200 000
2. 应收账款周转天数	60	50	40
3. 应收账款周转率	6	7.2	9
4. 应收账款平均余额	200 000	166 667	133 333
5. 应收账款机会成本	20 000	16 667	13 333
6. 机会成本节约额	—	3 333	6 667
7. 坏账损失	60 000	36 000	12 000
8. 坏账损失节约额	—	24 000	48 000
9. 机会成本与坏账损失节约额合计	—	27 333	54 667
10. 收账费用	12 000	25 000	50 000
11. 收账费用增加额	—	– 13 000	– 38 000
12. 收账政策导致的收益增加额	—	14 333	16 667

显然，C 方案的净收益最大，为应收账款最佳持有方案。

3. 持有应收账款质量分析方法。应收账款管理中应用较为普遍的分析指标是应收账款平均销售天数（DSO，days sales outstanding），它是衡量企业信用管理水平的一项重要指标。应收账款平均销售天数（DSO）指标反映出企业平均收账期，即把赊销转化为现金所需要的时间。

采用 DSO 指标来衡量应收账款的质量不仅有利于企业内部的信用交易管理，而且还可以与同行业的其他企业进行横向对比。如果本企业的 DSO 值低于同行业的平均水平，说明本企业比同行业企业具有更低的销售成本，在市场竞争中取得有利的地位。

DSO 指标直接关系到企业现金流量充足与否，应收账款管理水平的高低。通过测算 DSO 可以了解客户群体的实际付款速度。信用期限越长，收款效率越低，DSO 越大；相反则 DSO 越小。DSO 的变化只受到信用期限和收款效率的影响，与销售额的大小无关。

（1）DSO 指标的计算方法及比较。

①DSO 指标的计算方法。DSO 是衡量企业信用管理工作成绩和公司整体信用管理状况的重要指标之一。DSO 可以按年、季度或月时间段进行计算，有期间平均法、倒推法和账龄分类法三种计算方法。

a. 期间平均法。期间平均法是最常用的评价信用管理部门业绩的指标之一，具体计算方法为：

$$DSO = 期末应收账款余额/本时期的销售额 × 销售天数$$

【例 2 - 8】MM 公司在 6 个月内销售额为 600 万元，6 个月末应收账款余额为 300 万元，则：DSO = 300/600 × 180 = 90（天）

数据说明 MM 公司在此 6 个月内的 DSO 为 90 天，抛开其他因素，如果在随后的销售中 DSO 的天数上升了，就表明信用部门没有做好工作，使账款回收变得缓慢；反之，如果在随后的销售中 DSO 的天数下降了，就说明信用部门的工作更有成效。这种计算方法的缺点是没有考虑到季节性因素的影响；准确性和敏感性相对较差。

b. 倒推法。是以最近的一个月为开始，以总应收款余额逐月甚至逐日地减去信用销售额，直至应收账款余额被减完时为止，再查看减去的总天数，总天数即为 DSO。操作方法是在每个月底按倒推法计算，以总应收货款减去总的月销售额，逐月算回去，直至总应收账款数字被减完为止。如果抵消后的余额不足以减下个月的信用销售额，则以抵消后的余额乘以下个月的天数（一般 30 天）再除以下几个月的信用销售额，所得值即为下一个月的 DSO 天数。计算结果如表 2 - 13 所示。

表 2 - 13　　　　　　　　　　使用倒推法计算 DSO

截止日期：20 × ×年 6 月 30 日　　　　　　　　　　　　　　　　　　　　　单位：元

六月底应收账款总额		35 000	
各月份	信用销售额	抵消后余额	相当的天数（天）
六月	14 000	21 000	30

续表

各月份	信用销售额	抵消后余额	相当的天数（天）
五月	16 000	5 000	31
四月	15 000	0	18
DSO 天数			79

又如：MB 公司在 20××年 7 月份对信用销售情况的统计结果如表 2-14 所示。

表 2-14　　　　　　　　　信用销售和应收账款分布情况

截止日期：20××年 6 月 30 日　　　　　　　　　　　　　　　　　　单位：元

	一月	二月	三月	四月	五月	六月	合计
平均日信用销售额	2 000	1 700	1 800	2 000	1 400	2 100	
总信用销售额	62 000	47 600	55 800	60 000	43 400	63 000	
应收账款余额及分布	2 500	3 000	8 500	12 000	31 000	60 000	117 000

在 20××年 6 月底，MB 公司的应收账款总额为：

2 500 + 3 000 + 8 500 + 12 000 + 31 000 + 60 000 = 117 000（元）

扣除 6 月份的销售额（30 天）= 117 000 - 63 000 = 54 000（元）

扣除 5 月份的销售额（31 天）= 54 000 - 43 400 = 10 600（元）

10 600 元相当于 4 月份 5.3 天的销售量 [10 600/60 000 × 30 = 5.3（天）]

DSO = 30 + 31 + 5.3 = 66.3（天）

假设这个 MB 公司 20××年 5 月份的 DSO 是 60 天，4 月份的 DSO 是 56 天，客户群的付款速度在整体放慢，说明这家 MB 公司的信用管理出现了异常。信用管理人员应该找出原因。如果是由于 MB 公司的信用政策放松的缘故，要及时研究做法是否正确；如果是执行收账政策出了问题，就要及时采取措施进行补救。总之，通过计算 DSO，信用部门就可以立刻发现应收账款管理的异常和缺陷，及时找出对策。这种 DSO 的计算方法注重最近的账款回收业绩，而非全年或半年的业绩，能够反映出当前应收账款回收的细微变化，不太会受季节的影响，是最准确的 DSO 计算方法。

c. 账龄分类法（逐月计算法）。这种方法是按照最近半年各月的应收账款发生额和当月的赊销额情况，以当月应收账款发生的余额相当于当月的日赊销额的天数为基础，累计各月天数即得到 DSO。使用逐月计算法计算 DSO，结果如表 2-15 所示。

表 2-15 逐月计算法计算 DSO

截止日期：20××年6月30日 单位：元

	一月	二月	三月	四月	五月	六月	合计
总信用销售额	62 000	47 600	55 800	60 000	43 400	63 000	
应收账款余额及分布	2 500	3 000	8 500	12 000	31 000	60 000	
货款在外天数 DSO	1.25	1.76	4.72	6	22.14	28.6	64.48

②不同 DSO 计算方法优劣比较。不同的计算方法有不同的作用，信用管理人员需要根据企业的需求分别或者全部计算出不同的 DSO 数据，以满足信用管理人员和高层管理者的使用要求。不同 DSO 计算方法的优劣如表 2-16 所示。

表 2-16 不同 DSO 计算方法的优劣比较

计算方法	目的	优点	缺点
期间平均法	对企业进行横向和纵向比较	以这些数据与本企业前几个年度进行比较，可以得知本年度的现金回收速度是更快了还是更慢了，从而为下一年的目标做准备。也可以用这个数据与其他企业本年度 DSO 作比较，评估出本企业的信用管理工作是否优于同行业的其他企业	以期间平均法计算 DSO 时，计算的期间越大，误差也越大。这主要是因为这种计算方式不考虑销售高峰与低谷变化的原因。因此，这种方法计算出来的 DSO 只能作为综合评价使用
倒推法	了解最近日期 DSO	这种方法最能反映出每个月的 DSO 变化，从而使企业信用部门和信用管理人员及时作出安排	无法了解每笔被拖欠货款的账龄
逐月计算法	综合考虑赊销和账龄	信用管理人员可以对每笔应收账款的账龄一目了然，并通过计算每个阶段应收账款的比例，发现拖欠的原因和解决方法	账龄分类法 DSO 的数据也存在一定误差

（2）DSO 分析报告。DSO 是企业信用管理最常使用的指标，应引起信用管理人员和高层领导的足够重视。信用部门应当定期作出 DSO 状况分析报告，作为企业管理者的决策参考资料，并提出解决问题的方案。DSO 分析报告如表 2-17 所示。

表 2-17 DSO 分析报告

DSO 类别	天数	应收金额	百分比
信用期内应收账款 DSO			
逾期应收账款 DSO			
超过 2 年应收账款 DSO			
有争议应收账款 DSO			
全部应收账款 DSO			

续表

DSO 类别	天数	应收金额	百分比
其中：应收货款 DSO			
质量保证金 DSO			
DSO 分析结论：			
报告人：		分析截止日期：	

DSO 指标与现金状况直接相关，如果一家企业的 DSO 指标超出同行业的平均水平，信用管理人员就必须采取措施，努力使 DSO 天数低于行业平均水平，从而取得竞争优势，以保障现金的正常周转。如果你比竞争对手少 10 天，你的企业就少相当于 10 天销售额的资金融通成本。因此，既然应收货款和现金流量对于竞争十分重要，每一家公司的管理层都应该了解行业和主要竞争对手的 DSO 水平，并且应该力争超过它。运用 DSO 指标时还应注意以下问题：

①DSO 反映了当前收款的速度，用于检验收款工作，便于及时发现重大的客户拖欠以及企业内部的信用管理问题。

②使用 DSO 指标的最简单方法是与企业的标准信用期限作比较。理想的状态是 DSO 天数等于标准信用期限，这说明企业的应收账款全部能够正常回收，或者有一部分提前回收了。

③使用 DSO 指标的另外一个方法就是比较当月的 DSO 天数和以前各月的 DSO 天数的变化情况。对于大企业来讲，减少一天 DSO 可能意味着几千万元的应收货款已经回笼。

④要经常比较 DSO 天数的变化与信用政策、经济环境等各种因素变化的关系，以便及时调整信用政策，改善企业信用管理状况。企业如果想在当前迅速降低 DSO 天数，可以尝试通过改变现金折扣政策来改善。

（二）逾期账款诊断分析技术

逾期账款诊断分析是指对账款债权特征、拖欠特征、债务人特征和催讨特征等方面进行分析，从不同角度判断账款回收的可能性和困难程度，以便确定和调整回收策略，提高收账成功率和工作效率。对逾期账款的诊断分析不仅是企业内部催收工作人员成功催回账款的基础，同时也是作为第三方信用催收机构受理账款纠纷案件、成功催收的前提条件。

1. 逾期账款产生的原因诊断。了解客户拖欠货款的原因，是制定合适的催收方案的基础。形成客户应付未付的原因主要来自两个方面：一是来自客户企业的原因；二是来自销货企业的原因。具体分析结果如表 2 - 18 所示。

表 2 – 18 逾期账款拖欠的原因分析

拖欠风险产生的原因		行为表现	分析诊断
源自客户方面原因	管理混乱型拖欠	及时催款，客户付款就会非常迅速，如果稍有放松，客户付款就会放慢	这类客户的欠款是最容易回收的。应在随后的工作中加强账款到期前的提醒工作
	习惯型拖欠	可能是由于行业普遍的支付惯例，也可能是由于客户内部的付款政策，客户总是按照自己的意愿在账款逾期一段时间后才支付	沟通和联络感情对收回欠款更为重要
	纠纷型拖欠	客户认为货物有质量问题，要求退货或扣除部分货款，在遭到拒绝的情况下，客户拒付货款造成账款逾期	如果确为企业本身的问题，就必须坦率地承认错误，承担相应的损失。如果经过核实是一个借口，应严格按照催收账款程序工作
	衰落型拖欠	有些夕阳行业的企业随着行业的衰落而衰落，有些企业的产品逐渐被其他更优质的产品替代，这时，由于产品逐渐滞销，货款支付速度也逐渐放慢	由于客户的衰落是缓慢和可预见的，因此，定期分析客户的财务状况和付款能力，按照客户的付款能力逐渐调整信用额度
	发展型拖欠	一些客户由于发展速度过快，将企业的现金流投入到固定资产或其他投资领域中，造成企业现金流严重不足，使账款逾期	应该立刻对客户的财务状况和支付能力的变化进行详细分析
	粉饰型拖欠	粉饰和夸大企业的财务状况和付款能力，但由于客户实际财务状况不佳，支付能力不足，造成还款速度下降或还款停止	这是非常危险的拖欠，稍有拖延就会给企业造成永久的损失
	诈骗型拖欠	客户是骗子公司，其购买产品的意图完全是为了诈骗	这是最糟糕的欠款类型，不迅速采取非常措施，可能造成账款的全部损失
源自企业内部管理原因	企业信用管理缺乏科学性	例如，没有客户信息数据库，不能动态监控客户信息	及时更新客户信息，建立科学管理体系
	沟通存在障碍	财务部门与销售部门缺乏有效沟通；企业与客户之间没有及时就纠纷问题进行交流	各部门要加强交流合作；企业与客户保持信息通畅，共同努力维护良好关系
	缺少规范的赊销流程	赊销协议欠妥，赊销合同出现漏洞，客户找借口拖延付款	规范赊销合同条款，特别是其中的保护性条款内容

催收人员对逾期应收账款形成原因的分析，除了为制定委托人方案提供依据之外，也是对委托人信用审核原则及其效果予以检验，它对于改进和提高委托人信用管理质量起到了不可或缺的作用。

2. 根据账款诊断分析制定催收策略。

（1）根据债务分析结果制定催收策略。催收人员对逾期应收账款进行催收之前，应对该项债务及债务人情况进行分析，通过了解拖欠背景，收集相关信息，从不同角度判断账款回收的可能性和困难程度，以便确定和调整催收策略，提高收账成功率。对逾期应收账款的分析可以从债权特征、拖欠特征、债务人特征和催讨特征四个方面进行，对其内容分别进行评价得出分析结论。逾期应收账款分析如表 2 – 19 所示。

表 2 – 19   专门收账期内的债务分析

债务人名称：××股份有限公司
评估人：   评估时间：   年 月 日

评价内容		评估标准	评估值
债权特征	债权文件	合同、发票、提单和双方往来的函电等具有法律效力的债权文件越完备越有利于追讨	
	债务关联	注意客户对债权债务涉及的当事人、中间人的数量和关联程度，明确关联对象在债务中的地位和关系，关联程度越深越不利于催收和裁决	
	债务认同	密切注意客户对债权债务的认识，如果在认识上有分歧，应该与客户进一步沟通。双方的合同纠纷及处理意见差异越大，追账难度越大	
	债务确认	尽可能要求债务人对债务情况给予书面确认，并对债务确认过程中发生的任何凭证做好采集和保管，将有助于追账工作的开展	
	评估值 1		
拖欠特征	拖欠时间	对于拖欠时间需要格外关注，尽可能缩短时间跨度，保证追账行动在诉讼时效内。拖欠时间越长追账成功率就越低	
	拖欠地点	距离远的债务人，电话追讨会更加节约成本；距离近的债务人，则可派人上门追讨。一般情况下经济越不发达，法律意识淡薄，催收难度越大	
	交易内容	交易涉及的行业、产品和背景是分析的基础因素，不同行业和产品有着不同的特点，分析这些因素有助于正确预测该客户的未来发展趋势，为调整追讨策略提供有益帮助	
	拖欠性质	延期、贸易纠纷、财务困难、停业、破产和蓄意欺诈等情况催收难度依次加大	
	评估值 2		
债务人特征	债务人背景	包括债务人的上级管理部门、历史发展状况、股权结构、高管人员背景等	
	信用状况	付款记录及信用良好，催收可能性大	
	偿债能力	债权人可以根据其银行存款、其他债务、固定资产、其他权益等分析判断其实际支付能力，然后决定债务处理的方式	
	偿还意愿	主要指客户还款意愿的真实态度	
	评估值 3		

续表

评价内容		评估标准	评估值
追讨特征	自行追讨	已经催收所采取的措施越强，现在的难度越大	
	司法追讨	经过判决的案件关键在于执行力度和资产情况	
	专业机构追讨	专业机构的追账力度	
	协商状况	是否达成还款协议	
	评估值4		
综合评估值			

注：评估值应根据行业特征和经验数据结合企业目前的经营目标来确定。

催收人员可根据表 2-19 的内容，对债方企业进行综合评价，并根据评估值的高低制定和实施不同的应收账款催收策略。不同评估值所对应的催收策略如表 2-20 所示。

表 2-20 不同评估值所对应的催收策略

评价结论	应对措施或催收策略
综合评估价值较高	综合评估价值较高，说明债务回收的可能性较大，困难相对较小，对这样的债务，应把握"快"字，以最少的投入尽快解决问题
综合评估价值较低	综合评估价值较低，说明债务回收的可能性较小，困难重重。遇到这种情况，还应该具体分析四个方面的评估值哪个最低，有没有改进和解决的办法。在确认回收无望，或成本投入过大时，应果断放弃催收，以避免进一步的损失
评估值1较低	表明债权特征不显著，不适合采用仲裁或诉讼的追讨，尽量与债务人协商促使债务人签署还款协议，必要时可以作较大幅度的让步
评估值2较低	表明该债务属于长期或恶性拖欠，应立即委托专业追账机构催收，并审核诉讼时效，核实债务人地址，通过多种途径向债务人施加压力
评估值3较低	表明债务人状况不佳，应尽快委托专业追账机构实地调查。如果债务人具备偿债能力却无理拒付时，应施加更大的压力，必要时建议诉讼追讨；如果确定债务人没有还债能力，可考虑暂停催收或放弃催收
评估值4较低	分析哪一种追讨方式的评估值低，说明该种追讨方式不能收回欠款，应该加大追讨力度，或者改变追讨方式

（2）根据账龄分析制定催账策略。账龄分析表是对应收账款进行有效管理的重要技术手段，企业信用管理部门通过对应收账款账龄的跟踪分析，能有效监控每一位客户的每一笔账款的状态，并根据账龄长短采取相应处理措施。应收账款不同账龄的处理方法如表 2-21 所示。

表 2 - 21　　　　　　　　　　　应收账款不同账龄的处理方法

应收账款账龄	处理方法
赊账期内	关注客户信用额度是否超额，定期与客户进行联系，及时解决客户提出的问题
逾期 30 天以内	可通过电话、电子邮件催收，了解并分析客户迟付的原因，防止账款进一步滞后
逾期 31～60 天	不能懈怠，发出书面的催款函，了解分析迟付的原因
逾期 61～90 天	应发出严厉的催款函，停止赊销。如客户有新的需求，可要求客户付清欠款并对新订单进行现款交易，若未能收到客户后续付款，立即发出最后通牒
逾期 91 天以上	立即采取行动，外勤催收处理

需要说明的是，对于已经有逾期应收账款的客户，催收人员应当建议委托人停止与其进行信用交易，锁定已经暴露的风险，并给客户以压力，在客户偿还欠款之前只与其采用现金方式进行交易。如果客户对本公司的产品比较依赖，或者其转换供应商的成本较高，则在其拖欠严重的情况下暂时停止对其供货和其他交易，也是一种比较严厉而有效的升级行动，也可以维护公司的形象和基本原则。

（3）根据逾期应收账款不同阶段调整催收策略。不论采用哪种追账程序，一笔应收账款的催收过程一般分为以下五个阶段，根据不同的阶段采取不同的催收方式，不同阶段的催收策略如表 2 - 22 所示。

表 2 - 22　　　　　　　　　　　不同阶段的催收策略

追账阶段	相应方式
早期阶段（2～3 个月）	催收人员可以建议，与客户熟悉的业务人员通过电话、传真或信函提醒客户货款已逾期，并要求其遵守双方认可的付款条件及时付款。催收方式比较温和
特殊阶段（3 个月左右）	在此阶段，催收人员应通过书面形式向客户指出货款已严重逾期，并提醒他若再不付款，将采取必要措施，客户将因此多支付不必要的费用。操作人员一般是企业内部的催收工作人员
专业追账阶段（3～6 个月）	在此阶段，催收人员可以将客户交给专业信用催收公司处理。专业信用催收公司以信用记录进行协商，以信用惩戒的威慑力，以灵活多样的方式，可使客户尽可能付款，且性价比较高
诉讼阶段	如果信用催收失败，可以将客户交给律师处理，通过律师向法院起诉，这虽然是无奈的选择，也是最后的选择
坏账处理阶段（1～2 年）	如果催收人员判断收账的成本比可回收的金额要大，应当取消此账款催收

3. 综合运用多种催收方式，提高催收的成功率。不同的催收方法有各自不同的长处，在实际的应收账款管理中，应该根据客户的不同特点，采取不同的催收方式。例如，针对长期、大客户，可采取上门催收，优先解决争议问题、保障继续发货等措施；对于一般客户，可根据其信用限额，欠款超过一定天数停止发货；对于高风险客户，

应立即停止供货，严密监控并追讨。

总之，在选择催收方式时，必须考虑不同收账政策所产生的不同效果，即所设定的收账目标会导致客户关系发生怎样的变化。在维护合作关系的前提下收回欠款较为理想，但这并不代表应该为维护合作关系而放弃正常的收款。

实践中，当客户出现拖欠之后，用什么手段进行追讨，往往是一个较难处理的问题，企业主要应从追账的有效性、时间、成本（费用）等方面进行权衡。典型追账途径的比较如表2-23所示。

表2-23   典型追账途径的比较

	企业自行追账的效果	法律诉讼的效果	委托催收机构催收的效果
效率	中等。因为追账人员多是公司职员，催收成功与否对个人收入影响不大	较低。因为须按照法律规定的方法、程序进行，期限较长	较高。因为追账人员的收入与欠账的回收率成正比，成功率越大，收入越多
与客户关系	最好。因为债权人熟悉债务人的需要。但是这也是造成欠款的原因之一	最差。最冲突性的方法，具有不可逆性	中等。较灵活，可因债权人的要求改变
追讨时间	不确定。若及时追讨，时间最短；但如果考虑与债务人的关系而拖延追讨，可能长期拖欠	最差。如国内普通程序应当在立案后六个月内审结，这还是完全没有考虑立案时各种补充资料和意外、被告提出管辖异议、被告无法送达需要公告等情形	最短。签订合同以后，马上处理
费用	如能马上收回，费用最少，但若计算机会成本、边际利润、商誉等，费用就很高	最差。法律费用很高，而且随着时间增加，没有确定数目	中等。双方事先已商定费用。追讨不成功，不用付佣金
保障	一般	最好	若委托正规的信用催收公司，保障性较强
其他	企业往往缺少有经验的追账人员	法律是根据文件及程序进行判决，结果未必胜诉。如果败诉，则增加损失；如果胜诉，则法庭不协助追账，只是确认了债权	专业信用催收公司非常熟悉当地的法律及商业习惯

（三）逾期账款催收技术

针对企业内容而言，对逾期应收账款的催收，可分为内勤催收、外勤催收和委托第三方催收三种方式。其中，内勤催收，包括电话催收、信函催收以及传真、QQ、微信催收等；外勤催收是指企业催收工作人员外出与债务人面对面催讨商账的过程和方法；委托第三方催收包括委托商账催收机构、律师及个人催收，当然也包括委托信用催收机构催收。

不管企业采取何种方式催收，都要做好逾期应收账款预警管理，通过对逾期应收账款预警信息进行分析，来确定催收的方式。

1. 逾期应收账款预警管理。

（1）预警期前的应收账款管理。在信用期内，客户不支付货款是合理的，催收人员不会对客户采取任何实质性的行动。但在企业内部，信用期限内的应收账款是实际已经发生的债权，企业信用管理部门必须进行管理。催收人员要了解客户是否在意加速付款条款或争取获得现金折扣，跟踪检查已经发生应收账款的客户信用限额的变化，对于个别信用期限长且应收账款金额大的客户要实行动态监督。

预警期前应收账款管理的目的是防范客户在信用期限内发生重大变化情况，导致客户不能正常地偿付货款，而产生信用风险。例如客户信用状况发生重大变化，企业就需要争取时间，通过监控和沟通，尽快使用信用管理手段处理赊销账款。

（2）进入预警期内的应收账款管理。进入预警期内的应收账款是指即将到期的应收账款，催收人员应该对处于这个范围内的客户给予适当的提示，特别是那些新客户和大客户以及那些曾经有过不良信用记录的客户等。

对于持有即将到期应收账款的客户，企业销售或者财会部门应该打电话给客户的财会部门，礼貌地询问未付原因，根据客户的答复及时作出必要的反应。

对于信用管理功能健全的企业，应对企业所持有的应收账款设置预警程序，当一笔应收账款即将到期时，计算机系统就会自动提示。系统的预警操作还可以将每一个级别栏目之下的所有应收账款汇总，自动显示该级别应收账款的总体水平。

（3）逾期应收账款的预警设置方法。应收账款回收率随着账龄的延长而降低。应收账款逾期时间越长，账款回收的概率越小。来自国外统计资料的数据表明：未逾期账款最终回收率为98.2%；逾期1个月账款平均回收率为93.8%；逾期2个月账款平均回收率为85.2%；逾期3个月平均回收率为73.6%；逾期6个月账款平均回收率为57.8%；逾期9个月账款平均回收率为42%；逾期12个月账款平均回收率为26.6%；逾期24个月账款平均回收率为13.6%。

这说明随着时间的延长，客户的还款意愿在不断降低。为了保证账款回收的成功率和减少账款利息损失，因此，根据逾期时间设定预警级别比较合理。

①逾期30天内（预警级别设定：一般）。逾期10天以内一般应给予及时提示，账款逾期20天就有可能拖过本月的付款日期，意味着要再等一个月才可能收款，故需给予关注。

②逾期31~60天（预警级别设定：严重）。不可轻易使客户逾期到这个时期，应让客户逐渐感觉到商账管理部门的压力，使其了解超过这个时期会严重影响与本公司

的关系（面临停止或降低信用额度、终止项目合作或合同关系、改变结算方式或更加严厉的其他追讨方式等）。

③逾期 61~90 天（预警级别设定：呆账）。这个时期应是商账管理工作的底线，终止项目合作或合同关系是必需的，且应该将客户作为重点予以严密监控，频繁地沟通和追讨，直接利用外勤了解情况和参与追讨在此时是非常必需的。

④逾期 91 天以上（预警级别设定：坏账）。此时期一方面尽量设法留下客户承诺并承认欠款的证据，包括提交一份短期偿还欠款的值得信赖的还款计划书。与此同时，和信用催收机构或律师沟通情况，做好信用催收或法律诉讼追讨的准备。优先考虑信用催收机构的诉前催收。

2. 逾期应收账款的管理程序。正常状态的应收账款的管理包括发货确认，货款到期前提醒，到期付款通知、货款逾期通知和同意（拒绝）客户延期支付请求的回复等程序。经过此程序尚未能够收回的账款，应当考虑进入逾期应收账款催收阶段。管理流程如图 2－10 所示。

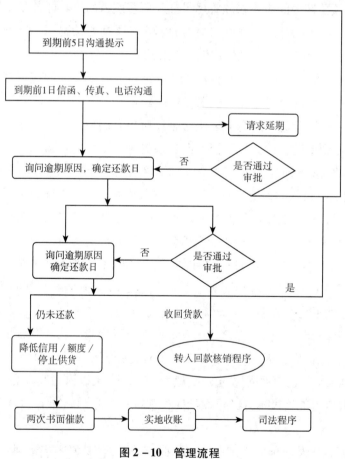

图 2－10　管理流程

3. 逾期应收账款内勤催收技术。逾期应收账款催收不能单纯理解为讨债，它是指通过合法的催收流程和技巧进行催收，防范和规避企业由于使用赊销方式带来的信用风险。逾期应收账款催收分内勤催收和外勤催收。企业信用管理部门通过自身努力进行追讨，即内勤催收是最主要也是最值得鼓励的方法，这样才能充分发挥企业信用管理部门的职能，促进企业信用管理水平的提高。

(1) 内勤催收的操作安排。信用管理部门对逾期应收账款进行内勤催收时，需要指定专门的信用专员确定欠款催收对象，并一直跟踪所负责客户的追讨工作，直至内勤催收结束，每一位专门的信用专员可以同时负责多个客户欠款的催收工作。具体来说，户数一般取决于信用管理部门的实际情况和信用专员的个人能力。每一位信用专员需事前了解所负责客户的类型，是收到货就很快付款、到期前付款、被提醒后付款、被强力催账才付款，还是以各种借口推脱不付款。信用专员进行逾期账款的催收时，需要针对每一位客户建立专门档案，由信用专员专门负责。在此档案中，信用专员需要将合同、发票、与客户联系的资料完整地进行收集和整理，随时备查，在此基础上按照收账程序开展工作。

在逐步实施收账措施的同时，信用专员需要将每一次跟客户的交流和各种措施实施的效果记录在档案中，作为备查根据和了解催收进度的依据。随着对客户采取的收账措施不断强硬，或信用管理部门对逾期账款的内勤催收效果不佳而需要借助商账催收机构进行账款催收时，将档案中包含的各种原始证据和人员所做的各项备查记录完整转移给收账机构，供其参考。

(2) 内勤催收的程序设计。催收人员负责逾期账款客户的欠款催收并做好档案管理的同时，需要根据企业信用管理部门的追讨策略和能力制定一套行之有效的逾期催收程序，程序中的每一项步骤被不断执行，对欠款企业采取的措施相应地对企业施加的压力也不断增大。为保证各项收款步骤顺利进行，使收账工作"一气呵成"，顺利收回逾期账款，制定一个合理而又紧凑的催收程序是非常有必要的。同时对追讨程序的各个步骤制定紧凑、连贯的时间安排，让客户时时刻刻都感受到被拖欠企业施加的还款压力，持续地感受到迫在眉睫的还款义务，借以促进应收账款的回收。

一般来说，催收的程序按以下步骤进行：

第1步：信用专员在自己所负责客户应收账款逾期后的1天内就应通过传真向逾期客户发出通知，提醒客户注意自己的逾期款项，礼貌提示对方进行付款；

第2步：如果客户没有及时付款，则在逾期后的第4天，再次给对方发去提示电话，要求对方检查逾期账款情况并马上进行全额付款；

第3步：如果企业仍没有付款，则在逾期后的第9天，信用专员需要打电话给客户，跟客户交流、沟通客户账款逾期原因，帮助客户分析账款逾期后果，敦促其尽快还款；

第 4 步：如果仍然置若罔闻或不付款，信用专员需要在逾期后的第 13 天，通过传真或电报的形式给客户发去正式追讨函，详细列示对方账款逾期证据，正式通知对方付清逾期账款；

第 5 步：如果追讨函仍然没有发挥作用，则在逾期后的第 16 天，可通过传真或信函方式向对方发出账款催收的严厉通知，在通知中需要郑重地指出对方拖欠账款行为对双方合作关系的不良影响以及给双方带来的不便，要求其将欠款还清；

第 6 步：如果企业仍然没有认真严肃对待通知，则于第 21 天，信用专员第二次向对方发出催账通知，详细列示各项欠款；

第 7 步：如果仍没有产生效果，企业信用管理人员则在逾期后的第 24 天进行上门追讨，要向财务主管或其他相关负责人，阐明企业账款长期逾期所造成的各项损失，以及对双方合作信任关系的严重损害，要求对方主管做出马上付清欠款的承诺；

第 8 步：如仍没有效果，则在逾期后的第 30 天，向账款逾期客户发出最后通牒，显示其对拖欠行为的容忍已经达到最大限度，不排除进一步采用包括法律或其他手段进行追讨维权的可能性，并给对方列出一周时间作为"最后期限"，如果逾期客户在收到最后通牒后及时归还了欠款，那么收账工作可以终止；

第 9 步：如果仍然有意拖欠，则在最后通牒规定的最后还款期满后，可以委托律师催收或委托信用调解机构进行调解，也可以直接诉诸法律手段。

（3）内勤催收的方式。内勤催收逾期应收账款的方式主要有两种，即信函催收和电话催收，其他手段还有传真催收、电子邮件、QQ 和微信催收等，但是以信函催收和电话催收最为常用，效果最为显著。

第一种，信函催收。根据不同阶段力度的需要使用不同种类的信函，一般有《提醒函》《催款函》《紧急催款函》以及《律师函》四种。各种函件的具体内容要求：

①《提醒函》。提醒函应载明的内容包括：逾期账款总额、订单/发票/合同号、签订日期、金额、逾期天数、该客户服务人员的姓名及联系方式。

②《催款函》。应载明的内容包括：除上述内容外还应加入企业对欠款行为的处理意见（例如停止合作或取消、降低信用额度），并附上商账管理负责人的姓名和联系方式。

③《紧急催款函》。应重点注明还款日期，以及即将采取的严厉措施和客户方因此遭受的损失。该函应直接发给客户的总经理，由商账管理负责人签发并加盖公章，表明该信函是企业的意见和行为。

④《律师函》。以律师的名义发出，信函标题可注成红色以表示严重程度。

信函催款是一个持续影响客户的过程。一般而言，第一封催款信函以友好诚恳的态度让客户在某日期内还款；第二封逐步提高催款的紧迫性，使客户感到延迟付款的严重性；第三封，发出最后通牒，限定还款时间，否则将采取法律手段回款。这是利用信函成功催款的惯常步骤。

逾期账款《提醒函》《催款函》的样本如表 2 - 24、表 2 - 25 所示。

表 2 - 24　　　　　　　　　　　　　　　　　　　　　　**提醒函样本**

逾期账款提醒函

××××公司（客户）

财务部（头衔）

尊敬的_____先生或女士（全称）：

　　×××公司信用管理部门向贵公司致意，并谨此提醒贵公司：目前贵公司在我公司的账户上有一笔逾期账款，总计金额为人民币：_____元。

　　具体明细为如下：

订单号	形式发票号	凭证日期	金额	超期天数
××××××××	×××××××××	××.××.××	×××.××	

　　如贵公司已经付款，请将付款底单传真给信用部，协助我们核收。

　　如贵公司尚未付款，且对上述账款亦无任何异议，请尽快将此笔款额汇往我公司的银行账户：

银行名称：　　　　　　　银行地址：　　　　　　　账户号码：

若贵公司对上述账款和明细持有任何异议，务必请立即与我们联系。

感谢您的合作！

　　　　　　　　　　　　　　　　　　　　　　　　　××××公司（债权人）

　　　　　　　　　　　　　　　　　　　　　　　　　信用管理部：×××

　　　　　　　　　　　　　　　　　　　　　　　　　年　　　月　　　日

回　执

（请收到回执后填好传回）

××××公司（债权人）：

　　□经查过，我公司已于_____年_____月_____日支付上述款项。

　　□我公司将在_____年_____月_____日支付上述账款。

　　　　　　　　　　　　　　　　　　　　　　　　　××××公司（客户）

　　　　　　　　　　　　　　　　　　　　　　　　　签章：

　　　　　　　　　　　　　　　　　　　　　　　　　日期：

表 2 - 25   催款函样本

催款函

××××公司（客户）

财务部（头衔）

尊敬的＿＿＿＿＿先生或女士（全称）：

　　××××公司信用管理部门向贵公司致意，并就贵公司对我公司逾期账款人民币：＿＿＿＿＿元一事再次提醒注意：

　　继我公司信用部＿＿＿＿年＿＿＿＿月＿＿＿＿日发出致贵公司提醒（催款）函后，至今我公司仍未收到贵公司对此笔欠款的清账付款，也未接到贵公司对前函的任何回复。

　　对贵公司的态度，我们非常不理解。在此，我们再一次善意地提醒贵公司予以重视，立即采取措施从速清偿此笔逾期账款，维护好贵公司商业信誉。

　　同时，我们不无遗憾地通知贵公司，在收到贵公司的清账付款之前，或在贵公司对此次延迟付款向我们作出必要说明之前，我们公司即日起，暂停接纳贵公司的新订单，并暂时停止向贵公司发货。

　　敬希见谅，期盼贵公司的真诚合作！

××××公司（债权人）

信用管理部：×××

电话：

年　　　月　　　日

- -

回　执

（请收到回执后填好传回）

××××公司（债权人）：

□经查过，我公司已于＿＿＿＿年＿＿＿＿月＿＿＿＿日支付上述款项。

□我公司将在＿＿＿＿年＿＿＿＿月＿＿＿＿日支付上述账款。

××××公司（客户）

签章：

日期：

　　第二种，电话催收。电话催收是一项非常需要技巧的工作，它要求催收人员事先做好沟通的准备，将客户可能出现的难题统统作出预判，并拟定好回应方式，如客户以没有收到发票为由拒绝付款等，催收人员应以具体事实有效地回应客户，让其无路可退。

　　①电话催收应遵循的原则：a. 任何情况下不掺杂个人因素或感情，更不要使用过激语言；b. 善于用积极和信任的方式对话而非责备与批评；c. 用开场白和个人魅力吸引客户的注意，语言流畅、清晰、礼貌、文明；d. 给客户留面子博得其好感，留有一定回旋余地；e. 尽可能取得客户的承诺（记录、备忘录、录音等）。

　　②电话催收前的准备工作：a. 详细了解每一笔客户项下的逾期账款逾期时间、金额、被授信额度和客户使用额度的情况；b. 了解客户以往的付款情况；c. 了解客户的承诺；d. 确定自己的底线。

　　③电话催收的步骤：a. 逾期 10 天，催收人员向客户电话询问付款何时执行。b. 逾期 20 天，催收人员再次向客户电话询问，取得客户的付款承诺（未取得付款承诺不算

完成任务）。c. 上述承诺付款日催收人员再次给客户打电话，提醒其付款日期已到，如其确实有困难，则在更短的时间内使客户承诺下一个付款日。d. 催收人员在下一个付款日再次给客户打电话，如仍然没有得到付款，需立即向商账管理负责人联系汇报以上经过，由商账管理负责人与客户的财务负责人直接电话沟通。e. 没有得到付款且逾期已经达到 30 天的情况下，催收人员向直接上级汇报，由其立即与负责商账管理的信用专员联系，请信用专员向客户的财务负责人再次实施电话催收，告知本企业即将采取的停止合作或削减信用额度的行动，并充分了解客户情况，找出最佳解决途径。f. 逾期达到 60 天时，信用专员给客户财务负责人打电话做最后一次努力。g. 催收的结果使用《客户通话记录簿》进行记录，并作为《催收进展报告》的依据。

信用专员必须编制和使用客户通话记录簿。客户通话记录簿的内容包括：第一页记录客户的编号、名称、联系人和联系电话，随后可以按流水账的形式记录相关信息。流水账设置的项目包括电话联系日期、联系人、通话内容、付款承诺、承诺还款日期和收到款项的日期和金额等。

④电话催款的要领。为有效地运用电话向客户催款，催收人员应掌握的技巧：a. 确认金额。打电话催账之前，要先核对最新的档案数据，搞清对方积欠的账款明细和准确金额。b. 选对时间。"机不可失，时不再来"，强调的就是时机的重要性。天时、地利、人和是成事的三要素，在占尽地利和人和的前提下，催收人员还要选择好时机，以保障货款的顺利回收。

要选择正确的收款时间，应先了解客户的工作规律和心理忌讳。通常情况下，可以根据以下几点建议，选择正确的收款时间。a. 客户通常不愿在周一或者月初付款，而且这段时间客户通常比较忙。b. 周二至周四打电话要好于周一和周五。周一客户通常要参加诸多会议而无暇回款工作；到了周五，客户会产生怠慢的情绪，往往会将付款时间推至下周一再处理。c. 下午打电话较佳。因为客户在上午时间通常要忙于做生意，下午则是他们盘点一天经营状况的时候，好的营收状况会带来好的心情，催收人员此时去收款比较容易让客户接受。

面对不同的客户类型，催收人员可以选择不同的时机去收回账款。a. 面对还款爽快的客户，催收人员要提前约好时间，必须践约，并且一定要赶在客户之前到达，否则会打击到客户回款的积极性。b. 面对还款拖拉的客户，催收人员必须事先打电话催促落实，提前到达客户处等候着，或者增加电话次数，给客户施加一定压力。

⑤选择适宜的催款对象。电话催款不建议打客户的私人电话。因为每次打电话都要询问客户是否在公司。如客户在，应先礼貌地问对方："现在讲话方便吗？"在得到客户的认可后，才可进行交流。否则，可再择期电话联系。如果客户不在，一定要客气地让其秘书转告此次电话的目的。一般情况下，对于大企业，催收人员要直接找指定付款的联系人或财务人员；如对方是小企业，最好与负责人或老板直接联系。

⑥注意说话的语气和态度。为了避免客户产生抵触情绪，电话催款的"开场白"显得至关重要。一般情况下，催收人员可按照这样的程序进行：礼貌招呼之后，就应开门见山直接说明来意。先说明应收款的数额，让对方有心理准备，也可以表明催收人员对账款的关注和收回的决心，给债务人一种无形压力。

电话催款时需要注意以下事项：a. 营造积极的沟通氛围，不要一开始就咄咄逼人，以免破坏坏交流气氛。b. 催收人员越人性化，收回账款的可能性越大。c. 不要让客户说出任何想推迟付款或拒绝付款的理由，如客户有拖延的念头，催收人员应坚决拒绝，并不须多作解释。因为按照协议约定的内容，客户理应主动还款。d. 催收人员要始终保持一种冷静的态度，说话不能自相矛盾；否则很容易让客户抓到把柄，要求延期付款。e. 说话方式要"外柔内刚"，对于客户的暂时付款困难，要从双方长期合作的角度考虑问题，提供帮助意见，为客户建议还款计划。同时向客户传达不按时付款可能会遭受的惩罚等情况。f. 客户作出的承诺，要落实到书面上，并用电话或传真的方式进一步确认，然后继续跟进，直到还清账款为止。

⑦注重维护好双方的合作关系。为了收账回款，伤害了双方的合作关系，可谓得不偿失，绝非明智之举。催收人员应以"和气生财"的催款心态，以双赢为目的，以尊重和关心客户、维护好双方的合作关系为基础开展电话催款行为，这样不但可以化解先前的种种不愉快，还能为日后的收款工作打下良好的基础。

⑧熟练反驳各种借口和托词。催款过程中，客户总有千百个拖延付款的借口。催收人员应该仔细了解这些借口，并事先做好应对的准备。常见的借口有以下几种类型。

a. "我的客户都没有付款"。客户把第三方包括进来，以此为挡箭牌，使其获得回旋余地。如果催收人员同意让客户收回货款以后再支付账款，那么客户拖延的目的就达到了。因此，催收人员一定要打消客户的这个念头。另外，客户也希望以此博得同情心，以达到拖延的目的。

回应："有一点您必须清楚，您与任何其他人的债务都与我公司无关。这笔合同签字的双方是我公司和贵公司，从法律角度讲，贵公司应无条件承担付款责任。当然，您的处境我能理解，这需要您对您的债务人施加更大的压力，例如起诉他。但是，即使您不能从您的客户那里拿到货款，您也必须立刻偿还我方的账款。"

b. "你们的产品存在质量问题"。这是客户经常提出的拒付理由。为了避免这类借口，签约时应规定客户提出质量争议的最后期限，且该期限必须在回款期限之前，并指定第三方检测机构。超过规定期限，客户仍以产品质量问题作为借口，将被视为无理取闹或无效行为。

回应："在我们签订的合同中规定，您必须在 15 天内提出质量异议，并提供相应的商检证明。可是，您没有在规定期限内提出异议并拿出商检证明，而是在账款逾期后才提出，这已经失去法律效用，不能作为拖延付款的理由，如果您还坚持这种意见，我将保留起诉的权利。"

c. "老板不在，我们无法处理这件事"。催收人员必须明白任何一家公司的负责人不会让公司处于无人管理的状态下超过两天的，尤其是在信息科技迅猛发展的今天。即使客户的负责人不在公司，也会安排临时负责人或让副总主管财务，并事先签好备用的支票。因此，如果客户连续几天都这样回复的话，很可能是在说谎，催收人员应立刻采取措施。

回应："那么，请您告诉我，现在谁是公司的总负责人？对外付款如何进行？谁签字有效？另外，请将贵公司财务经理的电话告诉我，以便我们核实更多的情况。"

d. "支票已经寄出了"。无论客户说的是真是假，催收人员都必须询问更详细的支票信息，强调每次寄支票应快递寄出并将快递单号给催收人员。这不仅是一种负责任的工作态度，更能防范客户以信件遗失作为借口。

回应："非常感谢您的支持！为了避免差错，您能否告诉我支票是哪天寄出的？数额是多少？支票号码是多少？寄到什么地方？快递单号？以便核查。"

e. "我们这么多年的合作关系，你为什么不相信我们公司？"。催收人员首先要让客户感到：我们是信任他的；同时要让客户了解到：他所面对的是一家信用管理完善的企业，违反制度必将相应受罚。

回应："我们非常信任您，这么多年的友好合作关系就是最好的见证。但是，这是我们公司的信用管理政策，任何人都必须遵守。如果我违反了制度，必将受到处罚，相信您一定能够在期限内付清货款，不会为难我的工作。"

（4）不同催收方式的优缺点比较。

①电话催收：电话催收是最常用的催收手段，工作量小、成本低，但是成效往往也较低。对小额欠款客户、个人客户、优良客户往往仅靠电话催收就能解决问题；对于复杂的收款，也经常使用电话，很多联络、谈判也是由电话沟通先铺垫的。

②信函、传真、电子邮件商务函件催收：信函是最古老的收账手段之一，是收账使用时间最长的工具；传真作为一种开放式的通信手段，缺乏保密性，容易伤害债务人的自尊心，但也很容易给部分客户形成一定的压力。电子邮件、QQ、微信等催收方式也随着电子商务的收账方法逐渐流行起来，普遍用于中小微企业非正式或初级的催讨。

4. 逾期应收账款外勤催收技术。

（1）外勤催收的步骤。

①确定外勤催收的客户和账款。账款逾期超过30天、能够找到的客户或者拖欠金额远远高于外勤催收费用的客户都适用外勤方式。

②全面了解客户的状况。a. 客户历史的交易和付款记录；b. 客户的资信调查记录；c. 客户拖欠的原因和催收的过程记录；d. 负责对接该客户的催收人员的建议。

③需要准备的资料。a. 身份证明类：身份证、单位介绍信、授权书等；b. 合约类：合同、订单及其他补充资料；c. 凭证类：发票扫描件或复印件等；d. 客户信用申请表；e. 客户承诺付款的书面承诺；f. 客户通话记录簿和催收计划；g. 安排出行时间、方式、工作授权或交接，以及催收计划。

④撰写相关报告。实施外勤催收，并于访问客户后两个工作日内撰写《催收进展报告》。《催收进展报告》的撰写注意事项：

a. 《催收进展报告》中催收电话和催收信件的记录可以确保坏账注销时不会受到指责，明确表明了各级催收人员曾对违约客户采取了哪些适当、积极的收款举措，对是否给予注销坏账的决策有很大影响。

b. 《催收进展报告》中清晰地记载，方便工作人员间的工作交接。

c. 《催收进展报告》作为失信记录，可以成为法律承认形式的证据。

d. 必须使用企业统一制定的规范化表格，包括账目编号、客户名称、欠款金额、拖欠时间、催收方式、催收过程、催收结果和评论与建议等项。

e. 《催收进展报告》应注意记录的连续性、一贯性，明确各阶段中不同角色的责任，注意工作上的良好衔接。

f. 上年度发生的《催收进展报告》原件及所有证据应于每年度一月份交风险管理中心综合管理室保存，保存期为三年。

g. 撰写方为商账管理负责人的，由商账管理部负责临时保管；撰写人为催收人员的，所属分支机构为临时保管的负责单位。

（2）外勤追账要领。

①必须按时或提前到达。到了合同约定的收款日，上门催收的时间一定要早，这是收款的一个诀窍。否则客户有可能会反击："我等了你好久，你没来，回款的事下次再说！"如此一来，催收人员将无话可说，从而浪费回款机会。

②时刻牢记面访的目的。拜访客户的目的是收回欠款，而不是推销商品，催收人员应该把收回欠款放在各种要解决的问题首位，等到应收账款结清之后再考虑与客户谈新的合作项目。催收人员在等候的时候，一要留心倾听客户与其他客人交谈的内容；二要观察对方内部的情况；三要找机会从对方员工口中了解对方现状，可能有意想不到的收获。

③账款数目要清晰准确。催收人员一定要明确应收账款的数目，如果应收账款的数目与对方付款的数目不符，少收欠款会给公司造成损失；多收欠款会影响自己在客户心目中的形象。

④表现要坚决。催收人员在催收中要表现出：不拿到欠款，誓不罢休的态度和气势。收款时一定要按照公司的规定执行，绝对不能私自给客户延长还款期限。如果你收款时表现很积极并一直坚持到底，客户为了避免麻烦，也不会再坚持。反之，客户

自然就会使用各种理由来延期付款。当然，在表现坚决的同时，要避免客户争辩；否则客户可能会另外找出各种理由延期付款。

（3）逾期应收账款的外勤催收技巧。在日常的催款过程中，催收人员经常遇到的是债务人要么躲着不敢见面，要么总是承诺还款却始终扮演"千年认账、万年赖账"的无理角色。债务人往往使用多种手法拖欠债款。作为催款人掌握债务人拖欠债款的各种"招式"，伺机而发，从而制胜难缠的债务人。

①债务人拖欠债款"招式"。a."躲"：躲着不见面、不回复留言电话传呼，甚至告诉别人"他不在"、变更经营场所等。b."拉"：扮可怜，以老朋友、老客户为由，要求相信他、帮助他，拍胸脯发誓一定还清债款等。c."赖"：以货物、品质不符、价格太高或合同规定不合理为理由，拒绝付款或以此要求降价拖延时间。d."拖"：以正出差在外、会计人员不在或者以生意不好无利可图、货物难销等理由要求下次再来对账收款，达到拖延付款的目的。e."推"：以未收到对账通知单、客户的汇款未到、前任没有交代为借口推托。f."磨"：以企业已更换等理由推脱责任，不断提出不同的理由来拖延支付，使债权人疲于追讨。

②催款人应对债务人对策。催收人员实施催收要贯彻"动之以情、导之以利、晓之以信、施之以法"的原则，针对债务人的不同特征，采取以下对策：a."缠"：一是要找到对方决策人，对方下属对你的还款是起不到作用的；二是针对"磨"的客户要不断地提出问题，这方面需要催收人员有比较大的耐心。b."粘"：催收人员不轻易答应客户的要求对有松动的债务人要随时提出还款承诺的要求。c."勤"：就像小格言"会哭的孩子有奶吃"说的那样，催款的频率一定要高，催得紧时更可能拿到债款。d."逼"：对客户的弱点直接施压，但要注意适当提高施压等级。客户弱点是指客户的失信成本因催收人员的催款行动而放大，债务人会考虑还款。e."快"：催收人员对意外的事件反应要快。这一点要求催收人员在头脑中要随时关注应对意外事件的信号。

5. 逾期应收账款委托催收。当企业信用管理部门通过自身的追讨努力完成各项追账程序后，仍不能收回客户所欠逾期账款时，可以委托外部专门收账机构进行追讨。

市场上有很多提供专门收账服务的机构，习惯上被称为商账追收公司或追账服务公司。这些公司接受客户的委托，从事合法的催账和追收工作，采取的追讨方式一般是通过提起法律诉讼为主，这些机构根据所追回的逾期账款数量，按照一定比例提取佣金费用。对企业来说，委托商账追收机构进行逾期应收账款的追讨虽然额外支付了一笔委托费用，但可以获得专业追账机构追讨逾期账款所带来的节约信用管理的时间，促进应收账款的周转，改进现金流等好处，尤其是对那些尚未建立信用管理部门的企业来说，通过委托商账追收机构进行逾期应收账款管理和追讨很有必要。

（1）商账追收机构追讨欠款的一般流程。企业委托商账追收机构进行逾期应收账款的追讨后，需要将此前收账人员在催收过程中记录的追收档案提供给催收机构，供其参考。一般追讨运作流程如下：①企业开具授权委托书，提供逾期账款档案资料；②双方签订委托追账服务协议，确定相关费用比率和追收期限；③商账追收机构进行逾期应收账款追讨，并定期将追讨进程报告委托方；④完成追账过程，交割文件和结算相关费用。

上面的几个步骤只是一个大概的运作流程。在实际操作中，根据具体应收账款逾期情况的不同，中间会增加很多的具体操作细节。尤其是商账追收追讨过程中，会在时间安排、程序先后和催账技巧上采用特殊选择，具体公司和追款个案的不同而有所区别。

（2）委外催收的风险管控。

①避免雇佣黑中介追讨。目前在互联网上刊登公开广告的这些讨债公司，大部分是在违法经营讨债业务。因此，债权人在选择催收外包公司时，应注意外包公司的主体合法性，选择规模较大、管理正规、运营模式合法的公司。避免雇佣一些所谓专业讨债公司人员或委托具有黑社会性质组织的讨债公司追讨。

②明确授权与责任。委托催收外包公司进行催收，实际上是债权人将要求债务人还款的催收权利授权委托给催收公司，但在现实中许多债权人只与催收公司达成口头协议或是简单的书面协议，授权范围不明确，催收公司的不法行为所引发的后果债权人也要相应承担。因此，一份规范的委托协议不仅使得催收外包在形式上合法化，明确各项权利与义务以及违约责任，更是把债权人自身的法律风险降低的有效手段。

③优选委托专业信用调解机构。信用调解机构是指以信用为手段，借鉴人民调解的方式，通过说服、疏导等方法，促成当事人解决商账纠纷活动的专业商账催收机构。专业信用调解机构采用信用调解模式催收是一种较为温和的收账形式，有利于维护与客户的关系。专业信用调解机构"不追回账款，不收取佣金"的调解政策，对于客户来说，是一种减少损失而不必冒额外损失的风险"买卖"。专业信用调解机构在调解中不仅对委托人在账款管理中暴露出的问题，向其提出咨询建议，帮助委托人建立和完善应收账款管控制度，而且也对于失信的债务人，给予信用关爱，帮助其进行信用修复，有利于重建交易双方的信任关系。

四、信用调解技术

（一）信调催收概念

信调催收是指以信用为手段，引入人民调解相关制度，通过说服、疏导等方法，调解当事人以商账为核心的信用交易纠纷的活动。调解当事人之间信用交易的商账纠纷实质上就是以信用手段间接进行"账款催收"，故称"信易收"。

信调催收模式是指通过信调促使当事人在平等协商基础上自愿达成调解协议，解决当事人信用交易纠纷的模式，是我国人民调解和社会信用体系建设中有机结合的一项新创举。信调催收模式既借鉴了人民调解说服、疏导等方法和方便灵活、形式多样的工作方法，又顺应了我国社会信用体系建设的新形势，引入信用机制，提高了账款纠纷的调解效率。因此，商账催收不能单纯理解为讨债，而是企业信用管理的重要服务内容，可以说是人民调解的一种创新方式，也可以说是我国商账催收的一种创新方式。

（二）信调催收模式的优势

司法催收模式分诉讼催收模式和仲裁催收模式两种。诉讼催收模式是指债权人或其代理人通过向人民法院提起诉讼向债务人追讨债务的方式。仲裁催收模式是指双方根据协议的约定选择仲裁机构进行仲裁来解决债务纠纷的模式。

信调催收模式中的受托信用管理机构引入人民调解相关制度，以中间人的身份居间调解，促成当事人达成调解协议，间接实施催收。通常情况下，而以中间人的身份居间调解，会减少债务人对抗情绪，有事半功倍的效果。随着我国社会信用体系建设的深化发展，"一处失信、处处受限"的信用惩戒格局初步形成，信调催收模式与其他模式相比，具有不可替代的优势。

1. 司法催收模式优点与缺点。在司法催收模式上，不管是诉讼催收模式或是仲裁催收模式，其优点是公平、具有强制执行力。但缺点也非常明显。例如诉讼催收模式：一是时间漫长。普通程序应当在立案后六个月内审结。这还是完全没有考虑立案时各种补充资料和意外、被告提出管辖异议、被告无法送达需要公告的时间，以及法院案多人少、法官不能及时处理带来延期等情形。二是高昂的诉讼费用，结果难测，是否能得到顺利执行又难预计，甚至出现"赢了官司输了钱"的情况也不少。仲裁催收模式虽然程序简单、快捷方便，但申请仲裁的费用过高，且要求双方有约定，任何一方都不能单方申请仲裁。

2. 信调模式具体优势。信调催收模式与其催收模式相比优势明显，主要表现在以下几个方面：

（1）方式方法创新。以回款为最终目标，借鉴人民调解的方式方法，采取以诚信教育为主，以信用惩戒威慑力为辅等合法有效的手段，让债务人承担失信压力。

（2）避免了当事人双方对峙的局面。在信调催收模式中受托信用管理机构借鉴人民调解的相关方式，以中间人的身份居间调解，减少债务人的对抗情绪，有事半功倍的效果。

（3）全程风险代理方式。信调催收模式通常采取全风险代理方式，即"不追回账款，不收取佣金"的方式。对于客户来说，是一种减少损失的方法而不必冒额外损失的风险"买卖"。

（4）信用增值服务。信调催收模式下，全程为当事人双方提供信用管理服务。例如在催收中发现委托当事人在账款信用管控中暴露的问题，提出完善建议，帮助其建立和完善相关信用风险管理制度。同时也帮助债务人寻找解决纠纷的办法，对于失信的债务人，给予信用关爱，帮助其进行信用修复，重建信用交易双方的信任关系。

（三）信用调解服务流程

1. 业务申请。

（1）接待客户咨询。接待客户咨询是业务项目操作过程的最前端工序，其工作质量对后续的项目工作产生直接影响，必须予以高度重视。接待客户咨询是以收集客户的信息，同时让客户对信调催收机构的信调催收业务流程、受理条件有一个初步了解为目的。

接待客户咨询的步骤：①问清客户目的后，与其交换名片，并向客户简单介绍信调催收机构的情况；②请客户大致介绍自己及债务情况，例如债务人的相关信息、债务金额、拖欠的时间、原因和调解情况等信息；③介绍信调催收业务流程、受理条件、收费规则等其他信息。

信用管理师负责接待客户咨询，填写《客户登记表》，与客户的交流中了解客户基本情况是否符合项目受理条件，对不符合项目受理条件的即时婉拒；对有申请意向委托信调催收且初步符合受理条件的，指导客户提供债权证明资料清单。

（2）接受客户申请。根据客户提供债权证明资料进行初审，在一个工作日内作出初步判断：符合条件进入客户受理阶段，不符合条件的予以婉拒。

2. 业务受理。

（1）业务受理的条件。①有明确的债务人；②有相关债权凭据。

（2）业务受理所需资料。符合受理条件的客户（以下通称"委托人"），必须按以下要求提供资料：①《委托调解申请书》（需要法定代表人亲笔签字及盖章）；②相关债权凭据复印件（复印件要加盖公章），同时提供原件备查；③委托人营业执照、法定代表人和授权代表人身份证复印件（复印件要加盖公章），同时提供原件备查。

受托人必须在客户提供资料2个工作日内完成受理审批程序，并通知委托人签订《委托调解协议书》，不符合受理条件的及时向委托人说明不予受理的原因。

3. 实施调解。

（1）实施信调催收的基本步骤。

①与当事人会谈。一般情况下，对于债权人委托调解的案件，信用管理师在受理时已初步了解债权人的基本情况，所以在实施调解时，首先是约见债务人会谈，可以通过电话、微信或见面会谈沟通，了解债务人对债务情况的看法、要求及相关底线。

其次是通过与债务人的接触了解其对此债务的还款意愿。会谈开始时，信用管理师应主动自我介绍，同时也要简要介绍债权人的主张以及调解的性质与效力等。

②债务诊断分析。通过与债务人的接触，结合债权人提供的相关材料，对债务进行综合诊断分析，判断其真实偿付能力。对债务进行综合诊断分析，可参考采用中医的"望闻问切"方法：望：看资料——债务人职业、年龄、身份、企业经营管理情况，据此分出层次类别，分类对待；闻：听债务人的陈述，了解对方，识别真假，捕捉对方言语间的漏洞；问：点对点地深入了解，针对存疑的地方详细探寻，目的是击破谎言，并让客户理亏；切：确认问题点，改变谈判节奏，并确定解决方案。

在综合以上分析资料的基础上，判断对应收账款的回收可行性，于10个工作日内出具《债务诊断报告》。《债务诊断报告》应具有以下主要内容：a. 当事人的基本情况；b. 债务产生的时间、地点、过程、原因分析及相关证据情况；c. 债务人的偿还能力分析；d. 债务人的还款意愿分析；e. 债务的解决方案。

（2）主持信调。信调开始后，信调主持人要积极、耐心地引导当事人进一步陈述纠纷的事实。①当事人陈述。按申请人和被申请人的顺序分别由当事人陈述事实经过，说明具体的要求和理由，以及信用管理师认为应当查明的其他情况。②质证。信用管理师宣读双方提供的证据材料，询问对证据是否有异议，有异议的需要提出理由加以说明。③促成协议。在听取当事人陈述后，信用管理师要设法拉近双方意见的距离，引导当事人平等协商、互谅互让、消除隔阂的基础上，适时提出公道、合理和可行的纠纷解决方案，帮助当事人自愿达成调解协议。④防止纠纷激化。信用管理师在调解民间纠纷过程中，发现纠纷可能激化的，应采取控制调解节奏、避免当事人接触、疏导当事人情绪等方法，防止当事人采取过激行为；对有可能引起治安案件或者刑事案件的，应及时向当地公安机关和其他有关部门报告。

4. 签订调解协议。调解协议书是人民调解委员会调解民间纠纷双方当事人达成调解协议的书面证明。经调解达成调解协议的，应根据需要或当事人要求，签订调解协议书。能当场兑现或当事人认为无须制作调解协议书的，应当记录在案。原则上应促成双方签订书面调解协议书。

调解不成，也应制作调解笔录，同时告知当事人通过以下途径处理：（1）有仲裁协议的，可向仲裁委员会申请仲裁；（2）可向人民法院提起民事诉讼；（3）对有可能引起治安案件、刑事案件的纠纷，信调催收组织应及时向当地公安机关和其他有关部门报告。

调解协议书的诉讼时效适用于《民法典》第188条的规定，向人民法院请求保护民事权利的诉讼时效期间为3年。法律另有规定的，依照其规定。诉讼时效期间自权利人知道或者应当知道权利受到损害以及义务人之日起计算。法律另有规定的，依照其规定。但是，自权利受到损害之日起超过20年的，人民法院不予保护，有特殊情况的，人民法院可以根据权利人的申请决定延长。

5. 回访。每宗纠纷调解后还要进行回访，并将回访内容做好记录。回访记录是信调委对达成调解协议的纠纷当事人进行回访，了解协议履行情况、督促当事人履行协议情况的记录，并填写《人民调解回访记录》。

6. 结案与建档。结案后负责承办该案的信用管理师应撰写《结案报告》，简要概括案情及结果，对没有成功的案件还要写清纠纷所处现有状态，能够通过阅读《结案报告》对纠纷情况达到一目了然的效果。同时，对没有调解成功的案件还应向委托人书面建议可行的其他途径。

信调机构针对每宗案件的《客户登记表》《委托调解申请书》《委托调解协议书》《债务诊断报告》《调解工作记录》《达成调解协议书》，以及委托人提供的所有材料进行立卷归档，一般实行一案一卷，以备日后查阅、统计分析。信调档案应由专人负责保管，一般保存期为3年。

（四）调解协议书制作

1. 调解协议书内容。

《人民调解法》第29条规定，调解协议书可以载明下列事项：（1）当事人的基本情况；（2）纠纷的主要事实、争议事项以及各方当事人的责任；（3）当事人达成调解协议的内容，履行的方式、期限。

2. 制作调解协议书的要点。

（1）当事人基本情况记载应全面准确。当事人为自然人的，应当填写当事人的姓名、性别、民族、出生年月、职业或职务、联系方式、工作单位或住址等。当事人为法人或其他组织的，应当填写法定代表人或负责人姓名、性别、民族、出生年月、职业或职务、联系方式、工作单位或住址等内容。以上内容要根据当事人提供的居民身份证、户口簿、企业营业执照名称、公章等法定证明来填写。若当事人聘请委托代理人参与调解，应复印存档委托代理人的执业证件、身份证明等资料。当事人必须写全且准确。

（2）纠纷主要事实、争议事项以及各方当事人的责任记载应简明扼要。在纠纷事实叙述中，要把握"五个W"原则，即何人、何时、何地、何因、何事。争议事项一般记载双方的诉求。而各方当事人的责任，除有明确的责任认定外，需要信用管理师在听取双方当事人陈述以及分析相关证据材料进行综合判断，认定双方责任分配后进行记载。

（3）协议达成内容和履行方式记载需准确无误。双方就调解达成的结果是协议书最重要的内容，必须符合相关法律规定和公序良俗，用规范的文字进行表述，使双方当事人都能认同一致。有履约期限的协议书，要明确约定履约方式。特别是涉及金钱给付义务的，应写明是一次性付清还是分期付清；是现金、支付宝、微信还是银行卡转账；是本人收取还是他人代收等。履行时限应精确到年月日前，切忌使用"后、始"等概念模糊的词语；否则将会影响履约。调解协议不得有信调组织强制执行或干涉当事人行使诉讼权利的用语。例如协议一经签订，任何一方都不得反悔，都不得再向法院起诉等。

（4）协议份数视情况而定，签名盖章缺一不可。调解协议书份数可根据所涉当事人实际情况而定，一般来说，当事人各执一份，信调机构存档一份。但如果调解达成的结果涉及第三人的也应分送给第三人存档备用。签名盖章环节也很有讲究，调解协议必须由当事人亲自签名、盖章或按捺指印，不得由他人代替；否则将导致协议无效。当事人签名结束后，所有参加信调的信用管理师应在协议书上签名，并加盖信调机构印章，填写调解协议达成的当天日期。

（五）调解协议司法确认

1. 申请司法确认。最高人民法院《关于审理涉及人民调解协议的民事案件的若干规定》第1条规定，经人民调解委员会调解达成的、有民事权利义务内容，并由双方当事人签字或者盖章的调解协议，具有民事合同性质。

双方当事人认为有必要的，可以自调解协议生效之日起30日内共同向人民法院申请司法确认。经过司法确认的调解协议书可以直接向法院申请执行。

（1）提交司法确认申请书。①申请人：当事人应当共同向有管辖权的基层人民法院提出确认申请。一方当事人提出申请，另一方表示同意的，视为共同提出申请。②申请时间：调解协议生效之日起30日内。

（2）选择受理法院。①当事人申请确认调解协议的，由主持调解的人民调解委员会所在地基层人民法院或者他派出的法庭管辖。②人民法院在立案前委派人民调解委员会调解并达成调解协议，当事人申请司法确认的，由委派的人民法院管辖。③若有两个以上调解组织参与调解的，各调解组织所在地基层人民法院均有管辖权。双方当事人可以共同向其中一个调解组织所在地基层人民法院提出申请；双方当事人共同向两个以上调解组织所在地基层人民法院提出申请的，由最先立案的人民法院管辖。④当事人也可以在调解协议中约定，自由选择当事人住所地、调解协议履行地、调解协议签订地、标的物所在地基层人民法院管辖，但不得违反法律对专属管辖的规定。

（3）需要提交的材料。当事人申请确认调解协议，应当向人民法院提交司法确认申请书、调解协议和身份证明、资格证明，以及与调解协议相关的财产权利证明等证明材料，并提供双方当事人的送达地址、电话号码等联系方式。委托他人代为申请的，必须向人民法院提交由委托人签名或者盖章的授权委托书。

2. 司法确认的程序。当事人根据《人民调解法》第33条的规定共同向人民法院申请确认调解协议的，人民法院应当依法受理。人民法院收到当事人司法确认申请，应当在 3 日内决定是否受理。人民法院决定受理的，应当编立"调确字"案号，并及时向当事人送达受理通知书。双方当事人同时到法院申请司法确认的，人民法院可以当即受理并作出是否确认的决定。

（六）信用调解方法

做什么事，都讲究方法与技巧。方法得当，事半功倍，方法不对，可能事倍功半，甚至失败。调解工作讲究方法及方法的灵活运用，尤其重要。调解方法很多，这里重点介绍常见的 10 种调解的基本方法。

1. 求同调解法。求同调解法就是调解时求大同存小异进行调解的一种方法。信调催收涉及心理、逻辑、法理、社会学等多门学科，是一门综合性艺术，求大同存小异是解决纠纷的突破口。具体做法是，抓住共同点、关键点、寻找解决点。调解纠纷时，信用管理师必须想方设法寻找双方共性，向"同"上靠拢，在"同"上做文章，用共同点来化解对立点。在商账纠纷的调解过程中，不要过多涉及"异"，而是要巧用"同"，作为双方情结，最终化解纠纷。

2. 面对面调解法。面对面调解法是指信用管理师在调解民间纠纷时，将纠纷当事人召集在一起，当面摆事实、讲道理，在调解的过程中双方当事人和信用管理师同时到场的调解方法。面对面调解法利于凸显信用管理师的中立地位，保障程序公正。面对面调解法一般在以下两种情况中可适用：（1）适用矛盾较小的纠纷。当事人之间或者分歧不大，或者矛盾不尖锐，或者纠纷当事人之间有一定的感情基础，需要坐在一起来解决问题。（2）适用于双方分歧逐渐缩小、对抗性不强、情绪较稳定的情形。此类情形是在信用管理师做了大量工作的基础上，当事人双方的分歧越来越小，情绪也趋平稳冷静，有可能进行理智协商的情形下，宜采用面对面调解的方式。在面对面调解过程中，为了防止场面失控情形的出现，信用管理师必须有能力主导话题、安抚情绪。一旦出现场面失控，信用管理师要注意把握时机中止调解。

3. 背靠背调解法。背靠背调解法是指信用管理师在调解商账纠纷时，分别对当事人进行个别谈话沟通，在调解的过程中只有一方当事人和信用管理师到场的调解方法。换句话说，就是调解时不让当事人进行面对面沟通，而是由信用管理师分别对当事人进行说服、教育，使双方不断让步，分歧趋于接近，从而促成调解的方法。背靠背调解法一般适用于信用管理师需要私下了解当事人的情况，例如想了解当事人的谈判底线，当事人对抗情绪，当事人对事实的认识分歧程度等情形。

4. 惩戒调解法。惩戒调解法就是依据信用惩戒机制进行信用惩戒的一种方法。在调解过程中，着眼"诚信"做文章，里外结合，将失信行为全面纳入经商办企业、贷款融资、乘坐飞机高铁、子女升学当兵、入党等与失信人生产生活切身利益相关事项向当事人进行讲解，以信引导，同时发挥信用惩戒机制的法律威慑力，对不服从调解和调解后又反悔拒不执行的当事人，信调催收组织可以依据失信惩戒的相关规定，对失信人的情况依法依规进行公示等方式，引导授信机构开展对其进行行业性、市场性惩戒。同时告知当事人向人民法院提起民事诉讼。

掌握信调催收方法很重要，但灵活运用方法更重要。商账纠纷的时间、地点、人物、情节、原因等基本要素对调解的成功与否起关键作用不容忽视。因此，信用管理师在调解过程中方法的运用要紧密结合商账纠纷的时间、地点、人物、情节、原因等基本要素，这是信调催收基本方法运用的最基本、最关键的技巧。

5. 心理干预法。心理干预法是指在心理学理论指导下，对纠纷当事人的心理及行为施加策略性影响，使之发生指向预期目标变化的一种调解法。调解过程中"私下提示、暗示"就是一种心理干预。当双方当事人充满幻想，互不让步，调解僵持的情况下，运用心理干预法，让双方当事人明白互不退让的结果，降低其心理预期，冷静思考，端正态度，辅之信用管理师法治宣传及耐心细致的思想工作，从而达到调解的目的。暗示是通过含蓄、间接的方法，不直陈本意，而是闪烁其词，即运用"打鼓不打面、旁敲来侧击"的原理，让对方领悟到"言外之意""弦外之音"。

6. 面子调解法。面子调解法是指调解时"给脸面、下台阶"的一种调解方法。例如因产品质量而引发的货款纠纷中，很难说清谁是谁非，常常争执不下。这种情况往往是当事人觉得对方"话没说对"或"态度不好"，如果自己让步，就会失去"面子"。这个时候，信用管理师就要充分利用作为中间人的有利条件，注意给纠纷双方"砌台阶"。利用"好人好报、善人善报""高抬贵手、高风亮节""人活一张脸、树活一层皮"等美德，给足"面子"，使他们借以"下台"，最终握手言和。

7. 案例调解法。案例调解法是指利用正反两个方面的案例进行调解的一种方法。有些纠纷当事人，道理口头上懂，思想上不通，反复疏导教育，就是不通不服，双方呈胶着状态。对此，在调解过程中，针对矛盾纠纷的性质和特点，采取剖析典型案例、以案释法、以案析理、借古喻今、旁敲侧击等方式，向当事人讲解因类似矛盾纠纷而引发的案件。对那些"吃软不吃硬"，非争"一口气"的人，用事实说话，用教训警人，唤醒恐惧，震慑心理，使其对号入座。使当事人充分认识矛盾纠纷背后存在的隐患，从而主动配合信用管理师开展调解工作。

8. 折中调解法。折中调解法是指在调解过程中"取平均值、求合理数"的一种调解方法。前提是有一定和解基础，同"轻伤赔重伤"之说相类似。纠纷调处说到底除了"赔礼"外就是"赔钱"，往往"赔钱"成了"核心"。这在纠纷调解的经济赔偿、欠账中常见常用。调解时要注意唱红脸、唱白脸、唱双簧等方式。首先认定责任；谁主谁次，谁多谁少，抓住"先打先错负主责，后打后错负次责"的原则。其次审定价值，哪些当赔哪些不赔，哪些有效哪些无效，然后综合折中进行调解。

9. 利弊调解法。利弊调解法是指信用管理师从各方面为当事人分析接受调解或接受某一调解方案的利和弊，从而引导当事人作出最理性、最有益的选择的一种调解方法。弗洛伊德说过，一个人做一件事，不是为了得到一些乐趣（利），就是为了避开一些痛苦（弊），所以，利弊是做与不做任何事情的理由。当事人在面对纠纷时，其思想往往具有局限性和片面性，容易固执地盯着事情利的一面或者弊的一面，从而坚持自己的观点不肯妥协。作为信用管理师就要启发、引导当事人从事情的多方面对利弊进行综合分析和思考，在客观权衡之下做出最有利的选择。

信用管理师引导当事人进行利弊分析的因素主要包括：解决纠纷所需的经济成本、时间、精力等其他成本；纠纷的持续或解决对工作、生活等的影响；对未来需维系的人际关系、情感关系和合作的影响；调解不成涉诉的成本和支出；败诉的风险及胜诉以后执行不能的风险等。

利弊分析法是在调解中最常用的调解方法，同时它又是一个综合性的调解。在利弊分析法的运用过程中往往需要同时运用到明法析理法、情感触动其他调解方法。

10. 模糊调解法。模糊调解法是指信用管理师调解纠纷时，对一些非关键又无法调查清楚的事实不进行深入调查，对纠纷当事人之间的一些非原则性问题，并不进行细致的分析和探究，而是粗线条地作出处理的调解方法。

由于商账纠纷所涉及的某些事实并不能清晰地进行判断，或者纠纷的处理结果不宜绝对地"一是一，二是二"那么简单。如果在这些枝节问题上斤斤计较，反而会影响调解的效果。采用模糊处理法就可以避免这些问题。

信用管理师运用模糊处理法并不是无原则地调和、各打五十大板，而是建立在以法律和政策为依据，分清是非责任，保护受侵害一方当事人的合法权益，让有过错方承担相应的义务基础上的。具体有以下几个方面：

（1）在纠纷的调解过程中，对一些不宜作出非此即彼的判断问题应进行模糊表述。而且，现实生活中大量现象的模糊性及人的某些认识的模糊性，也决定了某些问题模糊表述的必要性。在纠纷调解时更是如此，特别是对一些一时难以分辨或难以启齿的问题，运用模糊表述的方法效果会更好一些。

（2）对于那些当事人双方意见分歧较大、情绪波动大、对抗较严重的民间纠纷，信用管理师对双方陈述的事实、表达的要求要适当"过滤"后再传达给对方。这样就可以避免当事人的分歧和对立升级。

（3）信用管理师在调查此类纠纷的具体情况时，特别是在了解纠纷的具体事实时，不要企图把纠纷发生过程中的每一个事实、每一个细节、当事人的每一个行为及所说的每一句话都调查得清清楚楚，这既没有必要也不可能。所以，要采用一种模糊的方式对纠纷事实进行调查，其调查程度只要基本脉络清晰、基本事实清楚，足以分清是非责任就可以了。当然，模糊调解也并不等于和稀泥，调解的基本原则还是要坚持的，谁是谁非也必须分清楚。

（4）模糊批评就是在调解过程中，对当事人的模糊行为、错误思想，在适当的时机和场合指出来，但不要过分指责和死死抓住不放，而是强调"点到为止"。

（七）调解艺术

1. 调解艺术的内涵。艺术作为一个与职业或工作紧密相关的概念，是指人的知识、经验、智慧、胆识、美感、策略、创意和各种综合能力在职业和工作中的创造性发挥和展望，其表现形式是运用职业技能与技巧达到娴熟或应用自如的境界，使人产生美感，如庖丁解牛一般。

调解是一门艺术，信调催收艺术就是信调催收过程中调解艺术的展开过程，其间既有理性的法理思维，又有察言观色、明察秋毫的直觉判断；既有化解矛盾的方法与技巧，又有斡旋纷争的经验；既有为人处世的哲学，又有科学的信用管理策略。调解艺术是信用管理师的基本技能和职业需要，也是展示信用管理师职业素养和人格魅力的最佳途径。

2. 调解艺术的内容。信调催收不仅需要方法，更需要信用管理师丰富的相关领域知识和社会阅历，并通过不断的学习、摸索来总结、提炼出来的调解艺术。调解的艺术主要包括以下内容：

（1）做好倾听者。倾听既是沟通的艺术，也是人格的修养。善于倾听是调解艺术的重要成分。优秀的信用管理师应是一个最好的倾听者。只有耐心倾听才能为调解工作做好准备，只有善于倾听才能获取更多信息，才能充分了解当事人的性格背景、案件背景，掌握当事人的思维方式、思想观念，抓住当事人的心结所在以及矛盾所在，进而为调解的顺利展开创设良好的开端。

（2）提升亲和力。有亲和力的信用管理师更容易受到当事人的尊重和欢迎，有亲和力的信用管理师调解案件的效果也更加理想。提升信用管理师的亲和力，首先要使自己的情感和情绪与对方达到理解上的同步，缩小彼此的心理距离，产生被接受和被尊重的效应。其次要与对方在认识上达成共识，善于寻找双方认识上的共同点，消除彼此的偏见和成见。再次要注重自身的表情和举止，既要端庄稳重又要保持谦和，使当事人产生亲切感和信任感。

（3）善用调解语言。语言是人类交流与沟通的工具，语言能表达人类的思想与情感，也能开启人类心灵的大门。信用管理师的调解工作也要借助语言工具来进行。调解语言包括口头释明、劝导、说服、沟通等。信用管理师良好的语言能使人感受温暖、能令人心灵相通、能为人排忧解难、能让人冰释前嫌。在调解时信用管理师的语言应轻重有度、褒贬有节、进退有余。要注意语言表达的艺术性，避免给一方或双方当事人造成信用管理师强加意志或偏袒一方的感觉。不当的言辞不但不能化解矛盾，反而会激化当事人的对立情绪，使调解无法进行或前功尽弃。

（4）情感沟通。沟通是人际关系协调的手段，是信用管理师职业技能的基础，是展现信用管理师才华与智慧的技巧。在调解过程中，信用管理师除了要释明法律、适用法律外，还要与当事人进行感情的交流与沟通，没有情感上的认同，沟通将非常艰难。沟通的方式就是彬彬有礼的态度、亲切和蔼的笑容、耐心细致的倾听、有理有据的讲解、和风细雨的劝导以及理智、公平的建议等。让当事人感受到信用管理师帮助他们解决纠纷的诚意，从而逐渐取得当事人的信任，为调解的顺利开展奠定了基础。

3. 驾驭调解艺术。

（1）语言控制。

①调解过程中的语言控制。在调解过程中，滔滔不绝如同话痨的当事人，在发言中带有情绪宣泄及攻击性语言的当事人，毫无目的相互指责和自我开脱等都是调解的毒药。信用管理师应予以果断地制止，并制定发言的规则。例如：

信用管理师：我们来这里的目的，并不是为了吵架，也不是为了指责对方，而是通过沟通寻找解决问题的办法。因此，我不想再听到攻击性或侮辱性的语言。

信用管理师：时间是宝贵的，争吵无济于事。这样吧，我们采用轮流发言的方式，一方发言时另一方不得随意打断，每一轮发言时每方各十分钟，谁先开始？

②切换话题。在调解过程中，当事人对某个细节问题争议不下时，双方的对抗情绪不断升级，如原本并不重要的稻草可能导致骆驼摔倒时，信用管理师应及时转换话题，搁置争议。例如，"没关系，我们可以在解决其他问题后回头再讨论这一细节"。或者"我看大家都有些累了，休息一下，喝点水吧"。当调解再次进行时，悄悄地转移主题。

③归纳争议点。调解并不是漫无目的地讨价还价，虽然在程序的规定上，调解比诉讼要宽松得多，但也必须注重效率。在调解过程中，对于当事人倾诉的耐心聆听固然重要，但也不是无原则任由当事人陈述的，许多当事人很容易在自己的惯性思维中重复运动，无法以超越或换位的思维审视纠纷本身。在这种时候，信用管理师应帮助当事人理清思路，分阶段对纠纷的争议焦点、双方的分歧点、解决方案的差距、僵持领域可能突破的方式进行及时的归纳总结，将当事人的注意力引导到争议解决本身。

（2）特殊情景时的语言控制。

①对于当事人套近乎的处理。一些当事人喜欢和信用管理师套近乎，为了避免另一方当事人的误会，应果断地给予冷却处理。下面是一段相关的情景对话。

当事人 A：张生（信用管理师），听说您是中南政法大学毕业的，我有个表弟也是那所学校毕业的，说不定你们认识，约个时间见个面吃个饭？

信用管理师：不好意思，我们学校一年毕业几千号人，站上去满满一操场，谁能认识谁啊？我更关心的是能帮您把这起纠纷早点解决了，见面吃饭嘛，就不用了。

②对于离席威胁的处理。调解是自愿的。在调解过程中，任何一方当事人都有权中途放弃调解，这是当事人的权利。但是，在大部分的情况下，当事人提出离席威胁，其真正的意图，并不是真正想放弃调解，而只是做出离席的姿态，威胁对方当事人作出让步或借机试探对方的底线。经常听到的离席威胁有：

当事人 B：我觉得我们简直就是在浪费时间，调解已经毫无必要，干脆让法官来作出判决吧！

在这种情况下，信用管理师应当中止调解或宣布短时间休息，并在休息期间和威胁离席的当事人进行私下会谈。交谈中，信用管理师应当明确地告诉发出威胁的当事人，强硬的态度对于纠纷的解决未必有正面的作用，而离席威胁有可能导致调解的失败，并建议当事人回到调解现场并以更柔性的方式解决纠纷。如果当事人仍持强硬态度的话，信用管理师不必要马上宣布调解失败，可以中止调解，采用冷却战术，以免一些采用"以退为进"威胁战术的当事人弄假成真。

（3）调解过程中的情绪控制。

①学会聆听。如果将微笑比作第一次见面时的名片和调解过程中的糖，那么信用管理师在调解过程中耐心地倾听诉说就是一个咖啡壶。调解能够成功的因素之一在于当事人的情感得到满足，而得到满足的方式之一就是倾诉，在倾诉中发泄，在倾诉中心理调整，在倾诉中冷却，在倾诉中平衡。许多纠纷之所以诉诸法院，是因为当事人无法通过双方的沟通、谈判达成解决；相反地，在寻找解决的过程中，双方反而因分歧或误会而产生对抗情绪。倾听时应该注意"共情"和"换位思考"。

②超然的心态。信用管理师可以从倾听中了解到当事人的感受，但信用管理师在倾听中必须保持冷静和超然的态度，不能迷失或受困于当事人的诉说，或受当事人情绪的感染。信用管理师在倾听当事人诉说的时候必须时刻提醒自己，所有当事人的叙述都是有预设立场的，都是单方陈述，兼听则明，偏听则暗，我们虽然强调在倾听时的"共情"或"换位思考"，其目的是让当事人感受到你在注意听他诉说，你在体验他的感受，从而有一种心理上的放松和宣泄。信用管理师在倾听时必须有一种超然的心态，即使在倾听之后对纠纷的基本事实形成一个内心确认，信用管理师也不宜对一方当事人表现出过多的同情。在调解过程中，信用管理师之所以能够中立，关键在于其超然，信用管理师必须有非常冷静的思维，"有佛心但不拘泥于世俗，用慧眼洞察世故人情"，才能及时从纷乱如麻的事实中抓住纠纷的主要事实和争议的焦点，因势利导。

③对抗性情绪的化解。在许多商账纠纷中，当事人由于积怨或误会已久，在调解的第一阶段进行面对面调解不一定是好方法，在未对纠纷的形成历史、争议焦点形成一个全面认识，特别是对当事人的心态及谈判底牌进行试探性接触之前，面对面调解

不仅无助于纠纷的解决，而且可能因当事人面对面的冲突而使纠纷解决的难度系数提高。因此，在调解的前期阶段，信用管理师应该通过会面、电话、微信等沟通方式和当事人尽可能地沟通，通过当事人叙述和适当的调查了解纠纷产生的过程，纠纷之所以发生，往往伴随着一方当事人的失信、沟通时的分歧与误解、东方人的面子文化等，信用管理师需要处理的不仅仅是纠纷的实质性争议本身，对抗性情绪的化解往往是调解成败的关键。

本章练习

一、思考题

1. 如何设计企业信用管理部门？

2. 如何对客户进行资信调查？

3. 如何根据不同的客户类型制定信用政策？

4. 信用额度、信用期选择的计算方法。

5. 如何确定应收账款总体额度的合理水平？

6. 设计企业信用制度时，需要考虑的因素。

7. 如何制定逾期应收账款催收策略？

8. 结合实际，谈谈如何加强内控制度建设？

二、不定项选择题

1. 企业信用风险管理的核心是对（　　）的管理和控制。

A. 应收账款　　　　B. 赊销　　　　　　C. 成本　　　　　　D. 资产

2. 企业的应收账款涉及成本问题，其中不包括的成本是（　　）。

A. 机会成本　　　B. 坏账成本　　　C. 管理成本　　　D. 存货成本

3. 采用最小成本法或（　　）来测算企业当前最佳的应收账款持有水平。

A. 账龄分析法　　　　　　　　　　　B. 列表分析法

C. 产生原因分析法　　　　　　　　　D. 最大净收益法

4. 现金折扣条件 1/20 的含义为（　　）。

A. 20 天是信用期限　　　　　　　　　B. 20 天内付款享受 1% 的折扣

C. 1 是折扣期限，20 是折扣率　　　　D. 以上都错误

5. 营运资产法计算，不仅考虑客户当前的偿债能力而且还考虑客户的（　　）。

A. 总资产能力　　　B. 有效资产能力　　　C. 流动资产能力　　　D. 净资产能力

6. 下列哪项不是应收账款到期前的提示方法（　　　）。

A. 信函提示　　　　B. 电话提示　　　　C. 电子邮件提示　　　D. 律师函

7. （　　　）既是企业最大的财富来源，也是风险的最大来源。

A. 客户　　　　　　B. 信用　　　　　　C. 应收账款　　　　D. 销售收入

8. 信用销售的实质是客户占用了企业的资金，等效于对客户的（　　　）。

A. 短期融资　　　　B. 长期融资　　　　C. 短期贷款　　　　D. 长期贷款

9. 计算 DSO 最常见的两种方法是（　　　）。

A. 期间平均法　　　B. 分类法　　　　　C. 穷举法　　　　　D. 倒推法

10. 下列关于 DSO 指标的说法正确的是（　　　）。

A. 要经常比较 DSO 天数的变化与信用政策、经济环境等各种因素变化的关系，以便及时调整信用政策，改善企业信用管理状况

B. 使用 DSO 指标的最简单方法是与企业的标准信用期限做比较

C. 使用 DSO 指标的另外一个方法就是比较当月的 DSO 天数和以前各月的 DSO 天数的变化情况

D. DSO 反映了当前收款的速度，用于检验收款工作，便于及时发现重大的客户拖欠以及企业内部的信用管理问题

三、分析题

1. AC 公司成立于 2010 年，主要生产打印机，其市场目标主要定位于中小企业。该公司生产的产品质量优良，价格合理，在市场上颇受欢迎，销路较好，因此该公司也迅速发展壮大起来。近年来该公司有些问题呈现出来：该公司过去为了扩大销售，占领市场，一直采取比较宽松的信用政策，客户拖欠的款项数额越来越大，时间越来越长，严重影响了资金的周转循环，公司不得不依靠负债筹集资金。最近，主要银行开始不同意进一步扩大债务，所以公司经理非常忧虑。假如现在该公司请你做信用顾问，协助它们改善财务问题。信用管理人员将有关资料整理如下：（1）公司的信用条件为"2/10，N/60"，约半数的顾客享受折扣，但很多未享受折扣的顾客延期付款，约 23% 客户拖欠平均收账期达 90 天。2015 年坏账损失为 500 万元，收账费用为 50 万元。（2）如果改变信用条件为"2/10，N/30"，那么很可能引起下列变化，如表 1 所示。

表1	可能引起的变化
序号	变化情况
1	销售额由原来的 10 000 万元降为 8 000 万元
2	坏账损失减少 60%

续表

序号	变化情况
3	收账费用减少40%
4	享受折扣的顾客增加到70%（假设未享受折扣的顾客也能在信用期内付款）
5	由于销售规模下降，公司存货资金占用将减少1 000万元
6	AC公司销售变动成本率为60%
7	资金成本率为10%

请分析以下几个问题，为2016年AC公司应采取的信用政策提出意见。计算结果按四舍五入保留为整数。

2. 甲公司采用方案A，其信用条件是n/50，变动成本率为70%，资金成本率为10%。赊销额等有关资料如表2所示，为了加速应收账款的回收，决定将赊销条件改为"4/30，3/40，n/60"（B方案），估计约有30%的客户（按赊销额计算）会享受4%的现金折扣；40%的客户将享受3%的现金折扣。坏账损失率降为4%，收账费用降为120万元。其他条件不变，则方案A和方案B选择哪一个为佳？（精确到0.1）

表2　　　　　　　　　　　　　　赊销额等有关资料

项目	方案A	方案B
	n/50	4/30，3/40，n/60
年赊销额（万元）	2 800	3 000
应收账款平均收账天数（天）	50	—
坏账损失率（%）	6	4
收账费用（万元）	160	120

第三章　信用风险管控

第一节　金融企业信用风险管控

一、金融企业信用风险管控

信用风险是金融市场中最古老、最重要的风险之一。金融企业对信用风险尤为敏感，金融企业运营的本质主要是包括信用风险在内的风险管理。不同的风险偏好很大程度上影响金融企业的经营水平。在经济结构调整阶段，尤其是经济下行压力较大时期，金融企业的信用风险管控通常是国民经济管理的重要内容。

金融企业信用风险管理的主要内容是精准识别客户风险水平，尤其是识别风险客户与优质客户，最大限度降低将优质客户误判为高风险客户，或者是将高风险客户误判为优质客户这两类错误的概率。

（一）筛选优质客户

金融企业在筛选优质客户前，一般会对优质客户进行一些基本限定，例如对个人贷款，一般从贷款人的学历、年龄、收入、职业、资产、负债、消费等多个方面进行综合评定，依据评估结果进行贷款审批，这本身也是一个风险定价的过程。

贷款销售人员主要通过风险评估等方式来找到潜在合格客户。这个阶段的风险控制总体上是一个基线控制，在控制基线之上的客户会被认为是潜在合格客户；经过风险管理部门进一步验证，审核通过的，会依据信用评估的级别进行授信。

（二）识别高风险客户

当下，金融企业识别高风险客户主要以信用风险量化管理模型为技术手段，进而识别逆向选择中的欺诈客户、道德风险中的无力还款客户。因此，信用风险量化管理模型的数据维度是否全面、指标权重设置是否科学等直接影响到金融企业信用风险的管理效果。当然，在识别欺诈客户时，行业黑名单也具有重要的参考价值。

识别出高风险客户的另一个重要意义在于修正完善信用风险量化管理模型。通过对大量高风险客户的共性特征识别，可以为优化模型参数，改进模型提供重要参考。一般而言，高风险客户的样本量越多，则对模型改进的意义越大。

二、供应链金融信用风险管控

根据 2020 年中国人民银行等八部委出台的《关于规范发展供应链金融 支持供应链产业链稳定循环和优化升级的意见》，供应链金融是指从供应链产业链整体出发，运用金融科技手段，整合物流、资金流、信息流等信息，在真实交易背景下，构建供应链中占主导地位的核心企业与上下游企业一体化的金融供给体系和风险评估体系，提供系统性的金融解决方案，以快速响应产业链上企业的结算、融资、财务管理等综合需求，降低企业成本，提升产业链各方价值。

供应链金融本质是借助核心企业的信用实力或单笔交易的自偿程度与货物流通价值，对供应链中单个企业或上下游多个企业提供全面的金融服务。它改变了过去银行等金融企业对单一企业主体的授信模式，而是围绕某"1"家核心企业，全方位地为链条上的"N"个企业提供融资服务（见图 3-1）。

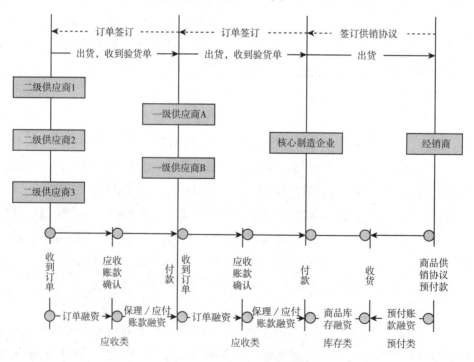

图 3-1　供应链金融服务架构

供应链金融作为一种全新的融资模式快速发展起来,将核心企业的优势扩展到整体供应链条中,为解决供应链属企业融资问题提供了有效的途径。供应链金融与传统融资模式存在较大差异,二者的信用风险也有所不同。

(一) 供应链金融风险

从来源看,供应链金融风险主要产生于参与主体的机会主义行为。这种机会主义行为主要源于供应链经营中事前和事后的信息不对称。

1. 事前信息不对称诱发的信用风险。事前信息不对称是指信用交易发生前借方向贷方传递有利于自己的正面信息而隐瞒负面信息,导致贷方处于不利地位。从近年来供应链金融活动中发生的多起案件看,事前信息不对称是从金融机构骗取资金的重要诱因。实践中,此类欺骗手段主要有虚构贸易、多头融资以及自保自融等形式。

(1) 虚构贸易。供应链金融有别于其他资金借贷的重要一点,便是其资金融通的基础是供应链上下游企业所形成的交易结构和贸易关系。因此,为了套取资金,有些主体采用虚构贸易实施所谓的贸易金融。即在关联企业之间形成虚假贸易关系,伪造一系列交易文件和凭证,例如交易合同和单证,据此骗取银行或其他金融机构资金。

(2) 多头融资。此处讲的多头融资是指,借款方凭借真实交易和资产从多方获得资金,过度借贷,加大了杠杆,放大了资金借贷风险。民间一般称这种做法为"一女多嫁"。

(3) 自保自融。是指在贷方要求借方担保、质押监管等要求作为获得资金前提的状况下,借方通过虚构担保人或监管人,套取资金的做法。自保自融还包括从事供应链融资过程中紧密关联人为借款企业进行担保或关联人实际控制的物流仓储进行货物质押监管,套取资金的行为。

2. 事后信息不对称诱发的信用风险。事后机会主义行为是借方在获得资金后,通过各种欺诈行为,套取资金收益,从而增大资金融通风险的做法。该类行为主要表现为套利、套汇和套税,重复虚假仓单等方式。

(1) 套利、套汇和套税。为获得金融收益而实施的套利、套汇和套税,又被俗称为"三套"。三套行为是前些年(2011~2016年左右)非常典型的供应链金融欺诈现象。套利、套汇是利用利率或汇率的波动,通过虚构贸易、物流而博取利差和汇差,获取非法收益。套税则是利用货票分离博取相应的税收利益,将销往一些终端客户而节省下来的税票卖给一些公司或填补销售的税票。一方面售票的企业获得了套税产生的收益,而终端客户可以获得部分套税收益形成的返点;另一方面买票企业可以填补虚假交易的缺口。

(2) 重复虚假仓单。是指借款企业与仓储企业恶意串通,以虚假开立或者重复开立的方式,就他人货物或者同一货物开立多张仓单,以供借款企业重复质押给不同金融机构获取大量仓单质押贷款，从中牟取暴利。重复虚假仓单也是传统的供应链金融欺诈现象，尤以 2013 年的上海钢贸案及之后的青岛港事件最为典型。

（3）约定借款用途与实际用途不一致。供应链金融的特征在于通过供应链业务带动金融活动，服务产业供应链中的参与者，特别是中小企业，进而借助于有效的金融服务，进一步带动和优化产业供应链运营。部分供应链企业筹集到资金后，资金的用途和去向并不是产业供应链，而是将资金投放到借款人博利的其他领域，诸如股市、房地产、理财等领域，甚至直接做"二银行"，放小贷，这样使得资金并没有真正进入产业供应链运营。民间称之为"移花接木"，是近年来较为常见的供应链金融欺诈形式。

（二）商业银行主导下的供应链金融信用风险控制

根据资产种类的不同，商业银行主导下的供应链金融可分为应收账款融资、预付款项融资、动产质押融资三种模式，其对应的信用风险控制各有侧重。

1. 应收账款融资模式中信用风险控制。应收账款融资是供应链金融中常见的融资模式之一，是指企业为取得运营资金，以卖方与买方签订真实贸易合同产生的应收账款为基础，为卖方提供并以合同项下的应收账款作为还款来源的融资业务。如图 3 - 2 所示。

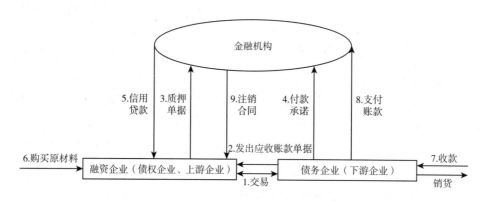

图 3 - 2　商业银行主导下供应链金融中应收账款融资模式流程

商业银行在办理应收账款融资业务时，信用风险控制的要点在于以下几个方面：

（1）研判融资企业的经营状况。在应收账款模式下，融资企业的生产经营状况直接关系着整个供应链的正常运行，关系到供应链金融业务的持续性和风险性。商业银行在授信审核时应重点考察融资企业借款的原因、发展状况、经营绩效、技术情况及产品竞争力、履约记录及能力以及核心企业对该企业的依赖程度等。

（2）核实核心企业的资信状况。在应收账款模式下，核心企业是债务人，是银行贷款得以顺利回收的最为重要的保障，其规模实力以及信用状况关系到贷款风险的大小。银行在授信审核时重点考察核心企业在整个行业中的地位及市场份额、股东结构、规模与实力、主营业务收益、资产负债情况、公共信用记录、市场发展前景以及核心企业对于银行的协助能力等。

（3）评判应收账款的质量。在应收账款模式下，应收账款是融资企业向银行借款的唯一质押物，其质量的好坏关系到贷款风险的大小。商业银行在授信审核时重点考察以下几点：

①应收账款的真实性。应对交易真实性进行尽职审核与专业判断。核心企业与融资企业的交易背景是否真实、相关合同以及票据是否真实有效、应收账款是否得到核心企业的确认、相关票据是否承兑、是否明确具体应收账款的要素等，都应逐项核实。

②应收账款的合法性。一要审查双方签订的买卖合同是否符合相关法律规定；各民事主体是否符合法律所承认的资格；应收账款是否超过法律规定的诉讼时效以及是否多次质押等。二要审查业务的合规性，是否有借金融创新之名违法违规展业或变相开办未经许可的业务的情况，以确保资金流向实体经济。

③应收账款的可转让性。这主要包括核实债权债务双方有无双方约定或者法定的禁止转让的事实存在，应收账款转让的告知流程等。

（4）考察供应链的整体状况。供应链是供应链金融得以开展的基础，供应链状况的好坏决定供应链金融风险的高低。商业银行应加强金融科技运用，通过"金融科技 + 供应链场景"实现核心企业"主体信用"、交易标的"物的信用"、交易信息产生的"数据信用"一体化的信息系统和风控系统，建立全流程线上资金监控模式，增强操作制度的严密性和执行力。

2. 预付款项融资模式中信用风险控制。预付款融资是在上游核心企业（销货方）承诺回购的前提下，下游企业（购货方）将所购货物质押的形式来进行融资。预付款项融资所获贷款用以向核心企业进货，而为确保中小企业的融资是为了进货，通常会引入第三方物流企业对货物进行监管。如图 3 - 3 所示。

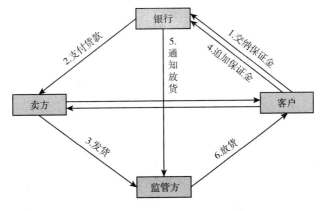

图 3 - 3　商业银行主导下供应链金融中预付款项融资模式流程

预付账款融资主要针对核心企业下游经销商，与应收账款融资的区别是质押物由应收账款转为实物。除了核心企业的资信状况、融资企业的经营状况、供应链的整体状况外，其信用风险控制还应注意质押物的稳定性、流动性、保值性和质押权可实现性等特征。由于银行对于融资企业的授信时间较长，需要经历"预订—生产—运输—存储—销售"等环节，因此对质押物的变现性及价格稳定性要求较高。

3. 动产质押融资模式中的信用风险控制。动产质押（融通仓）融资指融资企业利用现有货物抵押申请贷款，货物存放在第三方监管公司，由第三方监管公司负责货物的监管、货价的评估以及货物的发放等，商业银行在一定程度上参考第三方监管公司给出的评估结果进行授信，融资企业利用运营产生的收益还贷。如图 3-4 所示。

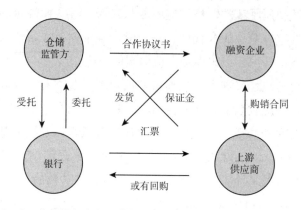

图 3-4　商业银行主导下的供应链金融中动产质押融资模式流程

动产质押融资与预付账款融资类似，同样针对核心企业下游企业，但这种模式更依赖第三方监管企业的作用。第三方监管企业的资信状况和监管能力是该模式中信用风险控制的关键所在。第三方监管企业负责对质押物进行监督管理和评估，甚至直接参与贷款授信和风险管理，因此，其资信状况和监管能力与动产质押融资模式中的信用风险关系密切。

商业银行在授信审核时重点审核第三方监管企业的管理运营能力、规模实力、历史信用记录和仓储、运输和监管条件，以及与核心企业、银行的业务联系和数据信息共享程度等。

（三）核心企业主导下的供应链金融信用风险控制

核心企业承担了整合供应链物流、信息流和资金流的关键角色，掌握了供应链的核心价值。商业银行正是基于核心企业的综合实力、信用增级及其对供应链的整体管控能力，而对上下游中小微企业开展授信业务。如图 3-5 所示。

核心企业经营状况和发展前景决定上下游中小企业的生存状况和交易质量。一旦核心企业信用出现问题，必然会随着供应链条扩散到上下游企业，影响到供应链金融的整体安全。

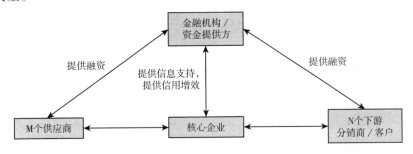

图3-5　核心企业主导下的供应链金融中动产质押融资模式流程

1. 核心企业及链属企业信用风险控制。供应链金融交易过程涉及核心企业和链属企业。链属企业（融资企业）是融资的主体，其经营状况、财务状况、发展状况及担保情况等直接影响自身的还款能力。同时，核心企业的行业地位及竞争实力对供应链的发展也会产生重大影响。因此，强化对核心企业的信用评价，对防范供应链金融风险意义重大。

2. 供应链运营状况评价。供应链金融是基于核心企业和中小微企业的交易行为进行授信的。因此，双方的合作时间、合作次数、稳定度及满意度都将影响银行对贷款安全性的判断，双方在历史交易活动中的违约情况同样也是银行授信的重要参考。如果供应链金融涉及第三方监管公司，则充分发挥其对质押货物的保管与监管作用，有助于推进供应链的安全运营。

3. 交易资产质量评估。供应链金融的信用评级是一种动态的评价方式，相比于传统信用评级，其关注核心企业和链属企业的贸易背景、贸易活动是否真实、贸易风险是否可控等因素。一般而言，供应链金融中由交易形成的资产是融资企业的第一还款来源，作为第一还款来源的应收账款、存货等的质量直接关系到贷款的安全。对此，商业银行需要重点关注。

三、互联网金融信用风险管控

互联网金融是传统金融机构与互联网企业利用互联网技术和信息通信技术，实现资金融通、支付、投资和信息中介服务的新型金融业务模式。

在互联网金融迅猛发展的背景下，信用风险管控已然成为行业焦点问题。简言之，互联网金融信用风险管控，首先，要利用信用属性强的金融数据，判断借款人的还款能力和还款意愿；其次，利用信用属性较弱的行为数据进行补充，例如参考客户在互联网上留下的行踪轨迹信息判断其信用情况，借助大数据模型来揭示某些行为特征和信用风险之间的关系等。如图 3 - 6 所示。

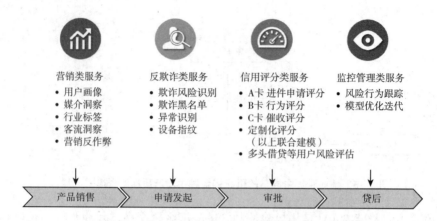

图3 - 6 大数据为互联网金融行业不同环节提供服务

大数据风险管控技术在互联网金融信用风险管控中的应用主要体现在贷款风险评估、交易欺诈识别两个方面。

1. 贷款风险评估。对于个人客户，商业银行可通过分析个人的薪资收入、职业特征、社交信息、消费习惯等数据，判断贷款风险，确定最高授信金额。对于企业客户，商业银行可通过企业的资产、流通、销售、财务状况等相关信息，结合大数据挖掘方法进行贷款风险分析，量化企业的信用额度，实现风险与收益的平衡。

2. 交易欺诈识别。传统的交易欺诈识别具有一定的滞后性，难以做到实时识别交易欺诈行为，给银行和客户带来了不利影响。利用大数据技术，银行可根据持卡人信息、银行卡信息、历史交易、消费习惯等数据，结合智能规则引擎进行实时的交易欺诈识别。例如通过大数据技术，验证借款人身份、分析提交的信息、分析客户线上申请行为、利用黑名单和灰名单、利用移动设备数据、利用消费记录、参考社会关系、参考借款人社会属性和行为等方法，分析欺诈概率。

第二节　小微客户信用风险管控

一、小微客户的特点与评估步骤

（一）小微客户特点

小微客户泛指经营正常、生产规模较小、对小微贷款的接受度和依赖度较高的小微企业客户、个体户、农户等。

与传统银行信贷客户相比，小微客户主要具有生产经营变化快、稳定性相对较差、信用数据缺失或不实情况严重以及专业信用服务投入薄弱等特点。因此，针对小微客户的资料收集、评估切入点、风险控制、操作流程、产品政策等，与其他客户有较大差别。

（二）小微客户资信评估步骤

对小微客户的评估，通常包括以下步骤：

（1）评估前要根据小微客户的经营特点拟定相应的评估方案。

（2）与小微客户接触时，应先介绍评估人员此行的目的，消除其顾虑。很多时候，小微客户担心自己的商业秘密或者经营实情被泄露或被税务部门查税，在交流和提供资料时，不愿提供相关敏感内容的信息，评估人员要消除小微客户对此的顾虑。

（3）与小微客户进行交流时要注意交流的方式方法，要掌握节奏，问话要有逻辑性和连贯性，语言恳切。

（4）查看相关经营资料。

（5）查看相关经营现场。

（6）查看相关产品库存。

（7）家庭情况调查。对小微客户主要负责人的家庭结构、家庭条件、婚姻状况、家庭住址、其他家庭成员是否支持等情况进行了解，这是小额贷款评估的重要内容。

（8）外围走访。

（9）如果有担保人或共同债务人，则评估人要对担保人和共同债务人的经营情况、还款能力，甚至家庭情况进行必要的了解。

（10）查看抵押物。如果有抵押物，还要核查抵押物是否稳定等情况。

以上步骤没有固定的顺序，有些步骤可以同时进行。

二、小微客户资信评估方法及内容

（一）小微客户资信评估方法

国内外金融行业均对小微客户资信评估方法开展了大量的探索和创新，例如德国IPC 公司的微贷技术极具代表性。目前，我国小微客户资信评估方法主要有以下几种：

1. 针对外来流动人口为主体的小微客户资信评估方法。改革开放以后，经济越发达地区，异地流动创业者和外来务工者越多。而这些外来人口多数"无当地户口，在当地无自有住房等房地产，经营店面无自主产权"，他们流动性极强，更缺少符合要求的抵（质）押。在现行信贷政策下，他们很难获得银行的信贷支持，但这些人数量庞大，资金需求量大，发展潜力也巨大。对这类客户的调查评估，主要从以下几个方面进行：

（1）社会与经济网络。①其家族成员和同乡在本地生活、工作人数是否多、客户和这些人的关系（离开家乡的原因、在本地若与家族成员和同乡相互帮助、团结紧密，则抗风险能力相对较强）如何等。②销售网络（渠道）是否稳固发达。可以从销售终端的多少或销售覆盖的区域、销售商与他的合作关系是否稳固、稳定的销售商数量多少和近几年销售额总体呈上升趋势来判断。③客户群是否稳定。④供货商数量。

（2）经营资质。①从事本行业的时间；②在本地经营时间；③是否有失败的经历，有失败经历比没有失败经历的佳，但失败不是越多越好；④此前是否频繁变换过多种生意或经营地点；⑤客户的适应能力——是否有本地朋友圈或生意合作伙伴、是否能较快推出适合本地的产品和产供销模式等。

（3）经营能力和态度。①客户对行业的分析理解能力；②创造现金流的能力；③对行业风险的识别和把控能力；④忠诚客户的培养能力，从近几年客户数量变化、销售额和经营收入变化上判断；⑤营销能力和创新能力，从渠道建设、产品、服务、销售额、经营收入等方面判断；⑥该项目是否只是其临时过渡项目。

（4）经营投入。

①项目净资产占其家庭总资产比例越高越稳定。通常低于40%或资不抵债则需谨慎。

项目总投入＝一次性投入的房租＋转让费（门面、专利等）＋装修费＋固定资产投入＋购买存货投入＋其他费用（广告、保证金、社交等）。

②本次自有资金投入占本次总投入比例≥40%。

③调整后的资产负债率≤60%。

（5）个人信誉度。通过征信、邻居、员工、上下游、同乡、市场管理方、协会等走访了解。

（6）主要负责人的个人特征。通过问、看、访等方式，了解其年龄、生活作风、投资性格、有无不良嗜好、婚姻、家庭情况等。

2. 倒推评估法。倒推评估法主要由四个问题组成，要用好这个方法，要求客户经理必须做到以下三点：一是必须清楚各行业的净利率——本评估法最核心的数据；二是一定要将"四个问题"烂熟于心，并在评估过程中一一解决；三是要求客户经理既要在现场评估时使用，更要在数据、资料收集齐并填写好评估表后，使用非现场评估的方法再次评估。

（1）倒推评估法的主要内容。

①客户为什么贷款或授信。判断资金的真实用途和贷款或授信的合理性：a. 这时

进货（补充流动资金等）是否合理；b. 根据现有存货数量并结合行业、季节、往年销售量等因素，判断其进货的合理性和风险；c. 是否跨行业投资，风险如何；d. 是否盲目扩张。

②客户应该贷款额度。判断其还款能力：a. 本次总投入是多少、客户现有多少资金（自有资金数据是倒推评估法的核心数据之一）、资金是自有的还是借来的、这次投入还差多少等；b. 通过净利率测算出客户每年的净利润，确认这些年净利润及其存在形态、归属主体等；c. 根据净利润、资金流向（通过看现金流水或银行对账单和向客户交叉验证）、权益存在的形态（看实物、存款、单据）、现在自有资金（看存单、账户余额等），判断客户是否应该贷款、应贷额度、是否存在其他隐性负债（过度负债）、是否有其他隐性投资或项目等。

③应如何发放这笔贷款。结合客户的情况考虑怎么防范该贷款的信用风险——从额度、期限、还款方式等方面综合考虑，设计产品、防范风险。

④总体感觉情况。据评估过程中所见所闻所感来综合判断，综合财务信息和非财务信息进行深入分析。在此过程中，要特别注意客户的一些细小动作、不经意的言论和其他相关人员的言行举止。评估人员要真诚地回答自己："我的感觉好吗？""有没有可疑的地方？"一般而言，经过认真评估且总体感觉好的项目，风险一般较小。

（2）倒推评估法的作用。倒退评估法，可以有效地帮助判断客户是否有过度负债或隐性负债；是否有其他项目或其他投资；是否是理性消费或理性投资；是否是诚信主体等关键问题。

3. "五步"调查法。"五步"调查法是一种有效的小微客户资信评估方法，主要是指从调查分析企业的违约成本、企业主的人品和企业的产品及行业状况等五个方面，依次展开调查分析。其做法可以概括为一违、二品、三表、四问、五访，具体如下：

一违，即调查分析企业的违约成本。一是重点考察企业经营场所的所属权性质，经营的年限和历史，品牌价值、设备的购置情况以及企业经营模式的价值。以此估算出企业价值，再减去企业负债，得出企业的违约成本。二是分析企业的违约成本对企业的影响。

二品，即企业主的人品和企业的产品及行业状况。一是分析企业主品行是否端正，有无不良习惯以及犯罪记录以及对信用的重视程度等。二是做好企业产品及行业的分析判断和选择。首先对行业进行分析判断，根据行业前景作出选择或回避的决定；其次了解企业在行业中的地位，是否生产技术先进、是否拥有技术和产品专利、是否自主研发、是否具有生产创新能力产品商标、是否努力塑造企业品牌等。

三表，指的是银行对账单（或者现金流水、海关报表）、水表、电表。通过收集客户每月银行往来数据、水费与电费单据、进出口企业的海关报表并进行综合对比，交叉检验，了解信息的真实性以及其生产的连续性、稳定性、产销的景气度等。

四问，指的是询问生产人员、仓库管理员、销售人员、管理人员。询问小微企业各自岗位员工真实人数、工资水平、工资发放（是否及时、是否有拖欠）以及订单回款、进出货趋势变化等，将相关情况进行交叉检验，得出更接近事实的结论。

五访，走访客户相关机构。实地走访调查要做到内部、外部同时进行，确保信息真实。从企业内部走访办公室、生产车间，查看原料及成品仓；从企业外部走访邻居、上下游企业、相关行业协会。

4. "望闻问切"四步工作法。借助中医术语，结合小微客户的特征，业界总结出一套"望闻问切"四步资信评估法，"望"指实地查看客户状况；"闻"指从外围探听客户基本状况；"问"指询问内部客户状况；"切"指研判评估小微客户经营资料及信用水平。

（1）望，即用眼睛实地查看客户状况。

①看小微客户的生产场地等经营环境。如果是商品流通和服务企业，看其经营场地、门店或商铺是否位于较好的位置，客流量的多少；看现场客户的多少；看经营地周围环境情况。如果是生产企业，则看生产场地周围的环境状况；交通运输条件是否便利；是否位于政府的规划区域内；相关配套设施例如电力、排污等是否齐全。

②看各项制度是否完善健全情况。查看的内容包括是否有生产管理制度并被执行；是否有安全管理制度并被落实；是否有财务管理制度并被履行等。

③看生产经营情况。

a. 看工艺流程。从原料上生产线、产出半成品到生产出成品的整个生产流程和步骤是怎样的；中间有哪几个关键的环节；需要添加哪些关键的原料和辅料；生产的半成品和产成品的合格率。

b. 看设备运行。在整个生产过程中，有哪些重要的设备，这些设备运转是否正常；设备的新旧程度、生产出厂时间；设备的耗能、功率情况；设备运行是否安全；是否有闲置设备及闲置原因等。

c. 看员工状态。看员工的工作情绪、状态是否正常；相关的生产操作流程是否认真执行；是否在安全生产。

d. 看库存情况。查看库存原料、产品的储藏条件是否适当；有无过期、变质、腐烂等不能使用的原料或产品；清点或估算原料和产品、存货的数量。

（2）闻，即从外围探听客户基本状况。

①对近邻进行走访。访问的主要内容包括：小微客户的生意情况；业主的人品、爱好习惯，有无其他债务等相关信息。

②对小微客户的客户和供货商进行走访。对供货商的货款是否按时支付、有无恶意的拖欠行为、给客户的供货是否保质按时、其产品的市场评价如何以及小微客户负责人的人品、习惯、爱好等进行全面的了解。

③对相关职能管理部门进行走访。通过相关职能管理部门了解小微客户的经营发展史，有无违法经营情况；客户的生产经营能力、资质情况、许可经营范围情况；经营者的经验能力情况；有无对税、费的欠缴情况。

（3）问，即通过询问的方式从内部了解客户状况。

①对其员工进行访问。访问的主要内容包括：a. 企业的经营、生产情况；b. 小微客户内部的管理情况；c. 无拖欠工资及其他债务等相关信息；d. 企业业主的人品、习惯、爱好等。

②要与小微客户本人及股东进行交流询问。询问的主要内容：a. 基本信息，例如年龄、学历、住址、联系方式、婚姻家庭情况等；b. 从业经历和发展历程、经营实体介绍等；c. 股权结构状况、各股东情况、经营管理及分工情况等；d. 小微客户对所从事行业的认识、分析等；e. 现在的经营、生产、销售情况；f. 资产、负债、应收应付款的情况；g. 小微客户利润情况；h. 小微客户申请贷款的资金用途。

③要与负责经营生产的相关人员进行交流询问。询问的主要内容包括：a. 询问生产设备的运行情况是否正常；b. 询问生产、工艺流程；c. 询问安全生产情况；d. 询问生产员工的工作情绪及工作状态；e. 询问生产经营的主要原料、辅料、能耗情况等；f. 询问半成品情况及半成品数量；g. 询问日常的生产量。

④要与销售的相关人员进行交流询问。询问的主要内容包括：a. 产品的市场竞争力及市场行情；b. 产品的销售情况及销售数量；c. 产品销售渠道和销售网络情况；d. 货款的回收情况及应收款数量；e. 产品的存货情况等。

⑤要与负责财务的相关人员进行交流询问。询问的主要内容包括：a. 销售收入、各项费用支出情况；b. 利润收入情况；c. 资产、负债情况；d. 资金的计划使用、资产运转情况；e. 现金流量情况；f. 是否有拖欠员工工资情况等。

（4）切，即通过查看小微客户的各种经营资料进行评估。

①查看小微客户相关经营证照和资质。查看小微客户经营项目的营业执照，合伙协议或公司章程，生产、经营场地的租赁协议，生产经营的资质证书，如是特种行业的需查看相关部门出具的许可证书，例如消防许可证、安全生产许可证、环评报告、排污证等相关经营证照和资质。

②查看小微客户相关的生产经营活动资料。生产经营活动资料包括供货合同、销售合同、销售记录、代理经销协议、客户订单；生产过程中所缴纳的水、电、气等费用的发票；销售产品的销售发票；员工的工资单、生产流程单；各项费用开支单据；其他经营活动的数据资料。

③查看小微客户相关的资产证明。包括生产、经营场地的产权证件，例如房产证、土地使用证，以及购置这些资产的付款票据；机器设备的购买合同、协议和付款单据等；现库存原料、产品的进货合同或票据；运输工具的相关证件及付款票据；现金及

货币资金的银行账单、银行汇票、本票等；应收账款的供货证明、客户欠款单据等；其他资产证明资料。

④通过媒体、网络查看小微客户的行业信息。通过媒体、网络等渠道了解小微客户所从事行业的国家相关政策规定、行业标准、限制范围及限制措施等；了解该行业的发展现状及发展前景、行情、价格趋势等；了解该行业的特点、运作模式等知识。

⑤查小微客户的信用信息。通过"信用中国"等官方平台查询企业的公共信用记录状况；通过企业征信报告查看小微客户在银行的贷款情况、现在的余额、以前的还款记录等；通过应付款资料或供货合同查看小微客户有无长期恶意拖欠的应付款项；通过税票、水电费等票据查看小微客户有无恶意欠缴各种税费情况。

（5）综合分析，即通过对以上方式获得的信息进行分析。评估人员通过问、看、查、访的方式了解到小微客户大量的信息后，然后对这些信息进行加工、整理、分析。为了确保调查评估得到的信息的真实性，评估人员要对通过各种方式和渠道得到的信息进行比较、交叉核对。

①横向的交叉核对。对同一个问题，评估人员要组织人员对不同来源的信息进行交叉审核，看是否一致或接近，如一致或接近，评估人员就可采信；如不一致，评估人员则应采纳对降低贷款风险有利的信息。

②纵向的交叉核对。对相关的两个或两个以上相关联的问题，评估人员可通过不同方式和渠道对得到的信息进行交叉核对，以保证相关的问题具有合理性和逻辑性。纵向交叉核对一般包括以下内容：a. 小微客户的发展历程积累的资产实力与现在的实际资产状况是否相符；b. 小微客户消耗的原料、辅料、能源与其生产量是否相符；c. 小微客户的销售情况与收入、利润情况是否相符；d. 小微客户提供的银行账单是否与其实际经营情况相符；e. 小微客户的应收账款是否与销售情况相符，应付账款是否与进货情况相符。

③信息来源可靠性分析。当不同方式和渠道得到的信息不一致时，评估人员可通过分析信息来源渠道的可靠性，决定采集哪些信息遵循以下原则：a. 通过"闻"得到的信息比通过"问"得到的信息可靠性高。评估人员问的是企业的内部人员，与内部人员交流时有可能会回避不利的信息或夸大有利信息，而访问外部人员信息真实度较高。b. 通过"切"资料得到的信息，比通过"闻"和"问"得到的信息可靠性要高。c. 外部提供的资料比内部提供的资料更可靠。d. "望"到的信息如能有相关资料的佐证，则可靠性高。

（二）小微客户资信评估内容

对小微客户评估一般从非财务信息、生产经营、财务数据、借款或授信合理性和风险控制等多个方面进行综合资信评估。

1. 非财务信息（问、访、看）。

（1）基本素质。基本素质包括申请人的年龄、文化程度、性格特征、敬业精神、从业经验、行业经验等。一般而言，35 岁以上相对来说性格比较稳定、持重，经营的稳定性也相对较好。

①在从业经验方面，从业越久，经验也越丰富。对经营风险大的其把控能力也越强。需要注意两个方面：a. 家族企业二代接管的申请人，若有上一代的指导和监督，相对来说经营会比较稳健；b. 一个人从事的行业越多，且各个行业相关性不大的话，则此人的经营稳定性相对较差，这时需提高警惕。

②素质与经验方面。可从客户是否称职、合格，行业管理经验及熟悉程度，高层管理人员是否已各司其职、各尽其责，管理层的团结精神、合作能力、协调能力如何等方面判断。

③客户的性格特征和敬业精神方面。客户的性格可以分为稳健型和进取型等。稳健型的小微客户给银行带来的风险较小；而进取型的小微客户可能就比较倾向于高风险的经营决策，进取精神成为经营成绩的关键。

（2）家庭婚姻状况。家庭状况包含以下几个因素：①婚姻状况。一般而言，已婚的比未婚的更稳定，责任心更强。②家庭成员。子女、父母状况。有子女、父母的比没有子女、父母的责任心要强，但有可能家庭支出大。③核查谁掌握经济大权。争取让掌管经济大权的人签字或担保，这对控制贷款风险非常重要。④家庭资产、负债及收支状况。

对于家庭婚姻状况，我们也要具体问题具体分析，一个人出现婚姻破裂，例如离异、再婚等情况，并不表示这个人道德品质有问题，毕竟感情是双方的，也要根据实际情况分析。

（3）客户个人社交背景状况。个人社交背景包括个人的信用记录、人际关系、社交背景等，就是看其个人交往的朋友和口碑。"物以类聚，人以群分"，朋友圈的实力在一定程度上体现客户实力。朋友圈有实力的，这个人肯定也不会差，即使这个客户暂时遇到困难，朋友也有可能挺身而出，解囊相助。

（4）客户嗜好。关注客户的不良嗜好，包括赌博、吸毒、非法集资等。

（5）生产经营管理能力。看企业的生产经营管理能力，除了前面人品环节中，需要注意的企业主个人能力要素外，还要注意高层组织的稳定性和内部管理现状。

2. 生产经营（问、看、查、测、访）。

（1）看其经营能力和态度。①客户对行业的分析理解能力，对行业风险的识别和把控能力；②创造现金流的能力，包括现金流是否稳定，流量如何；③忠诚客户的培养能力；④营销能力和创新能力；⑤该项目是否只是其临时过渡项目；⑥看项目数量，即小微客户同时经营的项目数量，一般而言，小微客户同时经营的项目不宜超过两个，尤其是不相关的项目越多则风险越大。

（2）看其所处行业。①行业发展趋势：客户所属行业是朝阳行业还是衰退行业，竞争激烈否；②行业相关数据：毛利率、净利率、正常流动资金需求量、存货平均存量及周转次数、应收款（百万元应收款占比、平均账期）、每百万元销售收入需投入多少资产；③行业淡旺季及资金需求时间和资金闲散时间；④经营模式：生产加工型、流通型（含厂带店、批发、零售）、贸易型（内、外）、其他；⑤行业风险点，不同行业的风险点不一样，例如养殖行业的风险点是病害防治、养殖技术、政策变化和销路，可以从这几点评估养殖客户的风险。

（3）看产品。

①产品所处的整个行业宏观环境。每家企业都处在某一特定行业，每一行业都有其特定的风险，在同一行业中的小微客户要面对共同的行业风险。在分析行业环境时，主要关注行业政策，这里的政策包括行业的法律政策、经济政策等。经济政策是调控宏观经济环境的重要因素，国家经济政策的变化情况会对行业的发展产生影响。

②经济周期是否影响销售。任何行业的发展都具有一定的经济周期性。经济的周期性变化在一定程度上影响行业销售的周期性变化。对于受经济周期影响比较低的行业，其风险较低；反之，其风险较高。

③行业产品的替代性。替代产品是指与某一行业的产品有基本相同功能或能满足相同需求的产品。产品的替代性与贷款风险相关。如果一个行业的产品性能独特和自然垄断，例如城市供水、供电行业不存在替代产品，就不存在被替代的风险。而如果一个行业的产品有很多替代品，而且转换成本较低，则该行业产品被替代的可能性很大，相应的行业风险也就比较大，例如化纤制品作为服装面料可替代棉织品；火车、汽车和飞机作为交通工具可以相互替代。因此替代产品种类越多，贷款所面临的风险越高。

④看产品的质量。看产品就是看这个产品质量如何，是否有竞争力。消费者对于品牌的最终诉求在于产品质量，当消费者认为同一品牌下的产品具有相同的品质时，品牌成为消费者寻求产品稳定质量的主要途径，质量决定品牌核心竞争力。因此，卓有远见的企业管理者不约而同地意识到了产品质量对于品牌资产的重要价值，越来越多的企业从追求产量向追求质量转变。

（4）看经营流程。一般而言，在调查生产型企业的时候，会从企业的生产流程入手，了解整个企业的生产环节，从中可以发现一些端倪。生产型企业的经营循环主要包括采购、生产和销售三个环节，这三个环节顺利转换，才能保证及时偿还贷款。

①采购环节——看仓库。看仓库，判断供应商数量及对供应商的依赖度、存货周转率。可以看库存原材料等状况，库存多不多、采购如何进行等。采购环节的主要风险在于原材料价格、购货渠道和采购量等方面的控制。一般来说，如果企业能够影响

其供应商的价格，就能够很好地控制其生产成本，按计划完成经营周期，实现经营目标。同时，如果小微企业采购渠道较多，企业就会获得较好的采购价格和稳定的供应，从而保持较低的存货储存量，降低成本。

②生产环节——看流水线。看流水线，判断流程管理、部门配合、材料浪费、设备是否先进、质量控制、开工率、生产时间、工人工资及其工作状态等；生产的连续进行、先进的生产技术和产品质量的管理是影响企业生产环节顺利完成的主要因素。

看客户的开工率状况，企业开工率能够直接反映客户的生产是否景气；产成品状况，产品制作工艺是否完善、质量是否过关、积压是不是很多；生产机器状况，机器的价值、精密度；有没有污染，是否符合国家相关规定。

在看企业的生产流水线时，还有两个细节需要我们注意：一个是双人调查时的私下沟通，主要是与员工聊天，了解工资的发放情况、日常开工情况等，从侧面了解企业生产经营；另一个是了解客户的相关质量管理认证，尤其是出口型企业，相关的认证等能反映客户的产品质量。

③销售环节——走访销售部。走访销售部，了解客户的产品销售情况，主要看四个方面：a. 产品卖给谁，就是客户的构成情况，包括客户数量、销售是不是集中、国内国外构成等；b. 谁在卖，就是销售人员状况，有多少销售人员，销售人员的考核方式是什么；c. 怎么卖，也就是销售的渠道是怎么样的，这些都能反映产品在整个市场中的竞争力情况；d. 销售信用政策，是先款后货还是先货后款、结账期是多久、应收款余额及账龄、应收款前五位份额等。

3. 财务数据。

（1）财务数据交叉验证。尽管中小企业的财务报表存在一些问题，但全面分析其对于贷款风险的评估依然有重要参考价值。一方面，并非所有小微企业的财务报表都是假的，即使假的财务报表也不是所有数据都是假的；另一方面，目前尚未比财务报表有更好的信息和渠道来识别和评估企业贷款风险。

不管是信贷经理或其他风险评估人员，正确的方法应是通过问、看、查、测等多种方法与客户所提供的数据进行交叉验证。在调研中，首先要假设企业提供的财务报表是真实的，完整地反映企业的经营成果。这一点很重要，否则会陷入不可知论。只有基于这个前提，我们才能认真地去分析财务报表数据，然后去了解企业以及发现财务数据中的问题。其次审阅报表，重点关注权重占比很高的和前后变动大的科目。一是查看最近一年的利润表。重点关注主营业务收入，净利润两项指标；以及毛利率和占比较高的费用科目。二是查看资产负债表。由于资产负债表是时点静态数据，也是最容易造假和发现问题的，要逐一来看主要科目。三是审阅现金流量表，检验或估算现金流。

（2）测算贷款或授信额度。在测算小微客户贷款或授信额度时，要做到以下几个方面：一是逻辑检验客户销售额、利润、毛（净）利率等数据并初测贷款或授信额度。二是利用倒推评估法评估资产（权益）积累情况、资产负债等。三是交叉检验日常营运资金需求量与年销售收入。四是测算营运资金周转次数，测算贷款或授信需求量。

4. 借款或授信合理性分析。

（1）借款或授信原因。粗略而言，借款原因分合理和不合理两种情况。分清借款原因的合理性边界有利于把握贷款的安全性和合规性。

（2）合理的借款或授信原因。①销售增长。分为季节性销售增长和非季节性销售增长。销售增长还包括预期销售增长产生的购买行为。②业务的正常扩张。如正常条件下的产品供给上不上，要求生产能力增强、资产规模扩大、设备再添置等。③营运能力降低。包括应收账款回收期拖长、存货周转率下降等。④在资产结构基本合理的前提下，因自有流动资金不足产生的短期周转资金不足。⑤因原料或产品行情上涨，为正常囤货。⑥兼并、收购等资本运作。⑦暂时性费用的增长。

（3）不合理的借款或授信原因。

①资产结构不合理。不合理情况按其程度分为铺底流动资金匮乏、流动资金用于固定资产投资、固定资产投资规模过大造成自由流动资金严重不足等几种情况。

②业务规模过度扩张。表现为固定资产投资过多，新产品、新项目投资过大，对外投资过度，在某些环节严重滞后于整体业务发展。

③财务状况恶化。应付账款不能如期偿付，存货积压严重，销售难以实现，应收账款大量难以收回，财务费用和管理费用过高超过企业负担，需依赖借款支撑业务经营、弥补经营亏损。

④经营管理状况恶化。经营恶化导致经营管理者准备退股或散伙，借款用于弥补退股等补偿；经营管理能力已无法扭转亏损现状；贷款用于因非法经营导致的经济处罚；外部环境对其产生极为不利的影响，例如环保强制标准；等等。

⑤非法用途。一是股本性权益投资；二是贷款用于高风险投机；三是贷款用于借贷；四是贷款用途及经营项目非法。

（4）正常借款或授信用途。①合理流动资金不足产生的短期流动资金贷款用途。表现为采购原材料，应收账款难以及时回笼产生的资金流转困难。②因资本运作产生兼并、收购等资本扩张。③因适度规模扩张产生的固定资产投资贷款。④因加强科技开发而产生的技改贷款。⑤以稳定收入作为还款保障的消费贷款。⑥因项目投资产生的以项目收益归还贷款的项目贷款用途。

（5）不正常的贷款或授信用途。借名贷款、挪用贷款、股本权益性投资贷款、非法经营。

（6）对借款用途的控制。

①对借款用途的事前控制。对有关贷款用途，一般在贷后因小微客户进货渠道不

同产生汇款等结算方式，能在贷后加以验证。对明确用款计划及付款对象的贷款可在合同中加以约定，并可借助账户加以事前控制。

②对借款用途的事中、事后控制。借助单证、合同、可行性报告等加以控制。每一项经济活动，一般均有相应的凭据及合同，例如购销合同、加工承揽合同、出口产品协议、建筑承包合同（招投标公告）、增值税发票、修建修造合同、项目可行性报告等，这些都有利于加强对借款用途的深入调查和事后控制。

（7）还款来源调查。小微客户的还款来源包括现金流量、资产销售、抵押品清偿、资产转换、重新筹资和担保人偿还六种。经营现金流量是偿还债务最有保障的来源，即经营现金流越佳，还款越有保障。如表 3-1 所示。

表 3-1　　　　　　　　　　　　　　　还款来源与风险

还款来源分类	还款来源细分	五级分类
第一还款来源	经营现金流量	正常
自身第二还款来源	资产转换、资产销售、抵押品清偿、重新筹资	关注
非自身第二还款来源	担保人偿还	次级

（8）还款来源调查的其他注意事项。①还款来源是一个比还款可能性更能直接衡量小微客户还款能力的重要调查项目。但不同行业客户的资产转换周期不同，由此产生的还款来源分析也各不相同。例如房地产建筑企业、项目贷款、交通运输企业、餐饮娱乐业、季节性明显产业等，其还款来源分析具有各自不同的特点。②对自身第二还款来源中的重新筹资风险应有清醒认识，小微客户目前经营状况尚可，或权力显赫，筹资能力很强，但是这绝不能成为借款的主要理由，当小微客户经营状况恶化、权柄他落时，无疑是"屋漏偏逢连夜雨"，重新筹资能力会迅速化为乌有。③有些小微客户的贷款明显缺乏还款来源，调查人员应予质问，并要求借款申请人提供可行、可靠的还贷来源保障。

三、小微企业常见信用风险及其管控

如何准确评估一个小微客户是一项复杂且具有挑战性的工作。小微客户评估要求高、环节多，具有"点多面广，面面俱到"的特点，一个点评估不到位都极有可能产生信贷风险。

（一）小微客户本身风险

1. 品质及道德风险。借款人的品质及道德风险是贷款风险中最严重的信用风险之一，通常表现在：（1）借款人有不良的信用记录。（2）借款人拖欠供货商的货款。（3）借款人拖欠税费、电费、水费等费用。（4）借款人拖欠员工的工资。（5）借款人人品差。例如是否有欺诈或欺骗行为、有不良嗜好、长期赖账不还、坑蒙拐骗、曾被司法机关判刑坐牢等。（6）借款人不想让家人和其合伙人知道贷款。借款人不想让其父母、配偶、恋人、股东（合伙人）知道贷款，这笔贷款很有可能会形成风险。但在实践中有些小微客户因各种原因不想让配偶知情，对这种情况要区别对待，若该笔借款真正用于小微客户的生产经营项目可以考虑给予贷款。

对于有上述行为的人，如果是恶意的，则应拒绝为其提供贷款。如果是借款人虽有上述拖欠，但是非恶意行为，且时间都不长，有还款能力的，可与借款人进行交流和沟通，增强借款人的信用意识，增强其信用观念。如果借款人接受，可先向其提供小金额的授信，根据情况也可要求提供担保。以后还款记录良好，可逐步增加授信额度。

2. 经验及能力不足风险。

（1）借款人经验不足。对于行业经验不足的借款人，一是要求其本项目经营时间必须达到六个月或以上，保证经营正常稳定后才给予授信。二是看借款人是否有其他收入来源，如有则在其他收入来源的基础上确定授信额度。三是要求提供可靠的担保人。

（2）借款人对企业管理不善。由于借款人对企业的管理不善，其企业的资产就可能受到损害，企业的收入就会明显下降，甚至会危及企业的生存，最终导致贷款面临风险。贷款机构的评估人员发现管理不足的，要与借款人沟通，让其尽快纠正；如果情况严重，足以影响到还款能力时，则要求借款人采取整改措施，有明显效果后才考虑给予授信。

3. 还款能力不足风险。借款人还款能力不足通常表现在以下五个方面：（1）经营项目投资较小或固定资产少、容易转移或出让。（2）经营项目利润少，收入不足。（3）资产负债比率过高。（4）流动比率和速动比率过低。（5）现金流入量相比每期的还款额较低。当借款人出现贷款申请额与其反应能力不足时，应降低授信额度，在借款人的还款能力内发放贷款；也可要求提供有效担保。

4. 过度负债风险。

（1）借款人过度负债通常表现在贷款、应付货款、应付工资、各种应付税费等债务很大，甚至还有高利贷等，超过了其资产的承受能力。

（2）借款人过度负债，导致其经营破产的情况在实际操作中经常发生，最终不能偿还贷款，主要原因有：①目前发放小额贷款的金融企业、非金融企业众多，竞争激烈，使得借款人能很方便地在多个贷款机构授信；②民间借贷活跃，利率较高，借款人也能很方便地借到资金；③目前征信系统不完善，很多贷款平台的贷款没有纳入征信管理。

（3）为了能获得授信，借款人会充分地展示其拥有的资产，评估人员可通过提供的资料、实地查看和进行分析和掌握；对借款人债务的评估是整个评估工作的重点，也是评估的难点。由于存在上述问题，借款人的负债往往不能被全面掌握。除了与借款人充分交流沟通和通过人民银行征信系统了解借款人债务信息外，还可通过以下方法进一步进行分析：

①对借款人的员工、邻居、朋友等进行访问，了解其有无大额的应付工资、民间融资、高利贷债务等信息。

②对借款人的供货商、客户等进行访问，了解有无大额的欠款信息。

③将借款人的发展历史、收入来源与其现有的资产实力进行对比分析，如其历史收入大大小于其现有资产额，则有部分资产有可能是通过债务形成，借款人没有公开这部分债务，应进一步与其沟通确认；如果其历史收入大于其现有资产额，则有可能借款人隐瞒了资产。

④如怀疑借款人有其他大额负债，但又难以查实的，可要求借款人签署《债务声明书》，声明书中规定，借款人对其所有的债务必须全面向贷款机构公开，贷款机构以此声明书为依据之一为借款人提供贷款，如借款人隐瞒债务的，将构成合同欺诈，贷款机构有权对其追究法律责任。

⑤对于负债较高的借款人，原则上不再为其提供授信，如要贷款，则应提供抵押或担保。对于负债很高的，应坚决不给予授信。

5. 贷款用途风险。在评估贷款时，一定要对借款人的借款用途进行认真分析，因为有时在贷款用途上本身就存在风险。主要用途风险有：

（1）贷款用途不明确。对于贷款的用途借款人不能明确地告知，或回答遮遮掩掩，或告知的用途与实际情况不相符合。如借款人称将贷款用于进货，但借款人的存货已很多，没有再进货的必要，则借款人可能在说谎。对于借款用途不明的，借款人很可能是为了掩盖真实的用途，还有可能隐瞒了其他的信息，这样风险较大，对这样的情况应拒绝发放贷款。在借款人明确告知经核实的真实用途后，可酌情考虑是否发放，仍存有疑虑的可要求提供担保。

（2）用于高风险投资。将贷款用于借款人没有经验的项目、高风险行业项目、不确定因素很多的项目投资上，且投资额度大、占借款人资产比重大的情况下，一旦失败，将会使借款人蒙受重大损失，丧失还款能力。在这样的情况下，可要求担保、抵押或质押；如借款人无其他负债，可在假设投资失败后的还款能力上发放相应额度的贷款。

（3）用于没有资金保证的项目。是指对于投资一个新项目，借款人没有自有资金，一开始就借款投资，对于后续的资金投入没有明确的来源，或规划存在不足，这样的投资会造成资金断链，最终投资失败。对这种情况，一定要求借款人应有相当比例的自有资金，贷款只能是投资的一部分。如无法落实自筹资金，应拒绝发放贷款。如无其他负债，在现有经营项目运转良好的情况下，可发放抵押担保贷款。

（4）用于效益差项目。对借款人将资金投入预计未来效益不好的项目，因还款能力会受影响，可要求借款人提供保证、抵押、质押担保。

（5）用于弥补持续性经营亏损。借款人经营项目持续严重亏损，现在连最少的流动资金都没有，完全靠贷款维持运转，且预计后续的一段时间内都不会有盈利，这样的贷款应不予以发放。

（6）借新债还旧债。借款人现已有很高的债务，但靠正常的经营无力偿还，只能靠贷款来归还已到期的债务，这说明借款人已过度负债，已无还款能力，应拒绝再给予发放贷款。

（7）用于非正常经营活动支出。借款人将贷款不是用于现有的经营项目，也不是用于投资，而是用于其他方面，例如借给别人、用于自己的豪华消费等。对于将贷款用于非正常经营活动的，要分析贷款额度是否在其还款能力内，是否在其资产承受能力内，如后续无其他大额开支，可在还款能力和资产承受能力内掌握好贷款额度给予发放。

（8）用于非法经营活动。将贷款用于违法经营、赌博、贩毒、行贿等违法活动的坚决不给予贷款。

6. 转移财产风险。

借款人转移财产通常表现在以下两个方面：（1）所有或大部分财产转移到别人名下。（2）夫妻之间办理假离婚，将财产转移登记在其中的一方，以"净身"方的名义来申请贷款。

对借款人蓄意转移资产的行为，其目的很可能就是逃避债务，所以面对这种情况时，最好不要给其贷款，或办理足值的抵押、质押贷款。

7. 资产结构与负债结构不对应风险。借款人过度负债通常表现在：固定资产所占比例较高，流动资产占总资产的比例较低；而长期负债所占比例较低，短期负债占负债的比例较高。由于短期负债是快要到期即将偿还的负债，它只能由变现快的流动资产偿还。如果流动资产与流动负债不对应，则短期负债的偿还可能要用固定资产，一会影响借款人的正常经营；二也可能造成短期债务不能按时偿还。

8. 经营风险。借款人经营风险通常表现在以下十个方面：（1）借款人产品质量低劣或使用低劣的原料；（2）进货成本费用很高；（3）借款人机器设备老化、陈旧，生产工艺差，生产技术条件落后；（4）安全生产条件差，消防安全隐患严重；（5）过分依赖少数客户，销售渠道单一；（6）应收账款收款期长、余额大；（7）营业利润率低，经营杠杆高；（8）产品技术含量低，竞争力较差；（9）主营业务盈利较小，毛利润率和净利润率低；（10）存货周转率低，且存货中有大量废品。

由于存在上述的经营风险，可能会使借款人的企业处于不稳定的经营状态。贷款机构的评估人员发现有上述的经营风险后，要与借款人沟通，尽快扭转这种不利的局面。如果借款人企业虽然有某些方面的经营风险，但并不严重或短时间内无法改变，不会损害其还款能力，可考虑提供贷款，视情况可要求提供抵押或担保。如果情况严重，足以影响到还款能力时，则要求借款人在消除或减轻风险后才考虑给予贷款。

9. 恶意举债风险。借款人恶意举债是指在贷款机构给借款人放款后，借款人仍继续向其他金融企业和个人融资。如果债务继续增大，超过其还款能力，造成过度负债，则对贷款构成很大风险。对于这种情况可从以下方面进行把控：

（1）在放款前对借款人的融资行为进行分析。如果在申请贷款之前或正在申请贷款时，借款人同时向多家贷款机构申请贷款，或向其他机构和个人借款后，仍会大量举债，很容易造成过度负债。对这种情况应不给予放贷，即使要放款也应在抵押或质押足值的情况下放款。

（2）放款时限制借款人在贷款期间再进行融资的行为。放款时，为了防止借款人在放款后继续融资，可在《借款合同》里规定，也可由借款人作出单独的书面承诺，限制借款人在贷款期间再进行融资的行为，或即使需再融资，也应在金额或融资比例上作出限制性规定，如违反视为违约，贷款机构可提前收回贷款。

（3）放款后要加强贷后监督管理。对发现有大量恶意举债行为的，要及时制止。如借款人不听的，可对同业的各贷款机构发出风险预警，告知各贷款机构借款人已负债情况和违约情况，导致借款人不能再融到资。

10. 借款人经营资质风险。通常表现为借款人不具备相应的法定的经营条件和经营许可，包括：（1）借款人经营项目需特种许可的，没有特许经营证明。例如无安全生产许可证、环保证、消防证明等。（2）污染严重、消防安全不达标、安全生产隐患严重等其他情况。

11. 股权风险。（1）在合伙企业中股份占比少，借款人在企业中不占主导地位。（2）虚假股权风险。在企业中，借款人本来没有股权，但为了能贷款，制造虚假的公司章程和合伙协议。

12. 借款人还款能力突然下降或丧失还款能力风险。

（1）借款人突然遭遇资产的重大损失，例如遇洪水、泥石流、雷电、火灾、被盗、被抢等；（2）借款人有严重疾病不能自理或死亡，丧失了还款能力。为了防止借款人突然遭遇资产的重大损失风险，可要求借款人对其资产购买财产保险，并明确规定，在贷款期限内，保险的第一受益人是贷款机构。为防止借款人严重疾病不能自理或死亡风险，在发放贷款时，可要求其财产继承人，或有可能对其财产进行实际控制的人作为共同债务人签字。

13. 婚姻、家庭和居住不稳定的风险。借款人婚姻及家庭不稳定、借款人及家人的健康不稳定和借款人居住不稳定往往会隐藏很大的风险。例如婚姻、家庭不好的人往往也经营不好事业，如果在夫妻之间关系不好时贷款，一旦双方离异，双方都会极力逃避债务，会对贷款的回收造成很大麻烦。

（二）贷款机构操作风险

1. 信贷管理机构内部管理风险。信贷管理机构内部设置不合理或不健全、没有合理的风险管理与控制方面的制度和政策、信贷评估人员专业能力不强、信贷从业人员道德素质差等导致贷款风险把关不严而产生内部管理风险。

2. 信息评估失误风险。贷款的调查评估是评估人员在有限的时间内对借款人进行了解，不能将借款人的信息全面掌握，如有借款人故意隐瞒不利信息的，则不能掌握的信息更多，这就造成了信息的不对称。即使经验丰富的调查评估人员都有可能因这种信息的不对称而不能作出正确的分析和评估。因此，除了提高评估人员的专业能力外，还可通过多渠道交叉核实、提供共同债务人、担保人或抵押、提高资产评估的准确性、业务人员本地化等方法来解决。甚至要求负责人承担无限还款责任。

根据《公司法》第3条的规定，"有限责任公司的股东以其认缴的出资额为限对公司承担责任"，偿还债务，除将企业的资产抵债外，股东不再承担偿还义务，而实际上，由于企业是负责人控制的，其个人家庭财产和企业财产往往很难划分。为防止借款人逃避债务，在以企业主的名义发放贷款时，让负责人承担无限还款责任。

3. 现金流分析不到位风险。在难以获得其经营记录的情况下，越来越多的贷款机构淡化了企业财务报表的调查分析，将调查分析的重点转移到借款人现金流分析。借款人银行账户的资金流动情况最能直接反映出借款人的经营情况和资金活动状况，借款人银行账户是借款人还款能力最直接的参考依据。评估人员对借款人的银行账户对账单分析时要注意：

（1）必须确认银行账户是借款人自己的。银行账户的户名一般情况下应是借款人自己的名字或借款人企业的名称，也可能是其家人的名字，也有的企业主用其核心员工的名字。无论以谁的名义开户，都应该是与借款人密切相关的人，且都能证实其关系，防止借别人的账户冒充。

（2）与经营活动相关银行账户。如果借款人提供的银行账户与经营活动中使用的账户无关，则不能反映出借款人的经营情况，根据这样的对账单来分析其经营状况就不准确、不科学。

（3）在分析银行对账单时要关注异常现象。①对于借款人现金流量突然增大，与正常的经营活动不相符，且没有合理解释的。可能是借款人为了贷款，有预谋地做了前期准备，制造了银行对账单现金流的假象。②借款人账户存取活动很频繁，但余额很少表明借款人资金非常紧张；如存现金进账又立即取出的，有可能借款人是在制造假象。③借款人银行账户有大额的、来源和去向都不明的资金进出，要核实是否在利用其账户进行洗钱活动。

第三节　信用交易法律风险管控

一、信用合同法律风险管控

合同管理是合同依法进行订立、履行、变更、解除、转让、终止以及审查、监督、控制等一系列行为的总称。合同管理是信用管理的基础和主要内容，并且合同管理的成功与否直接影响到信用管理的效果，因此，合同管理与信用管理之间的关系十分密切，贯穿于信用管理的全过程。合同管理与信用管理的关系如图3-7所示。

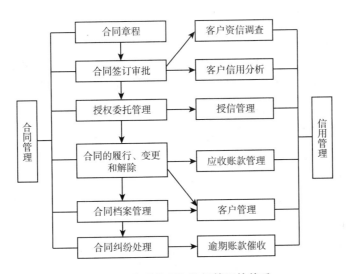

图3-7　合同管理和信用管理的关系

面对复杂多变的市场环境，企业合同管理已从单纯重视诉讼管理转为重视合同签订全程管控，有利于提高企业信用风险法律管控能力和提高企业整体竞争力。

（一）签订合同前的法律风险管控

1. 审核对方的真实身份和履约能力。（1）在签约前应充分了解、调查并评估对方当事人资信状况。（2）遵循择优确定相对人，强调保质及"货比三家"询价。（3）签约前对签约人的委托授权书和身份进行严格审核，必须要求对方当事人提供合格的主体资格文件，避免因无权代理产生法律风险。

2. 遵守"先签约、后履行"原则。坚决杜绝事后补办合同行为，合同管理不是经营业务的附属程序，业务办理完毕又补办合同手续等于让整个合同管理制度形同虚设。虽然无纸质合同的实际履行，如符合《民法典》规定也是有效法律行为，但这种情况使企业承受巨大法律风险，对于合同中标的物数量、质量最终认定方式，以及履行时间、地点、方法等方面的约定容易出现争议，没有纸质合同作为认定和主张的依据，这些争议无从确认和查证。

（二）签订合同时的法律风险管控

1. 严格审查合同各项条款。在合同签订时，注重从内容合法性、条款完备性、用语规范性、履行可行性等进行审查，要注重质量技术与验收条款、违约责任条款和合同争议解决方法条款，使之完备、规范化，具备较强的履行性。（1）质量技术条款应填写现行国家标准、行业标准、地方标准、团体标准乃至企业标准及其代号，有特殊要求，另行明确约定。（2）验收方法条款应填明采取何种标准、何种具体手段进行验收。（3）违约条款要明确约定违约责任，为可能的诉讼与维权打下良好的基础。违约条款可以明确约定违约金或欠款的利息。如甲方未按期完工的，向乙方支付违约金五万元。（4）合同争议方法条款应写明在履约中发生争议，友好协商解决；针对协商不成的情况，明确诉讼管辖权条款，通过管辖权约定以降低诉讼成本。

2. 明确合同签订地。合同签订地条款的约定，对于追究骗子的刑事责任和挽回自身经济损失有着重要的意义。我国刑法规定：刑事案件由犯罪地的公安机关管辖。合同诈骗的犯罪地包括合同签订地点、合同的履行地点。由于合同履行地往往在对方的所在地，所以没有意义。只有约定合同签订地点。

根据最高人民法院的司法解释，凡书面合同写明了合同签订地点的，以合同写明的为准；未写明的，以双方在合同上共同签字盖章的地点为合同签订地；双方签字盖章不在同一地点的，以最后一方签字盖章的地点为合同签订地。

3. 约定法律文书送达地址。从破解"送达难"角度考虑，为有利于诉讼，宜在合同中约定法律文书送达地址。《最高人民法院关于进一步推进案件繁简分流优化司法资源配置的若干意见》第3条规定，当事人在纠纷发生之前约定送达地址的，人民法院可以将该地址作为送达诉讼文书的确认地址。《最高人民法院关于以法院专递方式邮寄送达民事诉讼文书的若干规定》第11条规定，因受送达人自己提供或者确认的送达地址不准确、拒不提供送达地址、送达地址变更未及时告知人民法院、受送达人本人或者受送达人指定的代收人拒绝签收，导致诉讼文书未能被受送达人实际接收的，文书退回之日视为送达之日。

4. 约定信用监督条款。约定无条件允许守信方将失信方的违约事实在网络媒体进行曝光。在实践中人人都怕曝光，因为一旦被曝光，将大大减少受骗的机会。

5. 明确缔约过失责任追究。缔约过失责任又称"缔约责任"，是在订立合同过程中，因一方当事人的过错给对方造成损失，有过错的当事人应当承担的赔偿责任。《民法典》第 500 条规定，当事人在订立合同过程中有下列情形之一，造成对方损失的，应当承担赔偿责任：（1）假借订立合同，恶意进行磋商；（2）故意隐瞒与订立合同有关的重要事实或者提供虚假情况；（3）有其他违背诚信原则的行为。

（1）当事人承担缔约过失责任的条件。

①责任人要有缔约过失行为。过失发生的时间是在缔约过程中、合同未成立之前。其行为是指：a. 假借订立合同，恶意进行磋商；b. 故意隐瞒与订立合同有关的重要事实或者提供虚假情况；c. 有其他违背诚实信用原则的行为；d. 泄露或者不正当地使用订立合同过程中知悉的商业秘密（包括技术信息、经营信息等）。

②责任人要有缔约的过错。缔约的过错是承担赔偿责任的基础，否则就不负缔约过失责任，这就是法律上的过错原则。法律上所说的过错，包括故意和过失。

③要有造成损失的事实。《民法典》规定的缔约过失的几种行为，这些行为必须造成损失的事实，才承担赔偿责任。

④缔约过失行为与损失事实之间要有因果关系。在市场经济交往中，造成损失事实的原因多种多样。只有能够确定损失事实是责任人的缔约过失行为造成的，才能依法追究其赔偿责任。

（2）缔约过失责任的赔偿范围。缔约过失所造成的损失为信赖利益的损失，其赔偿范围一般包括以下三个主要方面：①订约费用，例如对要约进行承诺的可行性研究的费用；承诺的电报电话费用；派员前往要约人指定处签订合同的差旅费等。②"履约准备"所支出的费用，包括因一方过失致使合同未成立，但对方准备履约所支出的费用；或因一方过失致使合同无效或被撤销，对方已实际"履约"所支出的费用。③合理的间接损失，这里所说的间接损失，是指受要约人接到要约后，因信赖合同成立有效而谢绝别的类似要约，或自己本欲发出而未发出的同样要约而造成的损失，或为以后的合同履行做出了必要的准备所导致的停工待料或产品积压损失；此外，当事人主张权利所支付的诉讼费用，也宜列入损失之列。

（三）签订合同后的法律风险管控

1. 合同资料存档。合同等资料属于法律风险管控的重要文件。必须建立合同相关资料目录清单管理制度，清单内的相关文件要及时立卷归档。合同相关资料目录清单包括但不限于：（1）合同文本原件、补充协议、备忘录等资料；（2）信用档案，包括各类与合同有关的证件、质量证明文件、专利文件等；（3）法律文书，例如授权委托书、履行情况备注等其他法律文件；（4）部门会签单，例如经理批示、各部门会签、履行情况备注等文件；（5）财务单据，例如借款单据、赊销单据、银行单据等资料。

2. 避免出现诉讼案件。科学严谨地签订合同后管控，是有效实现企业信用风险法律管控的基础。企业参与诉讼活动可能产生经济损失或不良社会影响。合同管理部门依照合法合理性原则开展信用风险法律管控工作，满足相对人合理要求灵活处理争议，维护缔约双方长远的合作关系。合同争议的解决应当避免出现诉讼案件，如出现合同冲突，争取用缓和方式解决争议；无法以缓和方式达成一致的合同争议，先发送律师函通知表示善意提醒。

（四）合同履行中的法律风险管控

为加强履约保障风险管控，通常需要增设担保。根据我国《民法典》规定，担保分为保证、抵押、质押、留置和定金五种方式。《民法典》关于保证担保的规定与原《担保法》相比有 12 点新变化，要注意区分。

1. 保证合同。保证合同是为保障债权的实现，保证人和债权人约定，当债务人不履行到期债务或者发生当事人约定的情形时，保证人履行债务或者承担责任的合同。《民法典》第 681 条第 1 款规定，保证合同是主债权债务合同的从合同。主债权债务合同无效的，保证合同无效，但是法律另有规定的除外。第 683 条第 2 款规定，以公益为目的的非营利法人、非法人组织不得为保证人。

《民法典》第 686 条规定，保证的方式包括一般保证和连带责任保证。

一般保证是指当事人在保证合同中约定，债务人不能履行债务时，由保证人承担保证责任。一般保证的保证人在主合同纠纷未经审判或者仲裁，并就债务人财产依法强制执行仍不能履行债务前，有权拒绝向债权人承担保证责任，但是有下列情形之一的除外：（1）债务人下落不明，且无财产可供执行；（2）人民法院已经受理债务人破产案件；（3）债权人有证据证明债务人的财产不足以履行全部债务或者丧失履行债务能力；（4）保证人书面表示放弃本款规定的权利。

连带责任保证是指当事人在保证合同中约定保证人与债务人对债务承担连带责任的，为连带责任保证。连带责任保证的债务人在主合同规定的债务履行期届满没有履行债务的，债权人可以要求债务人履行债务，也可以要求保证人在其保证范围内承担保证责任。

按照我国原《担保法》的规定，如果当事人对保证方式没有约定或约定不明确的，按照连带责任保证承担保证责任。但大家需要注意了，《民法典》第 686 条对这一规定进行了调整，如果当事人对保证方式没有约定或约定不明确的，保证人应当按照一般保证承担保证责任。

《民法典》第 692 条规定，债权人与保证人可以约定保证期间，但是约定的保证期间早于主债务履行期限或者与主债务履行期限同时届满的，视为没有约定；没有约定或者约定不明确的，保证期间为主债务履行期限届满之日起六个月。

2. 抵押权。抵押权是指债务人或者第三人不转移对《民法典》第 34 条所列财产的占有，将该财产作为债权的担保，债务人不履行债务时，债权人有权依照本法规定以该财产折价或者以拍卖、变卖该财产的价款优先受偿。

（1）抵押权规则的变化。《民法典》第十七章规定了抵押权，抵押权规定相较于原《物权法》、原《担保法》及相关司法解释等做出了一些实质性调整。通过对比，抵押权规则的变化归纳整理如下：

①浮动抵押财产的确定时点变更。《民法典》第 396 条规定，企业、个体工商户、农业生产经营者可以将现有的以及将有的生产设备、原材料、半成品、产品抵押，债务人不履行到期债务或者发生当事人约定的实现抵押权的情形，债权人有权就抵押财产确定时的动产优先受偿。

②明确了流押、流质约定的处理方式。《民法典》第 401 条规定，抵押权人在债务履行期限届满前，与抵押人约定债务人不履行到期债务时抵押财产归债权人所有的，只能依法就抵押财产优先受偿。

举例说明：李四欠张三 100 万元借款未还，张三是债权人，李四是债务人，李四以自己的一套房产作为抵押财产，张三为担保合同的抵押权人，李四为担保合同的抵押人。双方在担保合同中约定如果李四到期不能偿还 100 万元，则李四的这套房产归张三所有。这样的条款在法律上就叫流押条款。

《民法典》第 428 条规定，质权人在债务履行期限届满前，与出质人约定债务人不履行到期债务时质押财产归债权人所有的，只能依法就质押财产优先受偿。

举例说明：李四欠张三 15 万元借款未还，张三是债权人，李四是债务人，李四以自己的一块名表作为质押财产，张三为担保合同的质权人，李四为担保合同的出质人。双方在担保合同中约定如果李四到期不能偿还张三 15 万元，则李四的这块名表归张三所有。这样的条款在法律上就叫流质条款。

《民法典》实施后有流押条款、流质条款的担保合同，只是流押条款、流质条款本身无效，并不影响整个担保合同的效力。因为如果约定债务人到期不能偿还债务，就用抵押或者质押的物品偿债，会存在不公平的问题，有可能对债权人不公平也可能对债务人不公平。例如抵押、质押财产比担保的债权价值大得多，这时对抵押人不利。如果抵押、质押财产没有担保的债权价值大，这时对债权人是一个损害，法律不允许有这样的事情发生。

法律允许的正确的做法是，不管规定什么样的财产去设置担保物权，在实现担保物权条件成就时都必须对担保财产进行折价，或者变卖、拍卖取得变价款，公平合理地确定担保财产的价值到底是多少，实事求是地清偿担保债权，剩下的归担保人所有；不足部分担保人还要去补偿债权人，让债权人能真正实现债权。

> 举例说明：上述第一个案例中，张三与李四合同约定的流押条款无效，那么张三在担保物权条件成就时作为抵押权人如何实现抵押权呢？张三可以主张对抵押房产折价或者以拍卖、变卖该财产所得的价款优先受偿，假如抵押的房屋价值150万元，张三可以就100万元的部分优先受偿，剩余50万元仍归李四所有。

③抵押不破租赁规则的适用发生变化。《民法典》第405条规定，抵押权设立前，抵押财产已经出租并转移占有的，原租赁关系不受该抵押权的影响。

④抵押期间抵押财产的转让规则发生变化。《民法典》第406条规定，抵押期间，抵押人可以转让抵押财产。当事人另有约定的，按照其约定。抵押财产转让的，抵押权不受影响。

抵押人转让抵押财产的，应当及时通知抵押权人。抵押权人能够证明抵押财产转让可能损害抵押权的，可以请求抵押人将转让所得的价款向抵押权人提前清偿债务或者提存。转让的价款超过债权数额的部分归抵押人所有，不足部分由债务人清偿。

⑤抵押权人与抵押人协议处置抵押财产，损害其他债权人利益的，其他债权人维权不再受除斥期间限制。《民法典》第410条规定，债务人不履行到期债务或者发生当事人约定的实现抵押权的情形，抵押权人可以与抵押人协议以抵押财产折价或者以拍卖、变卖该抵押财产所得的价款优先受偿。协议损害其他债权人利益的，其他债权人可以请求人民法院撤销该协议。

（2）抵押权清偿顺序变化。《民法典》第414条规定，同一财产向两个以上债权人抵押的，拍卖、变卖抵押财产所得的价款依照下列规定清偿：①抵押权已经登记的，按照登记的时间先后确定清偿顺序；②抵押权已经登记的先于未登记的受偿；③抵押权未登记的，按照债权比例清偿。其他可以登记的担保物权，清偿顺序参照适用前款规定。

增加抵押权与质权竞合的法律规定。《民法典》第415条规定，同一财产既设立抵押权又设立质权的，拍卖、变卖该财产所得的价款按照登记、交付的时间先后确定清偿顺序。

3. 质押。质权是指债务人或者第三人将其动产出质给债权人占有的，债务人不履行到期债务或者发生当事人约定的实现质权的情形，债权人有权就该动产优先受偿。《民法典》将质押分为"动产质押"和"权利质押"。债务人或者第三人有权处分的下列权利可以出质：（1）汇票、本票、支票；（2）债券、存款单；（3）仓单、提单；（4）可以转让的基金份额、股权；（5）可以转让的注册商标专用权、专利权、著作权等知识产权中的财产权；（6）现有的以及将有的应收账款；（7）法律、行政法规规定可以出质的其他财产权利。

《民法典》第415条规定，同一财产既设立抵押权又设立质权的，拍卖、变卖该财产所得的价款按照登记、交付的时间先后确定清偿顺序。

4. 留置权。债务人不履行到期债务，债权人可以留置已经合法占有的债务人的动产，并有权就该动产优先受偿。留置权人与债务人应当约定留置财产后的债务履行期限；没有约定或者约定不明确的，留置权人应当给债务人六十日以上履行债务的期限，但是鲜活易腐等不易保管的动产除外。债务人逾期未履行的，留置权人可以与债务人协议以留置财产折价，也可以就拍卖、变卖留置财产所得的价款优先受偿。

留置担保仅适用于保管合同、运输合同、加工承揽合同发生的债权，债务人不履行债务的，债权人有留置权。所以，留置这种担保方式在信用销售中使用较少。

5. 定金。《民法典》第586条第1款规定，当事人可以约定一方向对方给付定金作为债权的担保。定金合同自实际交付时成立。也就是说，定金合同具有担保合同的性质，足额交付定金即实现其担保的一种方式。债务人履行债务后，定金应当抵作价款或者退回。给付定金的一方不履行约定的债务的，无权要求返还定金；收受定金的一方不履行约定的债务的，应当双倍返还定金。定金的数额由当事人约定，但不得超过主合同标的额的20%。可见，定金作为一种担保形式只能部分地转移信用风险。

二、赊销法律风险管控

（一）赊销合同法律风险管控

赊销合同法律风险指的是订立经济合同的一方或多方，以欺诈对方为目的，通过故意不履行或使对方不能履行合同的方式，使对方遭受经济损失的可能性。经营过程中存在欺诈行为是客观存在的，不能因为存在欺诈行为就不进行经济活动，更不能以欺诈手段对付欺诈行为，对此应当有一个正确的态度，才能预防欺诈行为，最大限度地避免损失。

1. 赊销前的预防。（1）考察对方的主体资格；（2）评估对方的履行能力；（3）设立合同的补救条款；（4）核算合同的获利情况；（5）尽可能要求债务方提供担保。

2. 密切关注债务人经营状况。对债务方的经营状况进行必要的跟踪监测，一旦发现债务方的经营状况严重恶化、出现转移财产、抽逃资金或有丧失、可能丧失履行债务的能力等情况以及发生影响履行债务的能力的重大事项，则应当采取必要的应对措施。

3. 及时采取有效措施实现债权。欠款纠纷产生后的解决方式包括友好协商、信用调解、仲裁和诉讼等，只要运用及时和恰当，会收到事半功倍的效果。但不要为了不伤和气，错失了收回欠款的良机。

诉讼时效就是指权利人在一定期间不行使权利，即丧失依诉讼程序保护其权利的可能性的民事诉讼法律制度。当事人在法律规定的期限内若不主张自己的权利，则将丧失胜诉权。我国民事诉讼的诉讼时效有两种：（1）普通诉讼时效，又称一般诉讼时效，是指除法律有特别规定外可以普遍适用于各种民事法律关系的诉讼时效，我国的普通诉讼时效为 3 年。（2）特别诉讼时效，又称特殊诉讼时效，是指法律规定仅适用于某些特定民事法律关系的诉讼时效，我国法律规定的特别诉讼时效有 1 年、4 年、5 年等。

4. 证据的收集和举证。民事诉讼实行"谁主张，谁举证"的原则，如果当事人对自己提出的主张举证不能，则要承担不利的法律后果。因此，证据收集和及时举证就显得尤为重要；否则会面临不利的后果。

在欠款纠纷中要注意收集的证据：（1）合同或协议；（2）债务方主体资格的证据；（3）送货单（由债务方签收，单位签收的要加盖公章）；（4）托运单；（5）欠条及各种结算票据；（6）其他与该欠款有关的电报、传真、函件及电子数据的证据等。

《民事诉讼法》《最高人民法院关于民事诉讼证据的若干规定》均确认了微信记录、电子邮件、即时通信、QQ 聊天记录等电子数据的证据效力。微信聊天记录是有法律效力的，但微信作为证据要得到采信，须满足两个前提条件：一是能够证明微信使用人就是当事人。如果不能证明微信使用人是当事人，就很难证明该微信证据在法律上与事发案件关联。二是微信证据的完整性。微信证据为生活化的片段式记录，如不完整可能断章取义，不能反映当事人完整的真实意思表示。微信证据的完整性在于微信证据的真实性和关联性。

对于那些因特殊情况可能灭失或今后难以取得的证据，可向人民法院申请证据保全；对于那些因客观原因不能自行收集的证据，可申请人民法院调查收集。

（二）赊销票据法律风险管控

由于票据的伪造、不正确使用等欺诈行为而造成应收账款拖欠、损失的情况，大致分为如下几种类型加以分析和预防：

1. 伪造票据。伪造票据是最恶劣的一种票据欺诈的形式。不法分子将银行的结算凭证进行涂改、伪造，在骗取供货方的货物之后失联。尽管供货方可以据此取得公安机关的支持，但仍有可能造成货款的延误、部分损失甚至全部损失。因此，应当认真辨认和核对买方提供的票据以及持票人的身份证明，必要时要求公证或担保。

2. 故意造成退票。有些企业由于资金紧张，为了拖延付款，会故意利用票据填制上的错误，造成银行退票或拒付。甚至有些企业，由于与银行的关系很好，即使开出银行承兑汇票，也有可能以种种理由提走在银行的存款并取消银行承兑汇票，使供货方上当受骗。常见的填写错误如表 3 - 2 所示。

表 3 - 2　　　　　　　　　　　　　　常见填写错误

错误类型	表现方式
票据印鉴方面的错误	漏盖印鉴、印鉴不清、印鉴不全、印鉴不符
金额方面的错误	金额涂改、金额不全、金额不符、金额不清
"收款人"栏填写错误	非法定名称——应填写工商注册的标准名称，不可缩写 名称有误——错字或漏写
票据更改	收款人名称更改或大小写金额更改
票据的其他错误	票面折叠、污损、票面上各项目填写不全 非墨水笔、碳素笔填写支票

3. 签发空头票据。空头票据是指存款人签发的票据超过其银行存款账户余额而无法兑付的票据。签发空头支票可能是签发人疏忽，也可能是不法分子利用空头支票骗取货物违法犯罪行为。

签发空头支票的情况有：(1) 付款人签发支票时，没有足够款项支付，要待日后某笔或某几笔款项入账后方能生效支付的支票。(2) 付款人为保留将来某日银行存款余额，现在签发的在该日以后支付的支票。(3) 付款人当时签发远期支票。

防范空头票据的方法：以支票支付时，一是供货方应要求买方在支票背面背书姓名、电话号码等，并要求对方用有效证件做抵押，待收款后再将证件归还。二是将支票收妥后，待财务部门确认已入本公司账户之后再发货。

4. 利用节假日出票。在银行节假日不办理业务的情况下，有些不法商人，专门赶在节假日之前出票，供货方无法及时入账，等到节假日之后，当供货方去银行兑现时却遭到退票，购货方也人去楼空。因此，业务人员应尽量避免收取连续节假日之后才能兑现的支票。

5. 签发远期支票。远期支票指存款人签发经过一段指定日期才开始生效的支票。虽然我国银行结算制度规定，严格禁止签发远期支票，但在实际当中经常有企业签发远期支票。由于这种支票不能立即兑现和核实，经常会造成货款迟付甚至给不法分子以可乘之机，因此，要防止"远期支票"变成"空头支票"的情况出现。

6. 买方拒付。在商业承兑汇票中，购货方如有意拒付货款或拖延支付货款，可能以其银行中存款不足为由造成无款支付。这种情况，银行将会对承兑方（购货方）进行罚款，但并不能避免由于拖延付款或拒付货款给供货方造成的损失。在委托收款方式当中，购货方经常会提出各种商业纠纷理由拒绝支付货款，而银行将有关拒付理由书连同委托收款凭证退回收款人，银行并不承担任何支付责任。在上述两种情况下造成银行退票则完全是由于客户购货方的信用所致。因此，防范这一类风险最根本的办法就是在交易之前做好客户资信调查。

三、涉外支付法律风险管控

（一）涉外贸易信用风险的本质

涉外贸易信用风险是指企业在外贸活动中由于提供商品或货币信用而债务人不能按期按量地偿还导致的可能损失。涉外贸易信用风险源于信用关系不断发展和扩大过程中的不确定性。在这里，"信用"是一种支付方式和一种偿还能力。信用关系作为对外贸易经济活动的重要特点，已经渗透到生产和交换的每一个角落。它使交易双方在交易的内容、数量、空间、时间等方面得到了极大的拓展。信用是相对于现金支付方式而言的一种占据主导地位的交付方式，例如票据结算、担保结算、信用证结算等。信用同样也是一种能力。对企业来说，信用能力是指其获得贸易方或给予对方信用额度的数量、金额和期限。

信用风险的大小与信用工具的特征和信用条件密切相关。从信用工具的角度来讲，不同企业运用不同种类的信用工具（例如信用证、托收、汇付、出口信贷和出口保理等），由于其流通程度不同，所以与之相关的信用风险也有所不同。举例来说，在对外贸易活动中，出口商偏向于优先选择信用证作为结算工具。这是因为汇付或托收风险相对较大，出口商会更多地面临信用损失的可能性。

再从信用条件来看，有条件限制的信用活动要比没有条件限制的信用活动风险小；限制条件多的信用活动要比限制条件少的信用活动风险小些。就银行信用和商业信用比较而言，建立在银行信用基础上的对外贸易更安全。这是因为作为信用的载体和媒介之一，银行的机制和规章更完善齐备。

（二）涉外贸易信用风险的特征

信用风险总是与信用活动相伴的，只要存在着信用活动，就存在着信用风险。对外贸易发展到今天，与信用活动的空前发展、逐步"升级"是密不可分的。从某种意义上讲，涉外贸易正是围绕着"信用"这一核心要素而发展的。没有"信用"为基础，就不可能有贸易的产生和双向流动。因此，很有必要分析对外贸易信用活动的特征、影响信用活动的因素，从而探寻在对外贸易进行过程中信用风险是如何产生的。

对外贸易信用活动作为人类经济活动较高层次的发展结果，具有流动性和隐蔽性。

1. 涉外贸易信用活动的流动性。信用活动不是静止的状态，而是动态的过程。同一个出口商在对外贸易网络上可以有不同的站点（进口商），随之产生的信用活动亦会发生移动。再从时间的角度来看，随着时间的流逝，出口商和进口商的信用状况都会发生或好或坏的变化。因此，信用活动在空间和时间上的流动加大了信用风险管理的难度。

2. 涉外贸易信用活动的隐蔽性。在对外贸易的运作过程中，参与者除了进出口商以外，还有生产商（厂家）、中间商、银行等。贸易环节的增多，使得信用活动变得越来越隐蔽，原来透明度较高的信用活动现在变得日趋模糊。交易方"直面相对"的简单形式的易货贸易以及一手交钱一手交货的贸易形式，已被跨国界、跨大洋的"离岸相望"的贸易形式所取代。可以说，信用活动的隐蔽性是困扰对外贸易信用风险管理的重要因素。

（三）支付法律风险管控

在实践中，有一部分商家习惯于把一些复杂而棘手的问题转给银行代为办理。但商家必须明白，银行只有核对国际贸易中证明文件——装运单据的责任，而根据国际惯例，银行对单据的真假与否不用负责。银行只需对这些单据做些表面的内容审查，当单据表面上符合信用证内容，可根据客户的指示办理（在托收单据情况下），只要不犯法律上的疏忽罪名，就是履行了银行与客户的关系及责任。因此，在国际贸易中，商家有必要反省自身在法律上的责任和义务，不应完全依赖银行。否则，一旦交易时不幸遇上纠纷，就会蒙受损失而追悔莫及。因此，对各种支付方式的理解是很必要的。支付方式的信用风险主要包括信用证、托收、汇付、备用信用证、保理、保函方式等，其中以信用证为重点。

如果是出口商，应顺序接受以下的货款收付方法：第一，先收货款，交货在后；第二，信用证；第三，付款交单托收；第四，承兑交单托收；第五，交货在先，收款在后。

如果是进口商，则应顺序接受以下方式：第一，交货在先，付款在后；第二，承兑交单托收；第三，付款交单托收；第四，信用证；第五，先交货款，收货在后。

1. 信用证方式的信用风险。信用证（L/C）是银行应进口人的要求开立的有条件承诺付款的书面文件。在信用证付款条件下，银行承担的是第一付款人的责任。信用证一经开出，就成为独立于买卖合同以外的另一种契约。在信用证方式之下，实行的是凭单付款的原则。不同的信用证风险自然不同，下面我们将根据不同类型的信用证支付，分析其信用风险，然后给出防范的措施。信用证按照不同的分类方法，可以依次分为：可撤销的信用证和不可撤销信用证；保兑信用证和不保兑信用证；即期、远期、迟期付款和预支信用证；循环、背对背、对开可转让信用证；付款信用证、承兑信用证和议付信用证；跟单信用证、光票信用证和备用信用证。

这里我们将就正常情况下信用证的信用风险以及对方恶意欺诈情况下的信用风险进行总体分类，结合上面列出的不同信用证给出定义和案例来分析信用风险。

（1）正常情况下信用证的信用风险。

①不可撤销的议付跟单信用证。是指信用证一经开出，在有效期内未经受益人同意，开证行不能片面撤销或修改信用证。只要受益人提供的单据符合信用证规定，开证行就必须履行付款责任。这种信用证为受益人收款提供了可靠的保障，在国际贸易中广泛使用。跟单信用证（documentary credit）是指付款凭跟单汇票或仅凭单据的信用证。这里所指的单据，是指代表货物所有权的单据或证明货物已经发运的单据。在国际贸易结算中，绝大部分使用跟单信用证。这种信用证是最普通、最常用的信用证，各种不同的信用证往往都会要求是不可撤销议付跟单。

②背对背信用证。是指中间商在收到进口商开来的信用证后，要求该证的原通知行或其他银行，以原证为基础，另开立一张内容近似的新证给供货人，这另开的信用证称为背对背信用证。背对背信用证与可转让信用证比较相似，但实际上两者的性质完全不同。背对背信用证是以原证为基础，以原受益人为开证人，由原通知行或其他银行为开证行向另一受益人开立的新的信用证。新证开立时，原证仍有效，银行代原受益人保管，作为开支背对背信用证的依据和质押，但新的信用证（背对背信用证）的开证行与受益人之间完全是一笔新的单独的业务，原证开证行和原证开证人与新证无关，新的信用证受益人与原证不发生关系。相反，可转让信用证的转让虽然也是受益人主动要求通知行办理转让，但必须首先由开证行在信用证有效期限内明确其可以转让，而且由原开证行对新受益人（第二受益人）负责付款。因此，我们必须注意，在收到背对背信用证时，如需要开证人对该证的条款或装船期进行修改，对方必须同时要求原始开证人对原证进行同样的修改，这就比一般信用证的修改更为困难。

③可转让信用证。是指开证行授权通知行在受益人的要求下，可将信用证的全部或一部分商品和金额转让给一个或数个受让人即第二受益人使用的信用证。信用证转让后为第二受益人办理交货。国际上灵活的贸易及多边贸易使可转让信用证增多。目前此种信用证绝大部分为国内出口商作实际供货人，国外银行为转让行。此种信用证贸易背景复杂，涉及的当事人较多。

UCP500号出版物对可转让信用证规定，第一受益人可以要求在信用证的受让地，并在信用证的到期日，对第二受益人履行付款或议付。某些欺诈人利用这个条款大做文章。如果中间商愿意并提出以上要求，伪装成实际供货人（第二受益人）伪造单据转让议付行，就会在开证行未见到单据的情况下骗到资金。如果"实际供货人"不给第一受益人替换单据的机会，直接向开证行递交单据，就直接威胁到开证行的资金安全，作为地处进口国的开证行了解异国的第一受益人的信息本来就有难度，再进一步了解转口贸易中实际供货人的情况就会更难，所以本条款容易给欺诈人留下作案的空间。

一些伪造的可转让信用证在条款语句的表述上往往会露出破绽。例如，信用证条款中列出的"Subject to UCP500 we issue this divisible credit"（我们根据 UCP500 开立可转让信用证），事实上 UCP500 对可转让信用证规定了使用的字根 transferable credit，而诸如 divisible、fractionable、assignable 和 transmissible 这几个词的使用，并不能使信用证成为可转让的。

有的信用证指明可以转让给受让人供货，可是证中却注有这样的条款"Third party documents are not acceptable"（第三方单据不予接受），使证内的条款自相矛盾，无法执行，暴露了疑点。

由此可以看出，可转让信用证涉及的当事人较多。多数情况下，合同签约人、开证申请人、中间商、最终买主各不相同，一旦出现欺诈，货物或资金被转移，出口方难以查找。背对背信用证和可转让信用证的比较如表 3 - 3 所示。

表 3 - 3　　　　　　　　　　　背对背信用证和可转让信用证比较

背对背信用证	可转让信用证
背对背信用证的开立，并非原始信用证申请人和开证行的意旨，而是受益人的意旨，申请人和开证行与背对背信用证无关	可转让信用证的开立是按申请人的意旨，开证行同意，并在信用证加列"transferable"字样
凭着原始信用证开立背对背信用证，两证同时存在	可转让信用证的全部或部分权力转让出去，该证就失去那部分金额
背对背信用证的第二受益人得不到原始信用证的付款保证	可转让信用证的第二受益人可以得到开证行的付款保证
开立背对背信用证的银行就是该行的开证行	转让行按照第一受益人的指示开立变更条款的新的可转让信用证，通知第二受益人，该转让行地位不变，仍然是转让行

④远期信用证。是指受益人开立远期汇票并提交装运单据后，在一定期限内银行保证付款的信用证。如信用证规定受益人不开具汇票，在交单若干天内付款的，称为无承兑远期信用证（亦称迟期付款信用证）。此外，在国际贸易的实践中，常见的还有假远期信用证。此种信用证，其汇票虽为远期，但信用证上指明付款行同意按即期付款，或同意贴现，贴现费用由开证申请人负担。使用假远期信用证对受益人来说与即期信用证没有什么大的区别，能够即期全额收款，只承担汇票到期前被追索的风险；而进口方却可在远期汇票到期时才向银行付款，实际上是由开证行或贴现银行对进口

方融通资金。

在国际贸易中，远期信用证因其是出口商及其银行对进口商的一种融通资金的方式，所以很受进口商的青睐，客户对远期信用证的需求也越来越大。然而由于远期信用证项下付款时间较长，国家风险、资信风险、市场状况等不易预测，银行一旦承兑了汇票，那么它的责任就由信用证项下单证一致付款责任转变为票据上的无条件付款责任，这就使得远期信用证比即期信用证具有更高的风险性。中国人民银行也正是出于这种高风险性的考虑，于1997年专门下发文件对各商业银行提出具体要求，规定了议付远期信用证的具体情形，使其规避国内进口商的信用风险。

a. 远期信用证潜在风险的体现。

一是套取资金诈骗风险。一些企业和公司在通过正当途径无法得到银行资金支持的情况下，把开立无贸易背景远期信用证作为骗取银行资金的主要途径和手段之一。例如，用假合同、假单据伪造贸易背景，国内开证申请人和国外受益人联手诈骗银行。

二是挪用资金风险。在远期信用证业务中，进口商将货物销售出去，收回货款，在付款日期未到时，进口商很可能会把这笔资金继续周转或挪作他用。假如进口商挪用到固定资产投资上，那么信用证到期日，固定投资一般不能立刻产生效益，没有现金回流也就无法支付到期的应付账款，到期拖欠，开证行只好垫款。进口商占用、挪用资金的通常做法是超越合理开证期限。在远期信用证业务中，通常信用证的付款时间为90天，最多不超过180天。其合同期大多依据进口产品资金回收周期而定。

三是市场风险。这里主要是指进口热门敏感商品带来的风险。这些商品主要集中在木材、三合板、造纸用木浆、钢材、食用金箔、白糖、化肥；20世纪90年代又出现诸如化工原料、化纤、钢材和成品油等商品。商品的价格波动很大，很难预测价格的升跌，若为即期付款、货到付款赎单，银行风险相对较小；而远期付款，进口商通常会以进口商品在国内的销售款来偿付远期信用证项下贷款或银行的备用贷款，银行风险就会大大增加。因为在这种情况下，进口商品价格一旦下跌，销售不畅，到期资金不能收回，银行就会被迫垫付资金，形成不良垫款。

b. 如何防范远期信用证信用风险。

一是防范风险的关键在于开证行严格按照内部规章制度对开证申请人进行全面的审查，了解受益人的资信情况、生产能力及以往的业务合作情况，尤其对金额较大的信用证交易，更要加强对受益人资信的调查。因为受益人的资信直接影响到此笔业务的成败。有的受益人伪造单据进行诈骗，出口货物以次充好、以少充多，或与进口商相互勾结联合诈骗。

二是重视对远期信用证的后期管理。一方面，要重视改证。信用证开出后，受益人对其修改放松了警惕，最终导致业务风险发生。因此，对信用证的修改，尤其是对增加金额、延展有效期、修改单据和付款条件都应该像开证时一样严格。另一方面，注意收集有关进口商的负面消息。注意对进口商进行跟踪，及时掌握进口商的销售、经营、财务等情况，要了解进口商是否有违反国家有关规定被处罚或吃官司，甚至要赔偿大笔款项之类的信息，以便及早作出反应，采取相应的措施。

（2）利用信用证进行欺诈的风险。信用证欺诈在国际贸易中较为普遍，下面是一些常见的欺诈方式。

①受益人伪造单据进行诈骗。受益人伪造单据一般是为了骗取议付行货款，案情一般错综复杂。国际法律界普遍认为，受益人的欺诈行为不受信用证独立抽象原则的保护，可以采用法院禁付令等保护性措施保护善意购买人或开证人的利益。但是，我们也应当在对方邮寄来全套单据要求承兑的初期做出正确的反应，严格按照国际惯例和国际公法的准则处理纠纷。这样货款始终在买方手中。当然，根据国际惯例，如果承兑或者付款后才发现，也有权追回根据错误的事实付出的款项。此时议付行应当尊重事实，运用法律手段向受益人追索，但很显然此时的问题已经复杂化了。

②利用备用信用证欺诈。备用信用证（stand by L/C）是一种特殊的光票信用证。传统的商业跟单信用证主要用于贸易合同下的货款支付；而备用信用证则有多种用途，最常用的是用于保证方面，例如借款保证、投标保证、履约保证、赊购保证等。受益人在信用证有效期和金额内，如开证人违约，要根据信用证规定开具汇票，连同一份声明书说明或证明开证申请人未能履约的情况，提交开证行要求付款，以取得所受损失的补偿；如开证人守信履约，则该证不需要使用，故称"备用"。

备用信用证和跟单信用证主要的不同点在于：跟单信用证是凭完全符合信用证条款规定的单据付款。而备用信用证则是在开证人未能如期按照合同条款付清其合同项下货款的情况下，可凭受益人出具的汇票和声明书这两种文件立即付款，而且必须先按预先约定的方式向开证人收取货款。如果开证人如期支付了货款，则有关的备用信用证就不需使用，如果开证人未能如期付款，才可在有效期内出立汇票和声明书向开证行要求付款。这时，备用信用证才真正起到备用的作用。

备用信用证的性质与银行保函的性质相同，备用信用证实际上是从银行保函发展而来的，但备用信用证早在 UCP400 中已被国际商会正式列入信用证的范畴，进而在UCP500 中有更为详细的规定。因此，今后在备用信用证和银行保函两者的选择上，备用信用证将因其更加规范、合理而被更多地使用。

利用备用信用证欺诈，在国内外都有发现。由于欺诈者专业性强，所以作案的手段更加隐蔽，造成的损失更大。例如，欺诈人利用银行的信誉行骗，常用的伎俩是首先向银行提供一份伪造的反担保函，在反担保函中列明以该银行为受益人，以换取银行的信任，进而提出以此为抵押，换取银行为其开出金额相同的备用信用证。这些反担保函在核实印鉴时可以被发现都是假的，目的就是欺诈。如果银行在初期未识破而以此为抵押，开出备用信用证在市场上流通，就会使自己和卖方同时暴露于风险之中，蒙受重大损失。

2. 托收方式信用风险。托收（collection）是指出口商出具汇票、委托银行向进口商收取货款的一种支付方式。托收可根据所使用的汇票不同，分为光票托收和跟单托收（光票托收是指仅凭汇票托收，跟单托收要求有相关单据）。国际贸易中货款的收取大多采用跟单托收。在跟单托收情况下，根据交单条件不同，又可分为付款交单和承兑交单两种。托收方式对出口商虽有一定的风险，但对进口商却是有利的，这不但可免去开立信用证的手续，不必预付押金，减少费用，而且有利于资金融通和周转。由于托收对进口商有利，所以在出口业务中采用托收，有利于调动进口商采购货物的积极性，从而有利于促进成交和扩大出口。

在我国出口业务中，针对不同商品、不同贸易对象和不同国家或地区的贸易习惯的做法，适当使用托收方式是必要的。但应注意下列问题：第一，清楚地掌握进口商的资信情况和经营作风，成交金额应加以控制，不宜超过其信用额度；第二，了解进口国家的商业惯例，以免由于当地习惯做法影响安全迅速收汇；第三，出口货物应争取 CW 条件成交，由出口商办理货运保险；第四，建立健全管理制度，定期检查，及时催收，发现问题应迅速采取措施，以避免或减少可能发生的损失；第五，严格履行合同，以免给对方的拒付提供借口。

托收与信用证的收汇方式比较，由于在买卖双方之间没有银行作为信用担保人，所以它的信用风险要比信用证大很多。在出口贸易中，因为使用托收的收汇方式而造成国外商人长时间拖欠卖方货款的现象，远比在信用证方式下发生的要多得多。

四、催收行为法律风险管控

债务催收是实现权利救济的一种方法，当事人自己或者委托第三方去催收债务的行为，本身并不违法。但从现有实践看，催收行为一旦不慎，将会对债权人声誉、客户利益，乃至于社会带来很大的负面影响，甚至有可能会触犯法律法规。因此，债务催收一定要谨慎，了解相应的法律风险，使催收合情合理也合法。结合目前的法律法规，债务催收应注意以下法律风险。

（一）损害债务人权益的风险

债务催收在我国相对是一个新生的事物，我国暂时还没有一部完整的法律对它进行严格规范。但是在民事诉讼法、民法、刑法等法律的相关条文中，都有明确规定，在债务催收过程中不能采用非法手段，不能侵犯债务人的合法权益。目前在催债过程中实施的一些行为，虽然在刑法里没有规定，但在治安管理处罚法里有明确规定，即这些行为介于行刑交接的地带。例如，为讨债长期跟踪、骚扰债务人、随便进入债务人的工作场所、营业场所，甚至是非常私密的生活场所等行为。这些行为事实上已损害债务人权益，虽然没有构成犯罪行为，但也触及治安管理处罚法。

（二）"软暴力"催收的风险

1. "软暴力"概念。最高人民法院、最高人民检察院《关于办理实施"软暴力"的刑事案件若干问题的意见》（以下简称《意见》）明确规定，"软暴力"是指行为人为谋取不法利益或形成非法影响，对他人或者在有关场所进行滋扰、纠缠、哄闹、聚众造势等，足以使他人产生恐惧、恐慌进而形成心理强制，或者足以影响、限制人身自由、危及人身财产安全，影响正常生活、工作、生产、营的违法犯罪手段。"软暴力"催收本身就是一种非法的手段。不论它的本质如何，都是在变相施压。而这种行为符合《中华人民共和国刑法》第226条中规定的"威胁"、第293条中的"恐吓"、第294条中规定的"黑社会性质组织行为特征"以及最高人民法院、最高人民检察院、公安部、司法部《关于办理黑恶势力犯罪案件若干问题的指导意见》第14条"恶势力"概念中的"其他手段"。

2. "软暴力"违法犯罪手段通常的表现形式。（1）侵犯人身权利、民主权利、财产权利的手段，包括但不限于跟踪贴靠、扬言传播疾病、揭发隐私、恶意举报、诬告陷害、破坏、霸占财物等；（2）扰乱正常生活、工作、生产、经营秩序的手段，包括但不限于非法侵入他人住宅、破坏生活设施、设置生活障碍、贴报喷字、拉挂横幅、燃放鞭炮、播放哀乐、摆放花圈、泼洒污物、断水断电、堵门阻工，以及通过驱赶从业人员、派驻人员据守等方式直接或间接地控制厂房、办公区、经营场所等；（3）扰乱社会秩序的手段，包括但不限于摆场架势示威、聚众哄闹滋扰、拦路闹事等；（4）其他符合《意见》第1条规定的"软暴力"手段。通过信息网络或者通信工具实施，符合《意见》第1条规定的违法犯罪手段，应当认定为"软暴力"。

3. 实施"软暴力"的认定。行为人实施"软暴力"，具有下列情形之一，可以认定为足以使他人产生恐惧、恐慌进而形成心理强制或者足以影响、限制人身自由，危及人身财产安全或者影响正常生活、工作、生产、经营：（1）黑恶势力实施的；（2）以黑恶势力名义实施的；（3）曾因组织、领导、参加黑社会性质组织、恶势力犯罪集团、恶势力以及因强迫交易、非法拘禁、敲诈勒索、聚众斗殴、寻衅滋事等犯罪受过刑事处罚后又实施的；（4）携带凶器实施的；（5）有组织地实施的或者足以使他人认为暴力、威胁具有现实可能性的；（6）其他足以使他人产生恐惧、恐慌进而形成心理强制或者足以影响、限制人身自由，危及人身财产安全或者影响正常生活、工作、生产、经营的情形。

从现有实践看，"软暴力"的形式通常有爆通讯录、跟踪贴靠、上下班时间开车围堵家门口和公司门口、在家门口泼洒油漆写大字、播放哀乐、给债务人的家人送花圈等行为。不仅给债务人带来了强烈的心理恐惧或无与伦比的痛苦和灾难，而且还会给债务人亲属和朋友的生活和工作造成极其负面的影响。

（三）委外催收的风险

1. 委外催收主体的合法性。目前在互联网上投放广告的这些讨债公司，大多数是在违法经营讨债业务。因此，债权人在选择催收外包公司时，应注意外包公司的主体合法性，选择规模较大、管理正规、运营模式合法的公司。避免雇佣一些所谓专业讨债公司人员或委托具有黑社会性质组织的讨债公司追讨。

2. 委外催收授权的合法性。委托催收实际上是债权人将要求债务人还款的催收权利授权委托给催收公司，但在现实中许多债权人只与催收公司达成口头协议或是简单的书面协议，授权范围不明确，催收公司的不法行为所引发的后果债权人也要相应承担。因此，一份规范的委托协议不仅使得催收外包在形式上合法化，明确各项权利与义务以及违约责任，更是把债权人自身的法律风险降低的有效手段。

本章练习

一、思考题

1. 商业银行信用风险管控原理。
2. 供应链金融事前、事后信息不对称诱发的信用风险在实践中有哪些形态？
3. 常见的互联网金融大数据风控方式。
5. 小微客户资信评估方法。
6. 小微客户资信评估内容。
7. 借款或授信合理性分析。
8. 如何防范客户过度负债风险？
9. 合同欺诈的常见手法与管控技巧。
10. 赊销票据风险种类与防范措施。

二、不定项选择题

1. 商业银行建立风控模型的基本原理是，利用大量（   ），寻找到共性信息，建立风控模型。

A. 高风险客户　　　B. 优质客户　　　C. 数据　　　　　D. 客户

2. 小微客户资信评估方法有（   ）、倒推评估法和"五步"调查法。

A. 信用评级法

B. 财务评估法

C. 资产评估法

D. 针对外来流动人口为主体的小微客户资信评估方法

3. 商业银行信用风险管控原理可以认为是（ ）。

A. 利用大数据识别   B. 建立风险管理体系

C. 客户信用评级   D. 识别优质客户和高风险客户

4. 合同争议的解决应当避免出现（ ），这体现出日常合同管理的重要性，只有实行科学严谨的日常管理，才能有效实现企业信用风险法律管控。

A. 诉讼案件   B. 经济纠纷   C. 失信   D. 经济损失

5. 关于"五步"调查法描述错误的是（ ）。

A. 一违，即调查分析企业的违法成本

B. 二品，即企业主的人品和企业的产品及行业状况

C. 三表，指的是银行对单（或者现金流水、海关报表）、水表、电表

D. 四问，指的是询问生产人员、仓库管理员、销售人员、管理人员

6. （ ）是企业信用风险法律管控的核心目的，出现合同争议优先采用低成本纠纷解决办法。

A. 维护企业利益   B. 维护消费者权益   C. 维护职工利益   D. 维护股东利益

7. 下面关于信息来源可靠性的分析，正确的是（ ）。

A. 通过"问"得到的信息比通过"闻"得到的信息可靠性高

B. 通过"切"资料得到的信息比通过"闻"和"问"得到的信息可靠性要高

C. 外部提供的资料比内部提供的资料可靠性高

D. "望"到的信息如果能有相关资料的佐证则可靠性较高

8. 我国《民法典》规定抵押物上的优先权主要包括（ ）。

A. 担保物上承租人的优先购买权   B. 建筑工程承包人的优先权

C. 担保物上承租人的优先购买权   D. 工人工资的优先权

9. 从现有实践看，"软暴力"的形式为（ ）。

A. 爆通讯录

B. 跟踪贴靠

C. 上下班时间开车围堵家门口和公司门口

D. 在家门口泼洒油漆写大字

10. （ ）是最恶劣的一种利用票据欺诈的形式。

A. 伪造票据   B. 利用节假日出票   C. 签发远期支票   D. 签发空头票据

11. 我国的普通诉讼时效为（ ）年。

A. 1   B. 2   C. 3   D. 4

12. 在欠款纠纷中要注意收集的证据为（　　　）。

A. 有关债务方主体资格的证据　　　B. 合同或协议

C. 送货单　　　　　　　　　　　　D. 欠条及各种结算票据

13.《民法典》第500条规定，当事人在订立合同过程中有下列（　　　）情形之一，造成对方损失的，应当承担赔偿责任。

A. 假借订立合同，恶意进行磋商　　B. 隐瞒与订立合同有关的重要事实

C. 故意提供虚假情况　　　　　　　D. 有其他违背诚信原则的行为

14. 缔约过失责任的赔偿范围为（　　　）。

A. 订约费用　　　　　　　　　　　B. "履约准备" 所支出的费用

C. 直接损失　　　　　　　　　　　D. 合理的间接损失

案例分析3-1　雪松信托迷雾事件

"长青" 系列42只产品风控 "裸奔"，220亿元底层资产 "虚无"，更有幕后控制人借道 "假央企" 转移百亿元巨资。

雪松国际信托股份有限公司（简称 "雪松国际信托"）前身为 "明天系" 旗下的中江信托。中江信托成立于1981年，原名江西省国际信托投资公司，注册地位于江西省南昌市，2012年更名为中江信托。

在雪松控股收购之时，中江信托已是 "爆雷王"。中江信托2017年业绩断崖式下跌，净利润暴跌九成。2018年中江信托开始密集 "爆雷"，先后踩雷凯迪生态、亿阳集团、神雾节能等民企或上市公司，随后卷入金马、银象等项目。

雪松信托近一年来，连续发行42只 "长青" 系列信托计划，产品总规模超过200亿元，"长青" 系列的主要投向是雪松信托的特色产品——供应链金融。

截至2020年7月末，文心保理与雪松信托共计签署了42份应收账款转让协议，文心保理从雪松信托获得了超过200亿元的授信资金规模。短期内如此庞大的应收账款受让，引发关注。这个庞大的融资迷局，幕后运作者究竟是谁？

证券时报记者历时一个多月，先后奔赴贵州、广东、福建、上海、江苏、江西、海南等省市，对该业务进行实地调查走访发现，真实情况令人震惊。

1. 虚无的应收账款。雪松信托借道保理通道所受让的220余亿元应收账款，既无三方确权，也无回款封闭，风控完全处于 "裸奔" 状态。幕后融资人甚至拿着完成收款、已经不存在的 "应收账款"，通过保理通道转让给雪松信托以获得融资。

证券时报记者来到贵州盘北国投产业发展有限公司、四川长虹电器股份有限公司、中油祥龙（北京）石油销售有限公司、五矿钢铁上海有限公司等企业，均否认该等债务的存在。

2. 神秘的原始债权人。熟悉保理业务的人都知道，文心保理所持有的债权，并非

原始债权，主要是将原始债权人（供应商）对债务人（采购方）的应收账款受让过来，再转让给雪松信托。说得直白一点，文心保理就是"倒卖"应收账款的角色，实际是原始债权人通过文心保理，将债权转让给了雪松信托，以此获得融资。换句话说，原始债权人（供应商）才是真实的融资人。

雪松信托与文心保理签署的《应收账款转让协议》中，通篇未看见任何原始债权人的名称，仅将其宽泛定义为将应收账款转让给文心保理办理融资的法人或其他组织。在登记信息的"转让财产附件"一栏，没有发现任何有关原始债权人与债务人之间的购销合同，以及相关发票信息。

3. 蹊跷的文心保理。相关材料显示，雪松信托这个最重磅的产品系列，只有唯一的合作方——文金世欣商业保理（天津）有限公司（简称"文心保理"）。

工商信息显示，文心保理成立于2018年6月29日，成立至今仅仅2年，注册资本5 000万元，实收资本3 000万元。2019年1月，文心保理发生股权变更，目前由四大股东构成：北京文心创新创业投资基金（有限合伙）占比30%、北京文心房山文创产业发展基金（有限合伙）占比30%、茂翔科技有限公司占比25%、珠海晋汇创富贰拾贰号投资企业（有限合伙）占比15%。

证券时报记者前往文心保理实地走访发现，该公司位于北京市朝阳区酒仙桥东路奥赫空间三层B07。这是一个共享办公空间，文心保理租用了其中一间，内设大约10个卡座。记者到达时，只有一人在内办公，其表示"其他人都出去跑业务了"。

4. 真实融资人浮出水面。在实地走访中，证券时报记者获悉了部分真实融资人的确切名称。其中，最大的两家融资人分别为ZLGK供应链管理有限公司、ZZGK供应链管理有限公司。

数据显示，在统计时段内，ZLGK及ZZGK将188笔共计112.24亿元的应收账款，通过文心保理转让给雪松信托，以获得融资。

记者查询ZLGK及ZZGK的工商资料，发现诸多蹊跷之处：这两家公司皆注册于广州，注册时间同为2019年6月18日，注册资本皆为5 000万元，而且皆未实缴。

两家公司刚刚注册才一年，就拥有超百亿元的应收账款，这种令人不可思议的业务扩张速度，与文心保理的情况如出一辙。

记者进一步追踪这两家融资人的背景时发现，ZLGK及ZZGK和雪松控股发生间接关联。雪松实业集团与ZLGK、ZZGK的上层股东有共同设立合资公司的行为。

此外，从明面股权关系看，ZLGK及ZZGK分别为某央企的孙公司，该央企通过一家持股51%的子公司（X公司），间接持有ZLGK及ZZGK。但根据记者掌握的材料，X公司实际是一家假国企，央企既未对其实际出资，也从未参与过该公司的经营，并公开否认X公司系其子公司。而且，X公司的公司章程里所盖的央企股东的公章系假章。

X 公司假借获取国企名号后，给不明人士及不明公司，提供了诸多有偿股权代持服务，使得相关公司得以同样以国企面目示人。这种灰色的交易，引发了一系列代持诉讼纠纷，裁判文书网披露了多份 X 公司替他人代持股份的判决。

除 ZLGK、ZZGK 之外，记者还获悉了其他真实融资人的确切名称，这些融资人的背景同样显得蹊跷。

资料来源：苏龙飞，于德江，罗曼．雪松信托"供应链金融"调查［N］．证券时报，2020 - 09 - 22.

案例分析3-2 四川公积金诈骗案——线上信用贷的风控黑洞

随着大数据风控的兴起，越来越多的银行推出"纯线上信用贷款"。这类贷款，一般只需要通过收集到的借款人信息，多维度给借款人画像，借助 App 等线上渠道申请，几分钟就能给借款人提供数万元到数十万元额度不等的贷款。

这种便捷贷款品种的出现，也给一些别有用心的人可乘之机。

近日，眉山市公安局查处了一个上百人的骗贷团伙，该团伙控制着 133 个公司账号，为 6 000 多名从未有过贷款记录的"白户"缴纳公积金 1.2 亿元，然后利用公积金缴纳记录，通过线上渠道向全国多家银行申请贷款，平均单人贷款额度高达 20 万 ~ 30 万元，最终给这些银行带来逾 10 亿元的坏账。为了避免更大的损失，2020 年 4 月份，警方就及时"收网"，首批抓获了 24 名犯罪嫌疑人。

对于银行放贷方来说，这个教训可谓惨重，"公积金贷"是目前互联网贷款中一个非常火的产品，很多银行、消费金融公司以及助贷的金融科技公司都认为，公积金贷款安全无风险。事实证明，这里面的坑非常大。由此也可以看出，目前银行、金融科技公司倚重的部分风控手段存在重大"黑洞"，一旦被别有用心的骗贷者盯上，就有可能引发连锁反应，给资金方带来巨大风险。

警方调查发现，这个犯罪团伙已经盯上了企业税贷，和个人信用贷相比，企业税贷额度一般在数百万元。一旦被发现漏洞，银行损失将更加惨重。嫌疑人构建起以某黑客、金融从业者、管理者、操作手、洗钱团伙、出资方、猎头中介、一般贷款人在内的8级渠道，以垫缴公积金伪造征信记录后骗取银行贷款，这一链条浮出水面：目标以居住在偏远山区、征信没问题的农民等为主，替其垫钱补缴公积金后，通过手机申请个人信用贷款，完成审核等，几乎当天就能拿到 20 元 ~30 余万元贷款，但前 7 级渠道层层提取后，贷款人往往只能拿到数百元至数万元不等的贷款，有些贷款人甚至一分钱都拿不到。

9 月 28 日，红星新闻记者从四川省眉山市公安局高新区（甘眉园区）分局（以下简称"眉山高新分局"）获悉，日前，该局打掉了盘踞在四川、广东的三个犯罪团伙，抓获犯罪嫌疑人 118 人。

据警方介绍，三个团伙分别控制了四川、广东、湖南、天津、山东、重庆等地130余家公司账号，为6 000余人补缴公积金1.2亿元，以此作为银行进行信用评定的参考物，在手机App上进行信用贷款。诈骗多家银行贷款逾10亿元，大量贷款逾期造成全国范围内信贷资金重大损失，影响恶劣，系四川省涉案金额最大、人数最多的贷款诈骗案。

更让人震惊的是，这6 000余名"被包装"的贷款人中，许多都是居住在偏远山区的农民，其中不乏目不识丁者、单身汉，甚至还有人双目失明，但犯罪团伙仍能伪造证明来通过银行审核，许多人明知是贷款诈骗仍故意而为，既是受害者，也是行骗者……

资料来源：李玉敏.21说案 | 大数据风控的挑战：6 000余人被补缴1.2亿公积金，骗贷逾十亿[N].21世纪经济报道，2020-11-03.

案例分析3-3　长虹隐痛44亿元巨额应收账款被骗

2003年3月5日，《深圳商报》一篇《传长虹在美国遭巨额诈骗》的记者署名文章，声称长虹在美国被一家美籍华人开办的APEX公司拖欠巨额货款，让长虹股价应声急跌。随后，长虹也对此文做出了相应的公告。公告称，此文纯属捏造，文中所述情况与公司的实际不符。但事后随着APEX公司创办人季龙粉被拘事件以及长虹公司2004年底大幅计提坏账准备，长虹2003年在美国遭到巨额诈骗的传言最终被证实。

据长虹股份2003年年报和2004年半年报披露，2003年APEX拖欠长虹应收账款44.5亿元人民币；到2004年半年报上，APEX仍然高悬着40亿元的欠款。直至2006年，长虹将APEX告上了美国法庭，通过诉讼与APEX公司达成了和解协议，APEX公司转让相关资产来偿还长虹的4.84亿美元中的1.7亿美元（约13.6亿元人民币）债务。虽然风波因此暂时平息，但大量的应收账款不能收回已成不争的事实。

低价扩张战略酿风险。据悉，长虹与APEX的合作始于2000年。APEX公司是一家在美国的家电产品销售企业，靠卖自创的APEX品牌DVD起家，是长虹在美国的主要代理商。当时由于一些原因，长虹急于把国际市场做大，采用了一些激进的销售政策。1996年，长虹就曾在国内市场上率先降价，引发家电业的价格大战，迅速侵占了国内家电市场，之后它又把这种策略延续到国际市场上。据媒体报道，2002年"长虹彩电销量拔得头筹"，长虹以全球销售1129万台和出口398万台夺得销量和出口两项第一。但在2001年，长虹彩电的出口量仅为12万台，短短一年之内就增长了33倍之多，国际市场真的就这么好做吗？事实并非如此，能取得如此"辉煌"的业绩，长虹主要依靠两点：价格低得惊人和只供货不收款。这也是长虹和APEX之间的主要交易模式。

APEX公司本身在美国市场上就以低价出名，与长虹的销售策略可谓一拍即合。

长虹低价供货给 APEX，APEX 再以低价出售，帮助长虹迅速打开了美国市场。看着 APEX 帮助自己把市场规模不断地做大，即使它早就开始了拖欠货款，急于求成的长虹始终没有暂停过供货。导致 APEX 的账款一拖就是 44 亿元之巨。不仅如此，2003 年，因为过低的价格，长虹在美国还遭遇了反倾销的诉讼，缴纳了巨额的反倾销税。

信用管理疏忽招巨亏。其实，被 APEX 欺骗的中国企业，长虹并不是第一家。1997 年，季龙粉与香港大洋公司和江苏宏图高科旗下的江奎集团成立合资企业，其中江奎占 15% 的股份，这就是后来大名鼎鼎的 APEX。

此后，APEX 开始在美国销售 DVD，主要是江奎公司的产品。APEX 借此在美国 DVD 市场迅速崛起，APEX 品牌的 DVD 销量从 1997 年的 10 多万台，骤增至 2002 年的 900 万台。季龙粉本人因此被美国《时代》杂志评为当年全球最具影响力的 15 位企业家之一。但季龙粉与江奎合作不久便露出本性——不能正常返款。2001 年，深感不安的江奎退出了 APEX 公司。截至 2001 年末，江奎的账面上与 APEX 相关的欠款已经高达 4 亿元人民币。直到 2003 年底，江奎才算基本与 APEX 断绝业务往来。公告显示，截至 2004 年 12 月 31 日，宏图高科通过 APEX 公司出口所产生的应收账款余额仍有 8 329 万元人民币，账期均为一年。

2000 年初季龙粉又找上了江苏新科电子集团。当年 7 月，新科的第一批 DVD 就通过其进出口代理商中国五矿集团下面的中国五金制品进出口公司向 APEX 供货。2000 年底，APEX 拖欠新科货款达 2 200 万美元。但这次脱身已经不容易了，2001 年初，中国五矿即与 APEX 对簿公堂，向中国国际经济贸易仲裁委员会提起了诉讼。并在仲裁胜诉后请求美国法院帮助执行。

在几桩贸易中，APEX 的手法如出一辙：开始阶段付款正常，并催厂家拼命发货，且要货量越来越大，当交易额增加到一定数量时，即开始拖欠货款。除了这几家企业，在长虹之前，APEX 还拖欠了上海工投、天大天财等几家企业的货款，可谓劣迹斑斑。长虹只要稍加调查便能发现与其合作的巨大风险，然而急于冒进的长虹早已被迅速占领国际市场的胜利冲昏了头脑，不顾 APEX 拖欠货款仍一直供货。导致被恶意拖欠的应收账款越积越多，最终达到失控的境地。除了缺乏事前的信用调查，即使在美国的交易量很大，长虹在美国并没有设立办事处，使得无法对美国的业务进行有效的管理和控制，长虹的信用管理系统形同虚设。

其实为了保障收款安全，长虹也采用了一些信用管理手段，但并没有严格地执行。在长虹与 APEX 的交易中，凡赊销都会走保理程序。APEX、保理公司、长虹三家签订协议后，保理公司将会通知下游的零售商例如沃尔玛，不得向 APEX 直接支付货款，而是把货款交给保理公司，由保理公司将钱按 10% 和 90% 的比例在 APEX 和长虹之间分账。季龙粉称由于保理量比较大，实际的保理费率不足 1%。

为了防范沃尔玛可能倒闭带来的风险，还由长虹和 APEX 双方另外向保险公司投保。保理公司如果在两个月之内收不到货款，保险公司就要赔付。如果长虹急需回款，可以凭销售发票向保理公司作贴现，一般的比率是80%以下，但季龙粉称长虹从未行使过这一手段。也有业内人士分析，因为家电产品利润微薄，长虹和保理公司签订的很有可能是费用率最低的有追索权的保理协议，也就是说保理公司只是代为收账而已，并不能转移应收账款的风险。正是因为长虹没有严格执行这项信用管理的保障措施，加剧了坏账风险。

案例小结：

长虹巨额应收账款被拖欠的主要原因在于它盲目地扩大市场、做大业绩的战略目标，并且不顾经营风险。在与长虹合作之前，APEX公司已经拖欠过多家公司的货款，如果长虹对客户的资信审查稍加严格一些，就不会重蹈他人的覆辙。在第一次被拖欠货款之后，长虹就应该加强与APEX之间合作的审批和风险的控制，而不应该在其屡次拖欠货款的情况下，还一而再再而三地供货。另外，没有严格执行的保理制度也使得事后账款的追回没有保障，信用管理形同虚设。一家企业要走得长远、经营得持久，销售的数量固然重要，销售的质量更加需要得到重视，而信用管理就是销售质量控制上重要的一环。

资料来源：徐明天. 长虹隐痛［M］. 北京：当代中国出版社，2005.

第四章　征信与信用评级

第一节　企业征信

目前，征信与信用评级是国内外信用管理领域最为成熟的两大业态。征信，又称资信调查、信用调查等，是指对企业和个人的信用信息进行采集、整理、保存、加工，并向信息使用者提供的活动。征信是企业信用管理工作最常使用的技术手段，主要是解决企业赊销、授信和相关合作中由于信息不对称所引发的信用风险问题。

一、企业征信的时机

（一）初次交易时

第一次与客户往来时，必须了解客户的信用状况。例如需要确定客户注册登记信息、股东信息、财务状况、经营业绩、公共信用评价等信息，作为评估与其往来交易风险的重要参考。

（二）支付方式改变时

有的客户要求把以前沿用的现汇或 L/C（信用证）交易方式改为 D/A［付款交单，代收行必须在进口商付清货款后，才可将商业（货运）单据交给进口方的一种结算方式］或 D/P（承兑交单，出口人的交单以进口人在汇票上承兑为条件）的方式。有时客户会要求把付款期限延长，从 3 个月改为 6 个月或 9 个月，类似情况发生时，有必要通过开展征信调查分析其原因。

（三）订单异常时

订单出现异常是指交易期间订单的骤增或者骤减。随着企业业务收入规模的不断扩大，与客户信用交易的规模也会扩大。当客户订货数量骤然增加时，要审慎确认其原因是业务扩大导致的订货数量提高，还是趁机大量进货蓄意诈骗。同样，当订单量骤减时，也是如此。不可一味迎合客户而失去对信用风险的警惕，更不要感情用事，甚至优柔寡断。研判客户经营状况与信用水平一个非常好的办法，就是征信。

（四）客户状态异常时

1. 应收账款周转率波动大。对于企业经营活动而言，盈利无疑是最重要的目标之一，也是其他众多目标，例如社会贡献目标、职工待遇福利目标等得以实现的前提和基础。近年来，企业之间相互拖欠的问题已成为困扰企业发展的一个重要问题，严重影响到企业的经营安全。因应收账款周转率波动大而导致的企业经营困难，甚至破产倒闭情况，在中小企业中不乏其例。当然，除了经营不善外，导致该现象的原因是多方面的，需要通过征信等手段予以甄别。

2. 企业改组、高管变更。组织健全、团队稳定是企业稳定发展的重要基础。但是如果企业经常改组、经营者时常易人，甚至组织涣散、团队松散，则会极大地制约企业发展。

一般而言，经营不善的企业大部分会有改组及经营者换人的情况发生。如果企业发生这种变化，应密切关注、及时跟踪，从多方面收集其信息作为往来交易的参考。当然，上述变化也许是企业脱胎换骨的良机。无论如何，均有必要积极关注，以便及时调整优化与其的信用交易。

3. 核心经营者健康欠佳。一个经营有规模、在市场上已有相当知名度的企业，尤其是民营企业，其核心经营者对整个企业通常具有绝对的影响力。其健康问题更是投资大众、交易伙伴关注的重要焦点，如经营者身体健康发生变化，对企业可能会产生许多不良的后果，甚至因而使企业的实力逐渐削弱，直至最后倒闭。

（五）定期调查

企业的信用状况不是一成不变的，只要继续与客户往来，就必须持续了解客户的最新动态，以便及时调整。

二、企业征信的内容

（一）企业征信的内容构架

在实践中，信用管理人员通常围绕"5W"和"1H"六大事项展开调查。（1）What：被调查企业属于什么行业。（2）Where：办公场所或生产场地在什么地方。（3）Who：法定代表人是否就是经营者，企业有什么特殊背景。（4）When：被调查企业是什么时间成立的。（5）Why：经营者的专业背景情况。（6）How：被调查企业的经营状况。

（二）企业征信的具体内容

1. 企业背景与历史。考察企业的发展史，分析其中每一次转折变迁，分析该企业的运营风格及经营作风，进而为观察其未来发展提供有力的依据。包括：（1）企业名称、地址、历史背景、分支机构、发展沿革、经营项目、业务资格资质等。（2）企业主要股东及股权占比、股东背景、实际控制人。股东背景对企业的经营方式、经营方向、经营效率有哪些重要影响。（3）企业组织架构，主要职能部门，经营团队、员工队伍、企业文化、制度建设，管理层、股东层的稳定性。（4）经营者情况，重点考察经营者的人品、教育程度、历史经营记录及从业经验。（5）关联企业及投资企业情况。（6）企业近期发生的重大事件，例如领导层的变更、大额投资、业务转型、资本运作、资产重组、涉诉案件或经济纠纷，有关政策变化对企业经营可能带来的影响以及采取的应对措施。

2. 经营状况。

（1）产品制造条件。产品制造条件主要包括生产场地、生产设备、产品生产制造方式、产品结构、产能等方面。

（2）技术条件。技术条件主要包括技术人才、技术专长、研究与开发成果、产品与技术状况、技术发展前景等方面。

（3）进销情况。进货情况主要包括进货渠道、主要原材料、元器件等关键零部件的质量；进货渠道的可靠性和稳定性；进货周期及主要供应商。销售状况主要包括销售渠道、销售趋势、销售价格、销售对象、账款回收等方面的情况。

（4）生产管理。生产管理主要包括质量保证体系、安全生产、环境保护等是否有章可循、是否规范等方面。

3. 财务状况。近年来，企业财务情况主要包括企业资产负债、偿还能力、盈利能力、营运能力、发展能力等方面。

4. 信用状况。信用状况主要是政府职能部门、司法部门对企业的信用奖惩记录、相关部门对企业日常监管的信用评价记录、在银行等金融企业留下信用记录以及企业履约、履行社会责任等记录。

5. 行业背景情况。行业背景情况主要包括行业发展历史及趋势，进入该行业的壁垒、竞争优劣势、政策因素和行业市场前景等内容。

三、大数据征信

作为世界上最早的数字化产业之一，征信始终与信息技术同步发展。从19世纪三四十年代至今，征信发展融合了每一次信息技术进步的成果。随着新一代信息技术的发展，大数据征信成为征信发展的一个重要趋势和方向。大数据征信在数据维度、数据存储、数据处理、数据分析、数据应用等方面，具有一系列优势。但目前，大数据征信的应用范围仍然有限。

大数据征信的相关方主要包括：上游的数据生产者，即形成各类征信数据的服务机构或平台；中游的征信机构，即通过数据服务商提供的数据进行加工形成征信产品的信用中介；下游的征信信息使用者。大数据征信架构如图 4 - 1 所示。

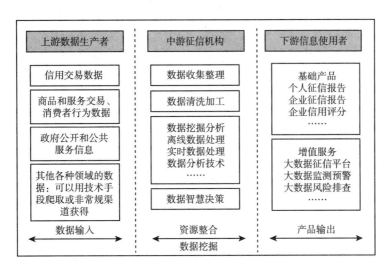

图 4 - 1 大数据征信架构

（一）征信大数据上游生产者

截至目前，大数据征信并没有颠覆传统征信的基本职能和市场地位。在数据的来源渠道方面，大数据征信比传统征信数据来源更加广泛，除了来自金融机构和政府部门，还有基于互联网的交易和社交的信息等。目前与征信相关的大数据来源可分为三大类。

1. 信用交易数据生产者。信用交易数据是从事金融活动时所产生的数据，此类数据主要来源于金融服务机构。具体包括金融机构、类金融机构和互联网金融机构。

（1）金融机构涵盖了商业银行、证券公司、保险公司、基金公司、信托公司、资产（管理）公司、金融租赁公司、政策性银行等金融机构（企业）。这些金融服务机构在业务开展的过程中积累了包括客户身份、资金收付交易、资产负债情况等大量数据。这些数据的商业价值很高，但也多属比较敏感的数据。

（2）类金融机构主要包括了小额贷款公司、融资性担保机构、融资租赁公司、商业保理公司、典当公司等。这些机构拥有的客户交易历史数据等信息，对企业和个人客户的信用分析、风险识别等具有重要的参考价值，有助于甄别客户和防范信用风险。

（3）互联网金融机构是指利用互联网和信息通信技术实现资金融通、支付、投资和信息中介服务的新型金融机构，互联网金融是将传统金融服务与互联网技术结合，但并不是互联网和金融业的简单结合，而是基于安全、移动的网络技术，被用户熟悉并接受的新业务模式，主要模式有第三方支付、数字货币、大数据金融等。

2. 商品、服务交易数据以及行为数据生产者。此类生产者主要包括电子商务、金融服务、娱乐、旅游等行业的企业，水费、电费、煤气费、手机话费的缴费中介服务商以及教育、医疗等公用服务机构，其利用自有的工作机制和网络平台，收集客户买卖商品和享受服务中所提供和产生的业务信息以及社交行为等信息，并对这些数据进行加工整理，形成数据库。

3. 公共信用信息的数据生产者。政府公开信息主要是行政司法机关掌握的企业和个人在接受行政管理、履行法定义务过程中形成的信息。

除了上述大数据来源外，还有一些第三方机构本身并不与信息主体发生业务关系，主要是利用爬虫等信息技术，从多个渠道来源获取相关信息，构建数据库，例如天眼查等市场化信用信息服务平台。

（二）中游征信机构的数据加工

总体来说，征信行业大数据加工主要分为四个阶段：第一阶段是征信数据的积累，即对从多种采集渠道获得的征信数据，进行收集和存储。第二阶段是信息检索过滤，将积累的数据进行分类检索和过滤筛选之后，变成有价值的信息。第三阶段是数据挖掘，通过算法搜索，从大量的数据中提取隐藏在其中的有用信息。数据挖掘的方法主要有统计、在线分析处理、情报检索、机器学习、专家系统（依靠过去的经验法则）和模式识别等。数据挖掘涉及的主要问题是隐私保护和法律伦理等问题。第四阶段是大数据的应用——智能决策，主要是基于既定目标，对相关数据进行建模、分析，自动实现最优决策，以针对性地解决日益复杂的经济社会等问题。

（三）下游对征信产品的使用

1. 金融领域。金融领域大数据征信产品的应用有：银行评级及其他评级报告、大数据征信报告、金融机构服务等。该领域产品主要为从事金融活动的相关方提供，帮助金融活动的相关方收集被调查对象的真实、有效数据，经过征信机构分析、判断、评价后，甄别与防范在金融活动中可能发生的各种风险。

2. 政府领域。政府领域大数据征信产品应用有：信用体系建设、大数据征信服务等。该领域的产品主要服务于政府部门、行业协会等，不同产品对应于政府相关部门的不同需求。例如社会信用体系建设是征信机构结合信息化技术为地方或行业社会信用体系主管部门提供规划编制、平台建设、体系设计等服务。

3. 商务领域。商务领域常用的数据征信产品有：评级或评价报告、投融资咨询报告、征信评价报告、供应链管理服务、系统开发等。该类产品是针对商业发展或商务合作开展的大数据征信服务。

4. 公共领域。公共领域常用的数据征信产品有：社会信用产品应用咨询、大数据行业排名等。该类产品是针对社会公众需求所提供的大数据征信服务。

5. 个人领域。个人领域常用的数据征信产品有：大数据个人征信、个人贷款风险预测等。该类产品是针对个人所提供的大数据征信服务。

第二节 个人信用评分

中文语境的个人征信对应于西方的消费者信用管理或者消费者信用评分。个人信用评分是个人征信的核心产品，因此本节重点分析个人信用评分。

一、个人信用评分模型与应用

个人信用评分机制是针对不同的客户类别建立评级模型，运用科学合理的评估方法，对每一位客户的授信内容进行科学、准确的信用风险评级。简单来说，信用评分是利用消费者过去的信用表现来预测其未来的信用行为，如图 4 - 2 所示。

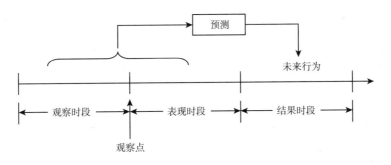

图 4 - 2 信用行为预测

信用评分模型是对大量的个人消费贷款的历史信用数据进行科学的归纳、总结、计算而得到的量化分析公式。在最发达的征信国家美国，信用评分模型的类型较多，以信用卡为例，信用卡生命周期的各个阶段，均建立了相应的信用评分模型进行风险管控：（1）在客户获取期，建立信用风险评分模型，预测客户违约风险的概率大小。（2）在客户申请处理期，建立申请风险评分模型，预测客户开户后一定时期内违约拖欠的风险概率，有效排除非目标客户和信用不良客户的申请。（3）在账户管理期，建立行为评分模型，通过对持卡人交易行为的监控，据此采取对应的风险控制策略。

（一）FICO 信用分

在美国，FICO 信用分的使用范围最广。FICO 信用分是美国 Fair Isaac Corporation 的专用产品。它是 20 世纪 50 年代由工程师 Bill Fair 和数学家 Earl Isaac 研发的一个信用分统计模型。

FICO 信用计算的基本思路是把借款人过去的信用历史资料与数据库中全体借款人的信用习惯相比较，检查借款人的发展趋势与随意透支、经常违约，甚至申请破产等各种陷入困境的借款人的发展趋势是否相似。2014 年 FICO 的中位数分数为 713，约有 37% 的评估对象得分在 750～850 分。FICO 信用分的计算方法至今未向社会完全公开。为了平息人们对它的疑问，Fair Isaac 公布了一小部分 FICO 信用分的打分方法，如表 4－1 所示。

表 4－1　　　　　　　　　　　　　　FICO 信用分计算

项目	参数							
住房	自有	租赁	其他	无信息				
	25	15	17					
现住址居住时间	<0.5	0.52～2.49	2.5～6.49	6.5～10.49	>10.49	无信息		
	12	1	19	23	13			
职务	专业人员	半专业人员	管理人员	办公室	蓝领	退休	其他	无
	5	1	28	25	31	22	27	
信用卡	无	非银行信用卡	两者都有	无回答	无信息			
	0	11	27	10	12			
银行开户情况	个用	储蓄账户	其他	无信息				
	5	10	11	9				
劳务收入比例	<15%	15%～25%	26%～35%	36%～49%	>50%	无信息		
	22	15	5	0	13			
一年以内查询次数	0	1	3	4	5～9			
	3	11	-7	-7	-20	0		

续表

项目	参数					
值用档案年限	<0.5	1~2		5~7	>7	
	0	5		30	40	
循环透支账户个数	0	1~2		>5		
	5	12	8	4		
信用额度利用率	0%~15%	16%~30%	30%~40%	40%~50%	>50%	
	15	5		-10	-18	
荣誉记录	无记录	有记录		第一满意线	第二满意线	第三满意线
	1	-29	-14	17	24	29

FICO 评分方法的实质，是应用数学模型对个人信用报告包含的信息进行量化分析。该模型主要的评估内容是客户以往发生的信用行为，其对近期行为的衡量权重高于远期行为，该模型包含支付历史、信贷欠款数额、立信时间长短、新开信用账户和信用组合类型五个方面的因素。

（二）个人信用评分模型

美国普遍应用"个人信用评分模型"进行个人信用评分。该模型的理论基础是"5C"原则：品德、能力、资本、担保品和客观环境。基于个人经济偿还能力和品格两大方面因素的考虑，基本指标体系如图 4-3 所示。

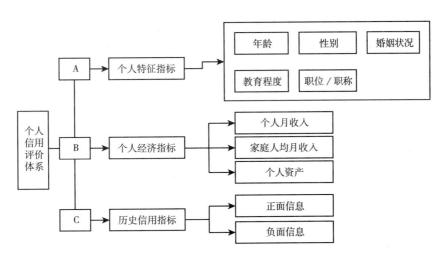

图 4-3 个人信用评价（评分）模型

1. 个人特征指标主要包括个人的年龄、婚姻状况、教育程度、职位职称等基本信息。

（1）年龄。年龄越小，工作年限越短，获利能力没有达到最佳状态。年龄越大，则迫近退休年龄，且身体素质渐差，在支付各种费用方面的开支会有所增加，从而用于还款的纯收入的水平则会降低。分析年龄在于从年龄直接判断借款人潜在的工作年限，以便确定在他退休或收入减少之前能否偿还贷款。

（2）婚姻状况。考察婚姻生活的稳定性。一般认为结婚的人生活更稳定，工作更勤奋，大部分情况下，一个家庭有双份收入。

（3）文化程度。按常规受教育程度与收入水平成正比，受教育程度越高谋生手段越多，可工作的领域越广，则借款人便能利用所具有的技能获取足够的收入，违约失信的声誉损失大，因此，有越强的履约能力和履约意愿。

（4）工作单位与职务。单位类型和行业情况能体现收入稳定性和收入水平，违约风险比较容易评估。职务体现收入水平和社会地位，反映个人的还款能力和还款意愿。

2. 个人经济指标主要包括个人资产、负债及收入水平情况，能够直接反映贷款申请人的还款能力。收入水平包括个人收入和家庭收入，是反映借款人还款能力最直接、最有效的指标。收入水平越高，违约的风险越小。

3. 历史信用指标包括社会声誉、偿还贷款、纳税历史记录、历史公共信用记录等方面，反映个人信用好与坏的倾向。

二、我国商业银行传统的个人信用评分体系

根据我国商业银行现行对个人的信用评估指标情况进行归纳，如表4-2所示。

表4-2 我国商业银行个人信用评分指标体系

	项目	分值	信用评分标准			
一、自然情况（44）	1. 年龄（岁）	10	23～34	35～40	41～60	
			3～8	10	8～5	
	2. 性别	2	男：1	女：2		
	3. 婚姻状况	8	已婚有子女：8	已婚无子女：5	未婚：3	离婚：4
			再婚：5			
	4. 文化程度	9	硕士及以上：9	本科：8	大专：6	中专、高中：4

续表

	项目	分值	信用评分标准			
一、自然情况(44)	5. 户口性质	5	本地城镇户口：5	本地农村户口：4	外地城镇户口：2	外地农村户口：1
	6. 驾龄（年）	5	>5：5	(3, 5]：4	(1, 3]：3	≤1：2
	7. 健康状况	5	良好：5	一般：3	差：0	
二、职业情况(57)	1. 现单位性质	15	国家机关、事业单位、社会团体：15	三资企业：13	股份制企业：10	民营企业：6
			个体工商户：5	退休领退休金：8	其他：1	
	2. 行业类别	10	公务员：10	科研教育医疗：9	金融电信电力：8	注册事务所：6
			邮政交通公用：5	媒体文艺体育：5	工业商业贸易：4	其他：2
	3. 现单位工作年限（年）	5	>5：5	(3, 5]：3	(1, 3]：2	≤1：1
	4. 在现单位岗位性质	10	机关事业团体	厅局级以上：10	处级：8	科级：6
				一般干部：4	其他：2	
			团体企业单位	正副总经理：10	部门经理：8	职员：5
				其他：2		
			一般企业单位	正副总经理：10	部门经理：5	职员：2
			其他：1			
	5. 技术职称	5	高级：5	中级：4	初级：2	无：1
	6. 个人月收入（单位：1 000.00元）	12	>10：12	(8, 10]：10	(5, 8]：9	(4, 5]：8
			(3, 4]：6	(2, 3]：4	(1, 2]：2	≤1：1
三、家庭情况(25)	1. 家庭人均月收入（单位：1 000.00元）	6	>5：6	(3, 5]：5	(2, 3]：4	(1, 2]：3
			(0.5, 1]：2	≤0.5：1		
	2. 家庭人均月固定支出（单位：1 000.00元）	4	≤0.5：2	(0.5, 1]：3	(1, 3]：4	>3：2
	3. 债务收入比（%）	10	0：10	(0, 16]：8	(16, 25]：6	(25, 35]：5
			(35, 50]：2	>50：0		
	4. 供养人数	5	无：5	1人：4	2人：3	3人及以上：0
四、财产保障(22)	1. 住房情况	11	完全产权房：9 ~ 11	按揭购房：6 ~ 9	经济适用房：6 ~ 8	租房：3

续表

	项目	分值	信用评分标准			
四、财产保障（22）	2. 存款及投资（单位：1 000.00 元）	6	>300：6	(100，300]：2	≤100：2	无：0
	3. 车辆情况	5	全产权营运车：3～5	按揭营运车：1～2	全产权轿车：3～5	按揭轿车：1～2
五、修正项目（35）	1. 是否我司老客户	6	优质老客户：4	有逾期老客户：2	未结清老客户：3	否：0
	2. 信用记录	4	无逾期：4	1 次逾期：2	2 次以上逾期：−1	无记录：0
	3. 社会信誉	5	优：5	良：3	无：0	差：−3
	4. 公共记录	10	无：10	拖欠记录：−3	不良诉讼记录：−5	治安处罚记录：−7
			行政处罚记录：−10			
	5. 电话谈话主观印象	10				

三、基于大数据的个人信用评分

随着大数据技术的发展，数据挖掘和统计建模技术不断进步。基于大数据的个人信用评分，借助树类模型（tree – based models）、神经网络（neural networks）为基础的机器学习算法，呈现出指标数量庞大，数据维度高、数据来源广、处理速度快，更新周期短等优势。相对应传统的个人信用评分，在一些新型金融领域如互联网金融中应用较多。

（一）基于大数据的个人信用评分特征

大数据信用评估的基本理念认为一切数据均与信用相关，在能够获取的数据中尽可能多地挖掘信用信息，从大数据采集和大数据分析两个层面为缺乏信贷记录的人挖掘信用。如图 4 – 4 所示。

这种基于大数据的个人信用评分和传统个人信用评分相比，主要有以下几个方面的区别，如表 4 – 3 所示。

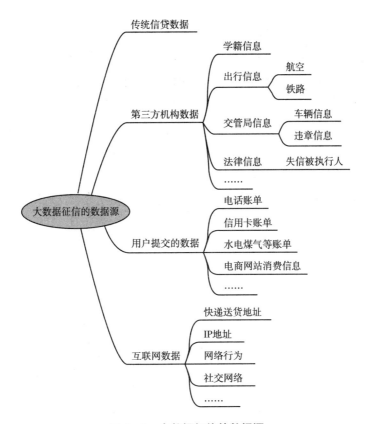

图 4 - 4   大数据征信的数据源

表 4 - 3   基于大数据的个人信用评分和传统个人信用评分比较

项目	基于大数据的个人信用评分	传统个人信用评分
服务人群	缺乏或没有信贷记录	有丰富的信贷记录
数据格式	结构化数据 + 大量非结构化数据	结构化数据
数据类型	信贷数据、网络数据、社交数据	信贷数据
理论基础	机器学习	逻辑回归
变量特征	传统数据、IP 地址、网络行为……	还款记录、余额、贷款类别
数据来源	银行信贷数据 + 第三方数据 + 用户提交数据 + 互联网数据	银行信贷数据
变量个数	1 000 ~ 1 000 +	10 ~ 30（变量库 400 ~ 1 000）

尽管基于大数据的个人信用评分具有一定的优势，但是目前，传统的个人信用评分依据占有绝对优势，且基于大数据的个人信用评分在信息透明度、信息安全等方面存在一些值得深入探究的问题。

（二）基于大数据的个人信用评分典型案例——芝麻信用分

芝麻信用分是全国较早运用大数据对客户进行信用评分的一个典型案例。芝麻信用分与美国的 FICO 信用评分类似，采用了国际上通行的信用分直观地表现信用水平高低。芝麻信用分的范围在 350~950 分之间，分数越高代表信用程度越好。

1. 芝麻信用分的等级。芝麻信用分分为五个等级。一等级：700~950 分，信用极好；二等级：650~700 分，信用优秀；三等级：600~650 分，信用良好；四等级：550~600 分，信用中等；五等级：350~550 分，信用较差。

2. 芝麻信用分建模维度。芝麻信用分是芝麻信用对海量信息数据的综合处理和评估，主要从用户信用历史（35%）、行为偏好（25%）、履约能力（20%）、身份特质（15%）、人脉关系（5%）五个维度采集数据，并建立评分模型。如图 4-5 所示。

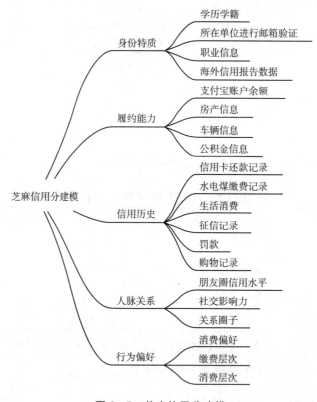

图 4-5 芝麻信用分建模

3. 芝麻信用分的应用。芝麻信用通过机器学习、云计算等技术客观呈现个人的信用状况，已经在信用卡、消费金融、租房、出行、婚恋、融资租赁、酒店、学生服务和公共事业服务等上百个场景为用户、商户提供信用服务。

第三节 信用评级

一、信用评级概述

（一）信用评级定义

信用评级是指信用评级机构对影响经济主体或者债务融资工具的信用风险因素进行分析，就其偿债能力和偿债意愿作出综合评价，并通过预先定义的信用等级符号进行表示的活动，包括主体信用评级和债项评级。这类评级通常认为是狭义的信用评级，也是西方金融市场常用的信用评级（credit rating）。

广义信用评级除狭义信用评级外，还包括客户信用评级、公共信用综合评价等。

1. 客户信用评级又称客户资信评估，是企业通过对客户的信用记录、经营水平、财务状况、所处外部环境等诸多因素进行分析和研究之后，就其信用能力作出综合评价，并用简单明了的符号表达出来，作为企业决策的参考，具有时效性、简洁性和综合性等特点。

2. 公共信用综合评价也称公共信用评价，是指基于公共信用信息服务平台归集的公共信用信息，根据信用主体的不同特征，对信用主体的信用状况作出的综合评价。这种公共信用综合评价在目前中国的行政管理领域较为普遍，一般是由发展改革部门牵头组织，是各级政府部门建立信用奖惩联动机制、实施信用联合监管和优化公共资源配置的重要参考。其与狭义的企业信用评级有根本性、系统性的区别。因此，本节重点探讨狭义的信用评级。

（二）信用评级的分类

根据评级对象不同，信用评级一般可分为两类：主体信用评级和债项信用评级。

1. 主体信用评级一般是指对企业、主权国家等组织机构的信用质量和偿付能力的评价，包括工商企业评级、金融企业评级、国家主权信用评级等。

2. 债项信用评级是指评级机构对发行人发行的债务工具或其他金融产品的评级，评定的是该债务工具或金融产品违约的可能性及违约损失的严重性。债项评级是评级机构的传统业务，对于评级机构的经营有着重要的影响，它包括对债券、融资券、商业票据、保险单等信用工具的评级。

（三）信用评级业务操作

1. 信用评级的基本要素。国际上对影响信用评级的要素有很多种观点，包括5C

要素、3F 要素、5P 要素等。其中以 5C 要素影响最广。5C 要素分析法最初是金融企业对客户作信用风险分析时所采用的专家分析法之一，重点对借款人的道德品质（character）、还款能力（capacity）、资本实力（capital）、担保（collateral）和经营环境条件（condition）等五个要素进行全面分析，以判别借款人的还款意愿和还款能力。

（1）品质（character）。品质是评估客户信用的首要指标，是指客户努力履行其偿债义务的可能性。这里的品质一般不同于伦理道德意义上的品质，而是重点指借款人的过往偿债记录。

（2）能力（capacity）。是指以流动资产的数量和质量以及与流动负债的比例来估算客户的偿债能力。

（3）资本（capital）。是指客户的财务实力和财务状况，表明顾客可能偿还债务的背景。

（4）担保（collateral）。是指客户拒付款项或无力支付款项时能被用于抵押的资产。

（5）条件（condition）。指可能影响客户付款能力的经济环境，例如客户付款历史、客户在经济不景气情况下的付款可能性。

2. 信用评级模型设计。信用评级模型是指在充分分析客户数据后，构建信用评级模型，设置模型变量和参数，从而计算受评对象信用等级的一种计量方法。设计 5C 要素下的评级模型是企业资信调查的设计基础，是评估客户信用风险的依据。其量化的基本原理是将 5C 要素转化为具有可操作性的计算公式，并将客户信用价值的评价结论以量化的形式表现出来。

（1）从 5C 原则中找出相关风险因素。5C 原则中可以用来评价客户信用风险的因素很多，对企业进行信用评级应考虑的主要因素为：企业素质、经营能力、获利能力、偿债能力和发展能力以及社会信用记录等。尽管每个因素都会对客户的信用状况产生影响，但重要性不同。要依靠信用管理人员自身的判断能力来收集关键的风险因素进行分析、评价。

（2）确定量化的指标。评级的指标即体现信用评级要素的具体项目。与风险因素相比，指标要少得多，通常可以分为这样几类：财务指标、非财务指标、主观指标、负面记录等。在选择量化指标时要考虑到企业现有的评价方式、行业特征、采集到需要信息的可能性等。《企业信用评价指标》（GB/T 23794–2015）是目前我国该领域的国家标准。

（3）建立指标体系。一个完善的指标体系要包括分析所有风险因素的重要性，以及表示评级结果的符号系统。首先，在相关分析的基础上为各风险因素赋予不同的权重，然后根据权重排列风险因素，并使各项因素的权重总和为 100%。其次，指标体系要求建立一套表示资信级别的符号系统，要考虑企业内外部评级系统的"兼容"。

在操作时，各财务指标本身就是量化形式的，难点是对主观因素的打分。这要求信用管理人员有方法，也要有经验，还要经过审核，保证打分结果的客观性。

（4）计算客户的信用评级分值，划分信用等级。根据整理好的信息，按预先设定的权重和各个指标的分值计算客户资信级别分值，按照分值的高低可以将客户划分为信用状况优良、信用状况一般、信用状况差等级别。

（5）分析信用评级结果。在计算出来客户的信用级别结果之后应对结论进行分析。如果出现信用级别与经验判断相差较大，那么应该分析客户出现这种情况的客观原因，或者选择新的风险指标对原有指标进行修正。

3. 信用评级业务流程。

（1）前期准备阶段。

①提出申请。受评客户向评级机构提出评级申请，双方签订《信用评级协议书》。协议书内容主要包括签约双方名称、评估对象、评估目的、双方权利和义务以及违约责任等。出具评级报告时间、评估收费、签约时间以及报告的交付方式等。

②成立评级项目组。评级公司受理项目评级时应成立评估项目组。评估项目组一般由 3~6 人组成，小组成员应由熟悉受评客户所属行业情况及评级对象业务的专业技术人员组成。评估项目组拟定项目评级方案，应对评级工作内容、工作进度安排、评级人员配置与分工等作出规定。

③索取评级资料。评级项目组应向受评客户发出《评级调查资料清单》，要求受评客户在约定时间内备齐资料。评级调查资料包括但不限于评级客户章程、协议、资质证照、近三年财务报表及审计报告、近三年工作总结、董事会记录、其他评级有关资料等。同时，评级项目组要做好客户情况的前期研究。

（2）信息收集与处理阶段。

①信息收集。评级项目组去现场调查研究前，首先要对评估客户提供的资料进行阅读分析，围绕信用评级指标体系的要求，审核资料的完整性。其次对于需要进一步调查了解的情况，应就主要问题同评估客户有关职能部门领导进行交谈或者召开座谈会，倾听意见，务必把评估内容有关情况搞清楚。

②信息处理。根据信用评级标准，对评估资料进行分析、归纳和整理，并按规定格式填写信用评级工作底稿。对收集的资料按照保密与非保密进行分类，并编号建档保管，保密资料由专人管理，不得任意传阅。对定量分析资料要关注是否经过注册会计师审计，然后进行数据处理。

（3）评级阶段。

①初步评定。评级项目组根据信用评级标准的要求，将定性分析资料和定量分析资料结合起来，进行综合评价和判断，形成统一意见，提出评级的初步结果。然后撰写《信用评级分析报告》，并向有关专家咨询意见。

②确定等级。评级委员会审查评级项目组提交《信用评级分析报告》。评级委员会在审查时，要听取评估项目组详细汇报情况并审阅评估分析依据，以投票方式进行表决，确定资信等级，形成《信用评级报告》。

③结果反馈。评级公司向受评客户发出《信用评级报告》和《信用评级分析报告》，征求意见，评估客户在接到报告后应于5日内提出意见。评估客户如有意见，提出复评要求，提供复评理由，并附相关资料。公司评级委员会审核后给予复评，复评以一次为限，复评结果即为最终结果。如无意见，评估结果以此为准。

④公布等级。对于反馈无异议的，评级公司可以在其官网上公布评级结果，受评客户要求不公开的除外。需要在其他特殊报刊上刊登或网站公布的，需要另行约定。

（4）跟踪评级阶段。在信用等级有限期内，评级公司主要负责对受评客户资信状况跟踪监测。如果受评客户资信状况超出一定范围（资信等级提高或降级），评级公司将按跟踪评级程序更改受评客户的资信等级，并在自己官网或相关网站、报刊上披露，原信用等级自动失效。

跟踪评级结果包括"稳定""升级等级""降级等级""正面""负面""不确定""取消评级""列入评级观察"等。

（四）我国的信用等级符号及含义

2006年3月29日，中国人民银行发布的《中国人民银行信用评级管理指导意见》，对评级机构采用的评级符号及含义进行了统一。借款企业的信用等级分为三等九级，每一个信用等级可用"＋""－"符号进行微调，表示略高或略低于本等级，但不包括AAA＋，其符号及含义如表4－4所示。

表4－4　　　　　　　　　　　　借款企业信用等级符号的含义

符号	含义
AAA	短期债务的支付能力和长期债务的偿还能力具有最大保障；经营处于良性循环状态，不确定因素对经营与发展的影响最小
AA	短期债务的支付能力和长期债务的偿还能力很强；经营处于良性循环状态，不确定因素对经营与发展的影响很小
A	短期债务的支付能力和长期债务的偿还能力较强；企业经营处于良性循环状态，未来经营与发展易受企业内外部不确定因素的影响，盈利能力和偿债能力会产生波动
BBB	短期债务的支付能力和长期债务偿还能力一般，对本息的保障尚属适当；企业经营处于良性循环状态，未来经营与发展受企业内外部不确定因素的影响，盈利能力和偿债能力会有较大波动，约定的条件可能不足以保障本息的安全

续表

符号	含义
BB	短期债务支付能力和长期债务偿还能力较弱；企业经营与发展状况不佳，支付能力不稳定，有一定风险
B	短期债务支付能力和长期债务偿还能力较差；受内外不确定因素的影响，企业经营比较困难，支付能力具有较大的不确定性，风险较大
CCC	短期债务支付能力和长期债务偿还能力很差；受内外不确定因素的影响，企业经营困难，支付能力很困难，风险很大
CC	短期债务的支付能力和长期债务的偿还能力严重不足；经营状况差，促使企业经营及发展走向良性循环状态的内外部因素很少，风险极大
C	短期债务支付困难，长期债务偿还能力极差；企业经营状况一直不好，基本处于恶性循环状态，促使企业经营及发展走向良性循环状态的内外部因素极少，企业濒临破产

（五）信用评级报告

企业信用评级报告涵盖的信息量相当丰富，一般应当至少包括概述、声明、信用评级报告正文、跟踪评级安排和附录等内容。主要从以下三个方面来阅读。

1. 概述。信用评级报告概述部分应包括评级对象（发行人）的名称、评级对象（发行人）的主要财务数据、信用等级、评级小组成员及主要负责人、联系方式和出具报告的时间。对债券评级还应当包括被评债券的名称、发债规模、债券期限和利率、债券偿还方式、债券发行目的等内容。主体评级如存在担保，应当说明担保情况；债券评级如存在担保，应说明担保人的信用等级及增强后的债券信用等级。

通过概述可以很直观清晰地了解企业信用等级和信用评级报告的概况。

2. 信用评级报告正文。正文分为"评级结论"和"评级结论分析"两个部分。

（1）评级结论一般包括评级结果及等级含义、评级观点、评级结论的主要依据、风险揭示等内容。其中评级观点是评估报告中最精要的部分，包括企业性质、主导业务及已取得的市场地位、企业在经营及财务方面的表现、企业的优势和弱势、企业所处行业概况及对企业发展前景的展望，最后得出对债券还本付息能力的评价。

（2）评级结论分析是评级报告正文的核心内容，说明本次评级过程及评级中对各种因素的分析，主要分为企业概况、所处经济环境的评价、所处行业的分析、评级对象（发行人）公司治理结构分析、企业财务及经营状况分析、债券条款和项目分析、偿债保障能力分析、抗风险能力分析、担保和外部支持状况等几个方面。

评级报告侧重于分析各组成部分之间的相互影响，以及对最终形成评级结论的决定能力。

3. 评级报告附件。附件主要包括受评企业的 3 年比较资产负债表、比较利润表和比较补充财务报表、评级机构的声明、跟踪评级安排以及其他需要说明的事项。

二、企业信用评级

（一）企业信用评价原则

企业信用评级是主体信用评级中最主要的部分。企业信用评价的原理是建立在现代经济社会是由货币结算和信用结算共同支撑，信用经济是市场经济重要基础之上的。企业信用评价指标体系设计中运用了金融学、会计学、统计学、经济学、管理学、预测学、资产评估、计算机等多个学科的知识，在具体建立企业信用评价指标体系时需把握以下几个原则：

1. 定性与定量结合分析。从企业信用能力方面入手，对企业在生产经营过程中的基本素质、经营水平、财务状况、盈利能力、管理水平、发展前景和历史信用记录等因素进行综合分析与评价。以定量分析为基础，在定性分析的配合下完成，将客观评价方法与主观评价方法相互结合，相互印证。

2. 过去记录、现实状况与未来能力综合分析。在企业经营正常的情况下，各项信用指标在各连续时期应存在一定的"惯性"或"时滞"，在评价分析企业的信用状况时，就不能只看企业的过去，也不能不看过去而做无依据的预测和展望。在对企业的过去及现状分析和前景预测方面，要保持一定的比例关系，用动态的眼光进行综合考虑。

3. 保证指标体系的科学性与系统性。指标体系要全面、直接地反映企业信用状况。因此，设计的指标体系既要有科学依据，尽可能多地利用已有的信息资源，既降低数据获取成本，又能真正反映出企业信用的内容信息资源，不能只重视某一方面的指标和内容而忽略其他方面，更不能使指标重复、虚设。

（二）企业信用评级的定量分析方法

对企业的资信状况进行分析就是分析目标企业的偿付"能力"和"意愿"。在很大程度上，一家企业的偿付能力和意愿可以通过该企业的财务信息体现出来。因此，需要根据会计核算和财务分析方法对客户的偿付能力进行综合性结构分析，寻找可能影响该企业偿付能力和意愿的各项因素，尤其注重跟踪该企业的资金周转情况。

1. 财务报表分析方法。在信用评级过程中，常见的企业财务报表分析方法主要有比较分析法、比率分析法和因素分析法。

（1）比较分析法。比较分析法是通过不同指标之间的对比来揭示其中差异的一种分析方法。对比的形式有本期实际与前期实际的对比分析、实际与计划标准对比分析、本企业与相关企业实际对比分析。

（2）比率分析法。比率分析法分为结构分析法和相关比率分析法两种，是指分析某一经济现象在总体中所占的比重，从比重构成的分析中，进一步掌握事物的特点，借以认识事物的本质和客观规律性的一种方法，其计算公式为：结构相对数 = 部分 ÷ 总体 × 100%。结构分析法的特点就是把分析对象的总体作为100%，借以分析构成总体的各个部分所占的比重，以认识局部与总体的关系和影响。

（3）因素分析法。因素分析法是指依据分析指标与其影响因素的关系，从数量上确定各因素对分析指标影响方向和影响程度的一种方法。因素分析法具体包括以下两种方法：

①连环替代法，是将分析指标分解为各个可以计量的因素，然后根据各个因素之间的依存关系，依次用各因素的比较值替代基准值，据以测定各因素对分析指标的影响。

②差额分析法，是连环替代法的一种简化形式，是利用各个因素的比较值与基准值之间的差额，来计算各因素对分析指标的影响。例如，假设企业的流动资产只有货币资金、应收账款及存货，在分析去年和今年的流动资产变化时可以分别算出今年流动资产总额的变化，以及三个构成因素与去年比较时不同的变化，这样就可以了解今年流动资产增加或减少主要是由三个因素中的哪个因素引起的。如果客户的流动资产因应收账款未到账而减少，而其货币资金是增加的，则这种情况下，客户偿债资金比上年或许更有保障。

以上各分析方法都具有各自的特点，能够满足不同的分析目的和分析要求，并相互联系、相互配合，构成一个完整的会计信息的分析方法体系。一般情况下，企业可以根据分析的目的首先利用比较分析法对企业的财务状况、经营成果等进行总体分析；其次在总体分析的基础上，运用比率分析法进行具体分析，分析财务状况的结构、经营成果是否合理，分析偿债能力、营运能力和盈利能力等；最后运用因素分析法对具体分析中找出的重点因素进行分析判断。

2. 杜邦分析法。杜邦分析法能有效反映影响企业获利能力的各指标间的相互联系，对企业的财务状况和经营成果作出合理的分析。杜邦分析法是一种较为经典的财务比率分解方法，如图4-6所示，杜邦分析方法从评价企业绩效最具综合性和代表性的指标——净资产收益率出发，层层分解至企业最基本生产要素的使用、成本与费用的构成和企业风险，从而满足以财务分析进行绩效评价的需要，为投资者、债权人提供评价参考依据。

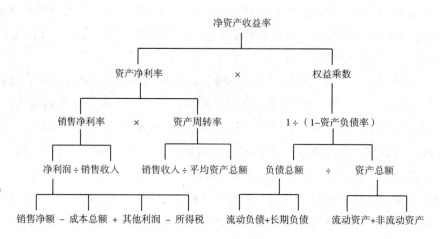

图 4 – 6　杜邦财务分析

在使用杜邦分析法时，主要的财务指标关系为：

$$净资产收益率 = 资产净利率 × 权益乘数$$
$$资产净利率 = 销售净利率 × 资产周转率$$
$$权益乘数 = 1 ÷ (1 - 资产负债率)$$

（1）销售净利率反映企业利润总额与销售收入的关系，从这个意义上看提高销售净利率关键是提高企业盈利能力。要想提高销售净利率：一是扩大销售收入；二是降低成本费用。降低各项成本费用开支是企业财务管理的一项重要内容。通过各项成本费用开支的列示，有利于企业进行成本费用的结构分析，加强成本控制，为降低成本费用的途径提供参考依据。

（2）资产周转率反映企业资产的营运能力，既关系到企业的获利能力，又关系到企业的偿债能力。流动资产直接体现企业的偿债能力和变现能力，而非流动资产体现企业的经营规模和发展潜力，两者之间应有一个合理的结构比率。如果企业占用过多的存货和应收账款，则既会影响获利能力，又会影响偿债能力；如果企业持有的现金超过业务需要，则可能影响企业的获利能力。为此，要进一步分析各项资产的占用数额和周转速度，对流动资产应重点分析是否有存货积压现象、货币资金是否闲置，应收账款中着重分析客户的付款能力和有无坏账的可能；对非流动资产应重点分析企业固定资产利用率。

（3）权益乘数受资产负债率影响。权益乘数越高，说明企业有较高的债务负担，给企业带来较多杠杆利益的同时，也给企业带来了较多的经营风险。

3. 动态分析。静态分析是指就企业某一年的财务数据进行分析；而联系前后若干年数据对企业正在进行的经济活动进行分析则属于动态分析。动态分析比静态分析更为合理。常用的动态分析有指数分析法、发展速度分析法、ABC 分析法、平均递增率分析法、季节变动分析法、移动平均数分析法、网络分析法和费用效益分析法等。

财务动态指数分析法是根据企业连续数期的财务报表，通过计算报告期财务指标与基期同一指标的动态指数，以揭示各期财务状况和经营变化状况的一种分析方法。与其他分析方法相比，该方法主要有以下特点：（1）财务动态指数分析法是一种趋势分析法。（2）以各期财务指标为基础计算相对综合指标（指数）以反映变化状况。（3）用于计算动态指数的财务指标，既可以是诸如销售收入的绝对指标，也可以是类似销售毛利率的比率指标。

例如，应收账款与日销售额比率指数反映的是应收账款增长率与销售收入增长率之间的协调程度。应收账款与日销售额比率指数计算公式为：

$$应收账款/日销售额 = 年末应收账款总额/（销售收入/360）$$

当企业放松信用政策以刺激销售时，该指标值通常会大于1，但是超出的比例应在一定的范围之内。如果该指标值大于五的比例超过了一定的范围，就显示企业的应收账款增长率超出正常销售增长率的范围，企业造假或提前确认尚未实现的销售收入以操纵利润的可能性较大。如果客户方信用政策较为放松或者有虚假的销售，则企业账款的回收就有一定问题，虚假销售情况下资金的流向也直接影响着客户方对货款的偿还。发生这种情况，需对客户方的信用等级给予关注。

（三）企业信用评级分析框架

企业信用评级是主体评级中最为常见的一种评级。企业信用评级框架注重自上而下，即从宏观到行业再到企业，考虑宏观影响下的行业，以及行业影响下的企业。同时也通过企业的微观主体变动归纳演绎行业趋势，并通过各行业综合动态的分析，判断宏观经济走势。一般自上而下分析的过程，由自下而上的分析进行验证。将企业主体评级与企业债券评级方法相比较，企业债券评级除了与主体评级的相同部分外，还增加了债券条款和外部支持两个债项评级的要素。信用评级分析框架如图 4－7 所示。

1. 宏观环境分析。宏观环境分析是定性分析中的重中之重，因为宏观经济周期与违约率存在很强的相关性，违约率的尖峰厚尾特征决定了把握宏观信用周期的重要性。（1）国内外经济分析。国际经济环境对中国经济的影响；国内宏观经济形势和经济周期；目前宏观经济形势对行业、其关联行业及公司的影响程度。（2）地区经济分析。地区经济所处的发展阶段，与全球、全国经济的整合进程；地方财政收入来源、收支结构及其稳定性分析。

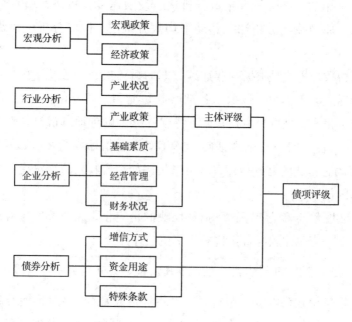

图 4 - 7　信用评级分析框架

2. 行业趋势分析。行业趋势分析主要从行业特征、行业政策、行业景气度、行业竞争程度等方面进行分析，行业风险特征和景气周期的差异决定了企业活下来的难度。

行业分析通常采用波特五力模型的框架来进行分析。波特五力模型是迈克尔·波特（Michael Porter）于 20 世纪 80 年代初提出的。他认为行业中存在着决定竞争规模和程度的五种力量，这五种力量分别为：同行业内现有竞争者的竞争能力、潜在竞争者进入的能力、供应商的议价能力、购买商的议价能力和替代品的替代能力。波特五力模型如图 4 - 8 所示。

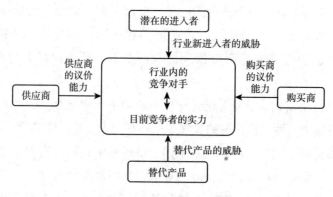

图 4 - 8　波特五力分析模型

3. 企业分析。

（1）基础素质分析。企业基础素质主要是分析企业的经营历史、技术水平、规模优势、股东背景、关联企业及投资企业情况、外部支持等对企业的生产经营和治理结构产生的重大影响，重点考察经营历史记录、股东背景、控股股东对企业的控制与支持方式和企业近期发生的重大事件。

①企业规模。企业规模的大小在一定意义上反映着企业抵御风险能力的强弱。通常而言，在开放程度较高的市场中，规模大的企业一般发展历史较长，经历的各种风险较多，能够生存下来并逐步发展壮大的本身，就说明这些企业抵御和防范风险的经验和手段较为丰富，抗风险能力自然比那些规模小的企业强。但是企业规模并不能等同于企业的信用质量，大企业也会破产，最近美国破产的几家国际性著名公司就是典型的例子。

②研发能力。通常意义上说，企业的研发经费投入充裕，研发人员综合素质较高，该企业的研发能力一般较强；反之企业的研发能力较弱。对企业研发能力的考察主要体现在研发机构的设置、研发人员的素质、研发经费的投入、研发成果的水平等几个方面。

③人员素质。考察企业决策管理层的素质，是评级机构进行评级工作的重要一环。高层管理人员素质一般要考察其学历、技术职称、年龄等基本素质；经历与经验，开拓能力、决策能力，领导班子的团结与稳定性。员工素质主要考察其年龄结构分布、专业技能结构、教育程度等以及职工的凝聚力，对企业文化的认同感、自豪感等。

④技术装备水平。通常情况下，技术装备水平较为先进的公司，大多具有生产的规模优势，产品质量有较为可靠的保证，人均产量较高，产品的单位成本较低等特点，公司在市场中有着较为明显的竞争优势。不同的行业，技术装备水平大有不同，评价的尺度和标准也存在很大的差异。以制造业为例，生产的工艺技术水平先进与否、设备自动化程度的高低、人员的熟练操作能力等因素，在较大程度上决定着产品产量的多少、质量稳定性的高低，以及成本是否具有竞争优势等，这些因素进而对公司的市场竞争能力构成直接影响。

⑤经济地理环境。对制造业来说，企业的地理位置关系到生产原料、辅料及其他生产要素供应的便利程度和成本，产品销售的市场半径、销售成本，所处地区社会经济发展状况对企业经营的支撑力度，地方政府的经济发展规划对企业的影响等；不少行业实际上存在着地区性的垄断，例如对商业零售业等服务性行业来说，优良的地理位置，繁荣的地区经济，以及地区性的消费习俗等因素，均会对其经营业绩有着不可忽视的影响和作用。

⑥外部支持。企业所能获得的外部支持一般包括来自股东的支持；来自上级主管单位或部门的支持；以及来自政府的支持；等等。一个企业所能获得的外部支持越广

泛，支持力度越大，企业的经营优势明显，抗风险能力会强于外部支持少的企业，债务的信用风险也相对较小。

（2）经营管理分析。

①管理状况分析。从企业法人治理结构、管理质量两个方面进行考察。一是考察企业股权分散程度、股东权利与保护、董事会的独立性和运作情况、企业对高层管理人员的激励机制，监事会的运作规则与运作情况。二是从企业组织机构设置的完备性、管理职责明确性、规章制度健全性、内部制约是否得力和激励措施是否得当等方面对企业的整体管理进行全面考察。

②企业经营状况分析。企业的经营情况一般可以通过对企业的发展速度、增长质量、主营业务经营状况、多元化经营情况、产品市场占有率、生产成本与各项费用如何控制、生产能力利用状况、销售方式及货款回收，以及企业对主要供应方和需求方的依赖程度等方面情况的分析来把握。对这些因素的了解与分析，是评级工作的重点，这可以通过企业提供的相关材料、评级机构掌握的各种信息进行，也可以借助一些计算指标为分析提供必要的帮助。

③市场竞争力状况分析。一是分析产品制造条件，包括生产场地、生产设备、产品生产制造方式、产品结构、产能等方面。二是分析技术条件，包括技术人才、技术专长、研究与开发成果、产品及技术状况、技术发展前景等方面。三是分析企业在竞争中的优势和劣势，产品的市场竞争力及市场占有率。四是对市场的分布区域、主要客户的依赖度和风险分析。对于企业的竞争力，还可以参考一些技术经济指标进行有关分析，例如单位能耗、管理费用率、设备完好率、能力利用率、安全达标等。

（3）财务状况分析。财务预测是信用评级中非常重要的环节，如果没有财务预测，那么信用评级就会在定量分析中失去评价的依据，而财务分析又是财务预测的基础，不做财务分析，财务预测就无从谈起。从企业信用分析角度来看，财务报表分析的基本内容，主要包括偿债能力、盈利能力、营运能力、发展能力和经营现金流等方面。

三、债项信用评级

目前债券市场上主要有三类债券，即政府债券、可转债和信用债。信用债是指政府之外的主体发行的、约定了确定的本息偿付现金流的债券，包括企业债、公司债、短期融资券、中期票据、资产支持证券等品种。本节所述的债项评级仅是针对信用债的评级。

（一）债券信用分析框架

债项评级是对发行人所发行的债券的违约可能性及违约损失的程度性进行评估，

通常来说，债券评级的分析框架重点从发债主体和债权保护措施两个方面入手。

1. 发债主体的偿债能力评价。发债主体的偿债能力信用评价类似于主体信用评级，重点评估发债主体在未来是否能够获得足够的现金流量以偿还到期债务的能力。这种能力和发债主体所处行业、在行业中的地位、经营管理水平、竞争实力和未来发展趋势等方面的情况有关。发债主体产生偿还债务现金流量的数量，可以从发债主体未来的现金流入和现金支出两个方面来进行分析。

2. 债权保护。债权保护是指发债主体针对所发债券的偿还所采取的专门保障措施。债权保护有第三方担保（其他企业的担保、政府的担保、集团的担保）、资产抵押与质押、有效监督下建立专门的偿债基金、限制企业投资与分红的专门规定等。债权的保护措施越充分，则债券到期偿还的保障程度越高，风险越小。

可见，债项评级主要依赖发债主体自身的主体信用状况和针对该债项的具体保护措施，而发债主体本身的信用状况受很多因素的影响，其重点是发债主体的净现金流量，债项保护措施是否可靠主要取决于保护措施对该笔债券的具体保障程度。

（二）债券信用分析内容

1. 短期债券信用分析内容。短期债券是为筹集短期资金而发行的债券，一般期限在一年以内。有时也把期限不足一年的中长期债券视作短期债券。一般而言，短期债券流动性强、风险低、收益低。

短期债券的信用分析建立在发债主体信用分析的基础之上，结合本期限债券的持有情况进行评价，侧重分析发债主体的短期信用状况，以判断债券短期的信用级别。短期债券信用分析内容：

（1）发债主体的信用状况。短期债券的级别在一定程度上取决于发债主体的信用状况，因此，评级机构要对发债主体的长期信用状况进行全面、深入的分析。同时还要特别关注发债主体的短期信用状况及其变化的可能性。由于短期债券需要发债主体在未来一年之内支付，所以分析发债主体短期信用状况是短期债券分析的重点，一般包括以下几个方面的评价：

①资产的流动性。对发债主体的资产流动性分析，重点发债主体将资产迅速变现的能力。一是分析发债主体的流动资产占总资产比重及发展趋势；二是重点分析发债主体近三年现金类资产、应收账款、存货、其他应收款等科目，从总量、构成、质量及流动性、增长率等方面进行比较与分析。一般来说，发债主体流动资产占比越高，现金类资产数量越大，客户信用质量越好，发债主体的资产流动性就越好。

②现金流。对发债主体过去现金流的分析主要分析发债主体近三年经营活动、投资活动、筹资活动产生的现金流，包括流入与流出、净额及稳定性和变化趋势。要透过财务数字分析，重点分析研究引起这种变化的因素，判断这些因素是否会在未来一

段时间内持续存在，为判断发债主体未来现金流的预测提供依据。

③企业短期偿债能力综合判断。在分析完发债主体的资产流动性和现金流状况之后，结合发债主体近三年公司流动负债、短期债务的变化趋势，流动比率、速动比率的变化趋势，判断发债主体靠可变现资产支付短期债务的能力。同时依据前面的现金流分析和预测，分析发债主体近三年的经营现金流负债比率及其稳定性与变化趋势，判断发债主体依靠未来一年的经营活动产生的现金流支付短期债务的能力。

（2）债券发行概况及资金用途分析。评级人员主要是研究本期债券的发行方案、本期债券募集的资金用途、短期债券发行历史及其兑付等基本情况，分析的重点是发债主体发行短期债券的目的。如果短期内有较大的项目投资计划，企业将短期债券融入的资金用于长期投资的可能性会比较大；重点关注发债主体存在利用一个主体发债，通过内部资金调用将资金转移使用的情况。

（3）本期短期债券的偿债情况分析。

①本期短期债券发行后对企业现有债务的影响。a. 分析判断本期短期债券发行额对现有债务结构可能产生的冲击。b. 分析短期债券发行后，对企业债务负担的影响程度和对公司再融资的影响。

②发债主体目前财务实力对本期短期债券的保障能力。发债主体依靠当前的流动资产变现或者未来一年内经营性现金净流来偿还短期债务，所以，应分析发债主体目前财务实力对短期债券的保障能力。a. 分析发债主体现金类资产对短期债券的保障程度，企业现金类资产越多，对短期债券的保障倍数越高，短期债券偿还的可靠性越高。b. 分析发债主体未来经营活动现金流对短期债券的保障能力，主要分析短期债券偿还期内经营活动现金流量净额偿债倍数、短期债券偿还期内经营活动现金流入偿债倍数、短期债券偿还期内筹资活动前现金流量净额偿债倍数等。c. 分析发债主体未来债务期限分布及对短期债券偿还安排计划的影响。d. 分析季节性现金流变动对短期债券偿还安排计划的影响等。

③备用潜力支持对短期债券偿还能力的影响。发债主体处于运营环境不断发展变化之中，发债主体可以获得的信用支持也对企业债券的偿还能力有着重大影响，因此，对发债主体备用信用支持的分析也是判断短期债券偿还能力的重要组成部分。a. 分析发债主体资本市场再融资便利程度，包括资本市场融资的历史、计划及其可能性。b. 分析金融机构备用信用支持的强弱，包括金融机构授信情况和银行对本期债券所出的特别信用支持等。c. 分析突发事件承受能力，包括管理层素质能力、规模实力、事件的可预测性和行业或政府、股东及关联企业支持等。

2. 中长期债券信用分析内容。中长期债券是发行者为筹集长期资金而发行的债券。一般而言，偿还期限在 1 年以上、10 年以下的为中长期债券或称中期债券，偿还期限在 10 年以上的为长期债券。

中长期债券信用分析是指在发债主体长期信用分析的基础上，对债券概况、债券筹资项目、债券保护条款及债券发行后可能对主体信用等级带来的影响等方面分析。

（1）发债主体中长期信用评价。发债主体的中长期信用分析类似于发债主体的主体信用评级，涉及产业状况、行业的发展状况、发债主体的基础素质、竞争能力、经营状况、管理状况、财务状况与发展能力等相关内容的分析。

（2）债券项目研究。评级人员要对债券的概况有所了解，主要包括被评债券的名称、债券发行目的、发债规模、债券期限和利率、债券偿还方式以及债券筹资的项目等内容，通过这些方面的分析可以大体上掌握本期债券的基本状况。评级人员对债券筹资的项目分析的内容包括：项目的合法性、可行性、总投资概算及投资概算的变化调整情况、资金来源及到位情况、资金的落实计划及实际已落实情况、最新的项目进展情况、资金缺口及后续资金的解决途径以及项目的经济效益与风险分析、项目建成投产后对企业经营的影响。

债券发行后可能会影响发债主体的信用等级，这是因为项目建成之后会有产能的变化，从而对发债主体的竞争能力、市场地位、盈利能力等带来影响。评级人员在分析时，要关注发债主体债券发行后对现有债务结构、负债水平、偿债承受能力及再融资空间的影响。

（3）债权保护条款。为了维护债权人的利益，发债主体发行债券时，一般会在债券合同上制订一些特别的保护措施，被称为"债权保护条款"，例如进行财务限制、债权的优先次序、"强制赎回"条款债券、建立偿债基金、废止契约等。债券保护条款可以在一定程度上提升债券的信用等级，评级人员要结合具体的债券保护措施进行具体分析。

①财务限制条款（保证条款）。保证条款主要有以下几类：

a. 额外借款限制。这是财务限制条款中最常见的做法，即设立负债检验条款，要求发债主体将增加的额外债务部分反映在资产负债表上并加以限制。

b. 红利限制。这是规定对发债主体的红利支付和证券回购加以限制，以便在利润减少时，通过降低对股票持有人的分红来保护债权人的利益。

c. 抵押限制。这类条款主要是限制发债主体把无抵押的资产办理留置或抵押、但却不按债券契约条款的规定向债券持有人提供比较可靠保护的情况。

d. 售后回租限制。售后回租是指发债主体把资产先出售给他人，然后再把出售的资产租回使用，定期交付租金。售后回租限制条款的目的是要防止发债主体这种资产出售行为，限制发债主体资产的空心化。

e. 合并限制。一些债券的契约中还会包含限制发债公司与其他公司合并的条款。这类保证条款一般规定，发债主体不能大量出售其拥有的财产、合并任何一家公司或与其联合，以避免合并其他公司后原债券持有人的索偿权落后于其他公司中的其他债权人。

②债权的优先次序。是指一旦发债主体无法履行债务偿还义务时，对债权人财产分配的优先顺序。不同类别的债权人，例如银行贷款人、企业信用债权人和债券持有人，其索偿优先权是有差异的。因此，对于这类条款的分析也可评价债权人得到的保护程度。

③"强制赎回"条款。这一条款规定，一旦发债主体出现某些特殊事件或其他影响到发债主体资信等级的事件时，债券持有人可在债券到期前将债券卖还给发债主体，而发债主体不能违背契约中规定的赎回的义务。多数债券契约中规定的"强制赎回"条款的触发事件是发债主体出现的两种情况：特定事件和发债主体资信等级的逐步下降。a. 特定事件。在"强制赎回"条款中一般会详细规定 4～5 个特定的事件，例如第三方收购公司普通股、董事变更、合并与联合、资产收购、股票回购和红利分配等。b. 资信等级的下降。"强制赎回"条款生效的另一重要条件是发债主体的资信等级被调低。由于一些市场冲击或特定事件的发生，评级机构可能会下调发债主体的信用等级，这使得债务人的偿债风险极大增强，为保护债权人的利益，该条款要求发行人赎回。

④债券契约废止条款。有时发债主体想在债务到期前进行偿付，但由于债券契约对提前偿还存有限制或有惩罚条款，使得发债主体无法在到期前偿付，为此一个可行的选择是废止已发行的债券，一般可以通过建立一个具有高度流动性的金融资产所组成的信托基金来实现。

（三）银行间债券市场金融产品信用评级要素、标识及含义

《中国人民银行信用评级管理指导意见》规定了银行间债券市场金融产品的信用评级要素、标识及含义。

1. 对金融产品发行主体评级应主要考察的要素。宏观经济和政策环境，行业及区域经济环境，企业自身素质，包括公司产权状况、法人治理结构、管理水平、经营状况、财务质量、抗风险能力等。对金融机构债券发行人进行资信评估还应结合行业特点，考虑市场风险、信用风险和操作风险管理、资本充足率、偿付能力等要素。

2. 对金融产品评级应包括的要素。募集资金拟投资项目的概况、可行性、主要风险、盈利及现金流预测评价、偿债保障措施等。

3. 信用等级的划分、符号及含义。

（1）银行间债券市场中长期债券信用等级划分为三等九级，除 AAA 级、CCC 级以下等级外，每一个信用等级可用"＋""－"符号进行微调，表示略高或略低于本等级。等级含义如表 4-5 所示。

表 4 - 5　　　　　　　　　　　中长期债项信用等级符号的含义

符号	含义
AAA	偿还债务的能力极强，基本不受不利经济环境的影响，违约风险极低
AA	偿还债务的能力很强，受不利经济环境的影响不大，违约风险很低
A	偿还债务能力较强，较易不受不利经济环境的影响，违约风险较低
BBB	偿还债务能力一般，受不利经济环境影响较大，违约风险一般
BB	偿还债务能力较弱，受不利经济环境影响很大，有较高违约风险
B	偿还债务的能力较大地依赖于良好的经济环境，违约风险很高
CCC	偿还债务的能力极度依赖于良好的经济环境，违约风险极高
CC	在破产或重组时可获得的保护较少，基本不能保证偿还债务
C	不能偿还债务

（2）银行间债券市场短期债券信用等级划分为四等六级，每一个信用等级均不进行微调。等级含义如表 4 - 6 所示。

表 4 - 6　　　　　　　　　　　短期债项信用等级符号的含义

符号	含义
A - 1	为最高级短期债券，其还本付息能力最强，安全性最高
A - 2	还本付息能力较强，安全性较高
A - 3	还本付息能力一般，安全性易受不良环境变化的影响
B	还本付息能力较低，有一定的违约风险
C	还本付息能力很低，违约风险较高
D	不能按期还本付息

（四）信用评级对企业发行债券的影响

信用评级是评级机构的信用风险分析与金融市场之间快速且便利的沟通工具，其对企业在金融市场上发行债券的作用更为直接，主要体现在以下三点。

1. 从投资者角度来看：分析、揭示信用风险。金融市场中的金融工具日益增多，面对各种投资风险和预期报酬，投资者需要在其可承受的范围内对违约风险进行判断，选择投资对象。但即便是有能力的大机构耗费高额成本对每项投资的风险进行调查分析，依然需要参考债项评级结果进行验证。中小投资者没有能力和实力自己分析，需要评级机构公布的评级结果为其决策提供信息，分析揭示债项的信用风险，以帮助投资者避免盲目投资，从而保护投资者的利益。

2. 从债券发行人角度来看：债券定价的依据、确定融资成本。信用评级是债券定价和利率市场化的重要依据。高风险高收益、低风险低收益是市场经济的一般规律。信用等级与信用风险大小呈反向关系，信用等级高意味着信用风险小，对应的利率和投资收益低。换句话说，在利率市场化情况下，通过评级，信用等级高的企业可用较低的成本获得资金，融资成本较低。反之，信用等级低的企业其融资成本较高，甚至无法发行债券筹措资金。不同等级债券的交易价格之间也会存在一定的信用价差，这是投资者要求的信用风险补偿溢价。因此，随着我国逐渐走向利率市场化，信用评级对债券发行人确定融资成本，债券合理定价的作用也会越来越大。

3. 从监管角度来看：控制债券市场总体风险的重要手段。信用评级作为揭示信用风险的有效工具是社会监管力量的一部分，通过信用评级的风险度量、预警功能，能够为政府提供经济决策和债券市场监控的依据。例如政府可以通过构建信用评级制度，根据本国金融市场的发达程度和风险大小，对债券发行的最低级别作出规定，并根据市场状况变化进行监控和调整。监管部门还可以透过外部评级机构的信用评级，促进金融机构提高信息披露标准、增强透明度。监管部门利用信用评级的结果对金融机构（例如保险公司、养老基金等）的投资范围进行限制，以使其债券组合维持在足够的信用水平上，控制其风险。

本章练习

一、思考题

1. 征信的基本内容框架。

2. 大数据征信流程。

3. 信用评级业务流程。

4. 债券信用评级框架。

5. 如何为企业设计评级模型？

6. 如何撰写信用评级报告？

二、不定项选择题

1. 下列属于波特五力模型中所称五力的是（　　）。

A. 潜在竞争者进入的能力　　　　B. 替代品的替代能力

C. 供应商的讨价还价能力　　　　D. 购买者的讨价还价能力

2. 企业资信调查内容包括注册情况、企业背景、历史沿革、负责人情况、经营状况及诉讼记录、（　　）等内容。

A. 经营地址　　　B. 综合评估　　　C. 收款记录　　　D. 资产状况

3. 客户（　　）是指在客户信用信息中对信用评估和决策有参考价值的原始记录和原始资料。

    A. 信用记录　　　　　B. 信用报告　　　　　C. 信用承诺　　　　　D. 信用档案

4. 主体评级和债项评级是（　　）。

    A. 根据评级对象所处的市场不同分类　　　B. 根据被评主体是否自愿接受评级分类

    C. 根据评级对象分类　　　　　　　　　　D. 根据评级覆盖的期间分类

5. 企业债项信用评级评定的是债务工具的（　　）。

    A. 债权保护措施　　　　　　　　　　　　B. 违约可能性及违约损失的严重性

    C. 发债主体　　　　　　　　　　　　　　D. 盈利能力

6. 在实践的基础上，调查人员总结出 5W 调查事项中的"When"是指（　　）。

    A. 被调查企业属于什么行业　　　　　　　B. 办公场所或生产场地在什么地方

    C. 经营者的专业背景情况　　　　　　　　D. 被调查企业是什么时间成立

7. （　　）是指客户的信誉度，客户履行偿债义务的可能性，即我们所说的"还款意愿"。

    A. 诚信　　　　　　　B. 品质　　　　　　　C. 信用　　　　　　　D. 品牌

8. 芝麻信用分是芝麻信用对海量信息数据的综合处理和评估，主要包含从用户信用历史、（　　）等维度采集数据，并建立了权重模型。

    A. 行为偏好　　　　　B. 履约能力　　　　　C. 身份特质　　　　　D. 人脉关系

9. 征信大数据的来源包括（　　）。

    A. 传统的信贷数据　　B. 第三方机构数据　　C. 用户提交数据　　D. 互联网数据

10. 财务限制条款（即保证条款）主要有以下几类（　　）。

    A. 额外借款限制　　　B. 售后回租限制　　　C. 合并限制　　　　　D. 红利限制

11. 债券保护条款可以在一定程度上提升债券的信用等级，常用的保护措施有（　　）。

    A. 财务限制条款　　　　　　　　　　　　B. 债权的优先次序

    C. "强制赎回"条款　　　　　　　　　　 D. 债券契约废止条款

12. 企业评级中对企业内部因素主要从（　　）等方面进行定量分析。

    A. 企业基本素质测评　　　　　　　　　　B. 企业资产质量、资本结构

    C. 股东背景与内部控制　　　　　　　　　D. 偿债能力、现金流分析

13. 评级人员主要是研究本期债券的基本情况，一般包括（　　）及其兑付情况。

    A. 发行方案　　　　　　　　　　　　　　B. 资金用途

    C. 短期债券发行历史　　　　　　　　　　D. 发行金额

14. 行业的发展状况分析主要考察该行业进入的（　　）。

    A. 门槛高低　　　　　B. 信用政策　　　　　C. 难易程度　　　　　D. 主要障碍

案例分析　五洋债案警示录：信用评级机构的尴尬与出路

作为全国首例公司债欺诈发行、中介机构承担连带赔偿责任的五洋债案，信用评级机构在该案中的处境尤为尴尬。

五洋债案中，大公国际资信评级有限责任公司（以下简称"大公国际"）被判处承担7.4亿元债务本息10%范围内的连带赔偿责任。7400万元的赔偿金额，对信评机构来说绝不是小数目，评级机构面临现实困境。

"五洋债案"将是一个警示，国内评级行业应反思如何改革，如何提高评级质量，如何为评级负责。

1. 重判与担责。据评级机构向界面新闻记者提供的数据，目前国内信用评级行业服务的债券市场规模已超过100万亿元，仅2020年，债券市场发行各类债券57万亿元。截至2020年末，中国债券违约金额为2979亿元，其中2020年违约金额为1700亿元，分别是信用评级行业净资产的135倍和77倍。

以中证鹏元为例，2020年中证鹏元共承揽债券评级项目969单，涉及798家发行人。其中所评债券发行647只，发行规模5721.63亿元。2020年，中证鹏元实现营业收入2.45亿元。

2020年，大公国际共承揽委托评级债项合计836只，涉及发行人703家。其中，评级的债项共323只发行，所发行债项规模合计2866亿元，2020年大公国际实现收入2.35亿元。

据业内人士透露，评级行业目前没有明确的价格规定，但业内互相达成一个公约，对收费进行约定，即主体评级10万元，债券评级15万元，且这个价格近十年来并无明显提升。近年来，评级机构在提升评级质量、完善公司治理和内部控制制度等方面投入了更多人力、物力，评级行业面临收支平衡难题。

2. 主体付费模式下的尴尬。一位私募行业人士告诉界面新闻记者，评级机构最尴尬的在于主体付费模式。该人士打比方称，债券市场就像一场投资人举办的盛宴，评级机构被赋予"看门人"的职责，应对前来赴宴的发行人进行验身，判断其究竟是骗子、强盗还是君子。但验身的过程中，评级机构却要靠赴宴者付费为生，如果提前预警揭示风险，就有被"炒鱿鱼"的风险。

清华大学中国经济思想与实践研究院院长李稻葵曾直言，中国信用评级行业应该改变发行人付费这种模式，应该像国外评级机构那样向投资者收费，让投资者花钱买信用评级。

3. 诉讼常态化下的变革出路。五洋债案判决后，在北京、深圳等地多起涉嫌证券虚假陈述类似案件的被告席上，评级机构等中介机构赫然在列。

2021年6月11日，因未按照法定评级程序及业务规则开展信用评级业务等多项违规，人民银行对大公国际进行警告并罚款 1 460.5 万元。大公评级时任董事会秘书、人力资源部门负责人林松涛被警告并处罚款 13 万元，时任评级总监韩晟被警告并处罚款 4 万元。这也成为近两年来，评级机构收到的最大的一张罚单。

2021 年 6 月 30 日，东方金诚收到应诉通知书，中国对外经济贸易信托有限公司以证券虚假陈述责任纠纷为案由，请求判令东方金诚等中介机构就其持有的天津市浩通物产有限公司（发行人）的 1 849 万元债券本息承担连带赔偿责任，并承担诉讼费、保全费等费用。

就在五洋债案二审判决后的 2021 年 11 月 5 日，北京金融资产交易所（以下简称"北金所"）披露，北京华业资本控股股份有限公司公开发行 2015 年公司债券的投资机构以证券虚假陈述为由起诉了北京华业资本控股股份有限公司以及包括联合资信在内的三家中介机构。

此外，2021 年 11 月 9 日和 12 月 28 日，大公国际收到两份应诉书。其中，杭州量瀛投资管理有限公司作为华晨汽车集团控股有限公司发行的"17 华汽 01"的投资人，诉华晨集团等证券虚假陈述；另外一份是山东胜通集团股份有限公司的债券投资人顺时国际投资管理（北京）有限公司，诉山东胜通虚假陈述责任纠纷案，大公国际也是连带被告。

我国债券市场长期分为交易所市场和银行间市场。信用评级行业受国家发改委、财政部、人行、证监会、银行间市场、交易商协会等多个行政部门、自律组织的监管，各市场和监管机构的要求不尽相同，缺乏统一的顶层设计以及稳定、持续、丰富的制度供给。这些因素也为评级机构的收费标准、模式的改革带来了一定的困难。

2021 年以来，评级业的监管政策陆续出台。其中，2021 年 5 月，人民银行会同国家发展改革委、财政部、银保监会、证监会联合发布《关于促进债券市场信用评级行业健康发展的通知》，要求信用评级机构应当长期构建以违约率为核心的评级质量验证机制，制定实施方案，2022 年底前建立并使用能够实现合理区分度的评级方法体系，有效提升评级质量。

信用评级的目的是揭示受评对象违约风险的大小，本质系对发行人未来偿债能力、偿债意愿的一种"预测性评价"，是一种意见而非事实陈述。未来评级行业正在迎来一个变革的新时代，评级机构应回归到甄别风险、预警风险的本源，切实地提升为投资人服务的能力，行业格局会面临一个重塑。评级机构应加大尽职调查和跟踪的力度，在按照评级流程开展评级作业，在符合评级方法和模型的前提下进行评级分析，并重视评级材料的收集和核查工作，合理审慎地评定信用等级，真正地做到评级机构应尽的揭示风险的义务。

资料来源：张晓迪. 五洋债案警示录：信用评级机构的尴尬与出路［EB/OL］. https://baijia-hao. baidu. com/s? id = 1720627818380537181&wfr = spider&for = pc.

第五章 公共信用管理

第一节 公共信用管理概述

由于文化背景、思想理念、制度结构等方面的原因，西方国家鲜有公共信用管理的提法。西方的信用体系主要是征信与狭义上的信用评级。而在中国社会信用体系中，公共信用管理居于重要地位。这既是中国特色在信用管理上的体现，也是中外信用管理差异的重要体现。

截至目前，公共信用管理并无明确的概念。西方的公共信用主要是指政府的举债能力。但中文语境下的公共信用管理，显然不是指政府举债能力的管理。结合社会信用体系，公共信用管理的概念侧重指信任层面下政务诚信、商务诚信、社会诚信和司法公信建设。与西方信用管理侧重指向经济金融层面的信用交易不同，公共信用管理侧重指向伦理层面的信任建设，当然这里的信任建设囊括了信用交易中的伦理建设。因此，公共信用管理既不是公共信用的管理，也不是公共的信用管理，而是有特殊的含义。

一、公共信用管理的基本内容

（一）公信力建设

公信力是政府的影响力与号召力，体现了政府工作的权威性、法治建设程度、民主建设程度和服务能力建设程度，也是人民群众对政府的评价，反映了人民群众对政府的满意度和信任度。政府信用贯穿于政府与公众的整个互动关系之中，政府公信力建设就是要把"恪守信用""诚信为本"作为社会道德建设的基础工程来抓，把讲信用作为公共伦理的底线。

1. 带头讲诚信。政府公职人员的行为直接影响到政府的形象和公信力。公职人员特别是领导干部带头自觉讲诚信，事关党和政府的公信力、感召力和向心力。公职人员特别是领导干部应在思想、言论、行动、决策上对公众高度负责，忠实履行岗位职责。（1）决策信用。决策信用是指政府决策的科学性和连续性，要求政府的决策要符合客观实际，决策过程要科学、公开和民主，出台的政策能够体现出连续性。（2）行为信用。行为信用是指政府行政过程中依照法律规定行使其管理职权，不越位、不出位，不滥用职权。（3）程序信用。程序信用是指政府行政过程的透明、公开，按法定程序实施，便于公民的参与和监督。

2. 治理能力建设。紧紧围绕人民日益增长的美好生活需要，从根本上改变政府的公共服务方式。一是精简行政审批事项，解决交叉审批、重复审批等问题，推行政府"一站式"电子化服务，节约公众的时间、金钱成本，提高政府行政的透明度和效率。二是提升政府对各类突发事件例如自然灾害、事故灾难、公共卫生、社会安全等公共危机事件的处理能力和效率。

3. 营商环境建设。营商环境建设关键在于建立完善的社会信用体系，优化"信用生态"。一是加强信用文化建设。信用文化是在信用经济条件下，支配和调节社会主体、社会各经济单元之间信用关系和信用行为的一种基本理念和规范，是营造良好营商环境的思想基础与行为遵循。二是围绕推进"放管服"改革和协同共治的基本原则，以加强信用监管为着力点，充分释放信用价值，优化营商环境，提升社会对良好信用的获得感。

（二）公共信用信息管理

公共信用信息主要是指行政机关、司法机关和法律法规授权的具有管理公共事务职能的组织，在依法履职、提供服务过程中产生或者获得的，反映自然人、法人和其他组织信用状况的数据和资料。公共信用信息的归集、披露与应用是信用奖惩机制建设的基础，各级政府信用管理部门应以公示带动采集、以公示带动共享、以公示带动奖惩，实现信用信息采集和公示的一体化、长效化。

1. 公共信用信息征集与披露。严格以法律法规或者党中央、国务院政策文件为依据，科学界定公共信用信息纳入、共享公开范围和程序，将特定行为信息纳入、共享公开公共信用信息。

（1）公共信用信息归集实行目录管理。省级以上信用主管部门应当会同有关部门按照国家的规定编制、公布公共信用信息目录。公共信用信息目录应当包括提供单位、信息分类、披露方式、数据格式等要素。

（2）规范公共信用信息共享公开范围和程序。公共信用信息共享及在何种范围共享，应当根据合法、必要原则确定。公共信用信息公开不得侵犯国家机密、商业秘密和个人隐私。

2. 公共信用信息应用。（1）依法依规开展公共信用信息在社会治理方面的应用，以公共信用评价为基础，以信用监管为手段，根据市场主体的信用等级选择相应的监管措施，提高工作精准化程度。（2）聚焦数据价值挖掘，对中小微企业进行信用"画像"，发挥公共信用信息市场价值，深化公共信用信息在缓解中小微企业融资难、融资贵方面的开发应用。

3. 信用主体权益保护。

（1）规范严重失信主体名单认定标准和程序。必须以法律法规或者党中央、国务院政策文件为依据设列严重失信主体名单的领域，任何部门不得擅自增加或扩展。一要防止失信行为认定和记入信用记录的泛化、扩大化；二要防止包括个人信用分在内的其他信用建设举措应用的泛化、扩大化；三要防止失信"黑名单"认定和实施失信惩戒措施的泛化、扩大化。

（2）建立完善信用信息安全管理和应急处理机制。一是严格信用信息使用程序，采取有效的安全保密措施，保护信用信息安全。二是提高征信业务活动的透明度，禁止对个人信用信息的过度采集，切实维护信用主体的合法权益。

（3）建立健全信用信息异议投诉和自我纠错机制。信用主体认为有关部门和单位在社会信用信息归集、披露、异议处理和应用工作中的行为侵犯其合法权益的，有权依法申请行政复议、提起行政诉讼或者申诉。同时，建立有利于自我纠错、主动自新的信用修复机制。

（三）信用服务市场建设

1. 准确把脉信用应用需求分析和响应。以社会信用体系建设为契机，把新兴信用服务业作为新经济发展重点，积极发展信用服务产业，着力推动政府率先应用信用产品，促进信用产品市场化、社会化应用。

2. 准确定位信用服务产业发展方向。促进信用产业发展，从外部来说有利于为中小微企业破解融资难融资贵难题；从内部来说，当信用管理和服务成为一种管理手段，有利于企业全面改质提效。为此，应以开阔的视野高端定位，以服务经济社会发展为核心，努力打造现代信用服务产业。

3. 着力加强信用服务人才的培养。建立健全企业信用管理人才培养机制，加强信用管理人才队伍建设，造就一批高层次、专业型、复合型的信用管理职业化人才队伍，为发展信用服务产业提供人力资源支撑。

4. 着力加强信用市场监管。发挥"互联网＋"、大数据对信用监管的支撑作用，实现信用监管数据可比对、过程可追溯、问题可监测。推动形成信用行业服务标准，完善信用服务产业监管制度，强化信用服务行业自律管理，全面提升信用服务行业的整体水平和综合竞争力。

二、公共信用管理的实施方式

我国当前公共信用管理的重点是构建以信用为核心的社会治理机制和监管机制。实施方式有公共信用评价、信用监管、城市信用监测、信用示范城市创建、信用修复、信用村（镇、街道、园区）创建以及推动各惠企惠民信用应用场景建设如推动信用信息共享应用促进中小微企业融资服务等。

（一）公共信用综合评价

公共信用综合评价是指基于公共信用信息服务平台归集的公共信用信息，根据信用主体的不同特征，对信用主体的信用状况作出的综合评价。公共信用评价分为公共信用综合评价和各领域或行业公共信用评价（例如纳税信用评价属于税务领域的公共信用评价）两大类，公共信用综合评价结果主要应用于政府的社会治理，例如信用示范城市，信用村镇、街道、社区和产业园区等治理以及市场主体的监管，既将评价结果作为开展分级分类监管的基础性依据，也可作为第三方信用服务机构评价企业信用风险的基础性信息。

《国家发展改革委办公厅关于推送并应用市场主体公共信用综合评价结果的通知》引导市场主体以公共信用综合评价为指引，因势利导推动各类市场主体加强自身信用建设。（1）对评价结果为"优""良"的市场主体，要引导其进一步完善信用记录，巩固提升信用等级，不断提升信誉度和竞争力。（2）对评价结果为"中"的市场主体，要以适当方式组织开展提示性约谈、专题培训，引导其重视信用管理，明确改进方向，优化信用状况。（3）对评价结果为"差"的市场主体，按照属地管理原则，由所在市、县社会信用体系建设牵头部门会同行业主管部门，对其负责人进行警示性约谈，当面告知评价结果、主要失信行为、信用修复渠道等，督促和帮助其立即整改。

（二）信用监管

信用监管是"放管服"改革的重要举措，是推进治理能力和治理水平现代化的重要手段。企业信用风险分类管理是信用监管方式的创新，是构建以信用为基础的新型监管机制的重要内容，是提升"双随机、一公开"等监管工作效能的迫切需要。

近年来，国家陆续出台了一系列政策措施，大力推动信用监管工作。国务院《关于"先照后证"改革后加强事中事后监管意见》明确提出将探索构建全方位、多层次的企业信用监管体系；国务院《关于在市场监管领域全面推行部门联合"双随机、一公开"监管的意见》提出实施信用风险分类管理，针对突出问题和风险开展双随机抽查，提高监管的精准性；《关于加快推进社会信用体系建设构建以信用为基础的新型监管机制的指导意见》明确提出要"深入开展公共信用综合评价，建立行业信用评价模型，为信用监管提供更精准的依据，大力推进信用分级分类监管"等。

（三）信用修复

国家发展改革委发布的《失信行为纠正后的信用信息修复管理办法（试行）》第5条所称信用信息修复，是指信用主体为积极改善自身信用状况，在纠正失信行为、履行相关义务后，向认定失信行为的单位或者归集失信信息的信用平台网站的运行机构提出申请，由认定单位或者归集机构按照有关规定，移除或终止公示失信信息的活动。

信用修复制度是社会信用体系建设的一个重要机制，是构建以信用为核心的事中事后监管机制的必然要求，是完善守信联合激励和失信联合惩戒机制的重要环节，是失信主体退出惩戒措施的制度保障。国务院《关于建立完善守信联合激励和失信联合惩戒制度加快推进社会诚信建设的指导意见》等文件提出建立有利于失信主体自我纠错、主动自新的社会鼓励与关爱机制，鼓励符合条件的第三方信用服务机构向失信市场主体提供信用报告、信用管理咨询等服务。

（四）城市信用监测

城市信用监测是指国家发展改革委依据"全国城市信用状况监测平台"，委托国家信息中心中经网对全国县级及以上城市在政务诚信、商务诚信、社会诚信和司法公信四个领域的动态信用信息进行监测，通过通报排名、约谈提醒方式，旨在化压力为动力，倒逼城市政府提高信用建设的积极性和主动性的一项工作制度。为动态了解城市的信用状态，国家发展改革委委托国家信息中心中经网于2016年开发建设了城市信用状况监测系统——全国城市信用状况监测平台。该平台利用互联网信息搜索技术，对海量互联网信息进行 7×24 小时的信用事件及信用制度建设情况监测。

（五）推动信用信息共享应用促进中小微企业融资服务

国务院办公厅出台《加强信用信息共享应用促进中小微企业融资实施方案》，要求进一步发挥信用信息对中小微企业融资的支持作用，推动建立缓解中小微企业融资难融资贵问题的长效机制。

1. 突出问题导向。聚焦信用信息共享应用破解中小微企业融资难题，从平台建设、信息共享应用、信息服务等方面作出全面安排，着力扩大中小微企业首贷户、提高中小微企业信用贷款率、降低融资成本。

2. 深化信用信息开发利用。聚焦数据价值挖掘，从加快完善信用评价体系、创新信用融资产品服务、探索风险缓释补偿机制、强化风险监测预警处置四个方面，提出开发利用信用信息的任务举措，对中小微企业进行信用"画像"，发挥信用信息市场价值。

第二节 公共信用评价

一、公共信用综合评价

（一）公共信用综合评价指标设计原则

1. 综合性。设计多个维度，综合全面反映评价主体公共信用水平。

2. 重要性。从每个维度中选取具有代表性、对评价主体公共信用水平有重大影响的指标。

3. 公共性。评价使用的信息为公共信用信息，即国家机关、法律法规规章授权的具有管理公共事务职能的组织以及群团组织等，在履行职能过程中产生的反映主体信用状况的数据和资料。

4. 可得性。在设计指标时充分考虑数据产生的连续性和可获取性。

（二）公共信用综合评价方法

根据企业公共信用评价指标和权重设置，通过识别指标特征、数据的标准化处理和综合计分，建立评分规则。

第一步，判断评价指标的基本特征。依据指标数据对输出结果的影响，评价指标的基本特征分为正向相关和负向相关两类。

第二步，计算指标得分值。依据指标的基本特征和评价数据的分布情况以及对公共信用状况的影响程度，通过对指标数据进行处理，计算出指标得分值 x_n。

第三步，综合计分：

$$f(x) = \sum_{n}^{m} x_n \qquad (5-1)$$

其中，x_n 为指标得分值；m 为指标项数。

第四步，结果分布校验。对主体评价得分结果分布进行校验，校验通过，输出评分结果；否则，返回第二步重新计算，直到评价得分结果的分布校验通过。

（三）公共信用评价指标与权重设置（以浙江省为例）

1. 企业公共信用评价指标与权重设置。企业公共信用评价模型基于基本情况、金融财税、管治能力、遵纪守法、社会责任五大要素刻画企业的信用形象，总分 1 000 分，根据指标的重要性，参照行业内相关权重配置规则，应用专家打分法，对一级、二级、三级指标分别确定权重（见表 5-1）。

表 5-1　　　　　　　　企业公共信用评价指标权重

一级指标	权重1	二级指标	权重2	三级指标	权重3	指标说明	数源部门
基本情况	80	主要人员信息	40	主要人员严重失信信息	20	法定代表人、董监高、实际控制人等主要人员列入严重失信名单等信息	有关部门、法院系统
				主要人员未履行生效裁判信息	20	法定代表人、董监高、实际控制人等主要人员未履行生效裁判信息	法院系统、有关部门
		经营信息	40	经营异常信息	20	列入经营异常名录信息	市场监管部门
				非正常户信息	20	被认定为非正常户信息	税务部门
金融财税	195	金融信息	135	融资未履行生效裁判信息	50	有无与融资信贷领域相关的未履行生效裁判信息	法院系统、有关部门
				融资刑事犯罪信息	60	有无与融资信贷领域相关的刑事犯罪记录信息	法院系统、有关部门
				金融逃废债信息	15	金融逃废债信息	金融部门
				存量权益登记信息	10	未按规定参加境外直接投资存量权益登记信息	人民银行部门
		税费信息	60	社保缴纳信息	30	社保费用欠缴信息	税务部门
				税收缴纳信息	30	税收欠缴信息	税务部门
管治能力	90	产品质量信息	30	监督抽查信息	30	工程质量、产品（食药品）等监督抽查结果信息	住房城乡建设、市场监管、海关等部门
		安全生产信息	30	安全生产事故和隐患信息	30	安全生产事故、安全生产监督检查情况、重大火灾隐患等信息	应急管理、住房城乡建设、消防等部门
		环境保护信息	30	突发环境事件信息	30	突发性环境污染事件和辐射污染事件信息	生态环境部门
遵纪守法	450	行政管理信息	200	行政处罚信息	90	行政处罚信息	有关部门
				行政强制信息	60	行政强制信息	有关部门
				行政事项承诺信息	20	在行政事项办理过程中作出信用承诺但未履行的信息	有关部门
				其他行政认定的不良信息	30	不构成行政处罚，但经部门认定的其他不良行为信息	有关部门

一级指标	权重1	二级指标	权重2	三级指标	权重3	指标说明	数源部门
遵纪守法	450	司法处理信息	130	其他未履行生效裁判信息	50	除失信被执行人和融资领域外，单位未履行生效裁判的信息	法院系统、有关部门
				其他刑事犯罪信息	60	除融资领域外，违反刑法规定构成犯罪的信息	法院系统、有关部门
				虚假诉讼信息	20	被法院认定的且未构成刑事犯罪的虚假诉讼信息	法院系统
		严重失信信息	120	严重失信名单信息	120	列入严重失信名单（失信被执行人）的信息	有关部门、法院系统
社会责任	185	公益慈善信息	65	志愿服务信息	30	参加志愿服务信息	省委宣传部（文明办）、团省委
				慈善捐赠信息	35	慈善捐赠信息	省红十字会、民政部门
		守信激励信息	120	红名单信息	60	列入红名单信息	有关部门
				荣誉奖励信息	60	县级及以上人民政府或政府部门颁发的荣誉奖励信息	有关部门

2. 自然人公共信用评价指标与权重设置。自然人公共信用评价模型基于基本情况、履约能力、经济行为、遵纪守法、社会公德五大要素刻画自然人的信用形象，总分为 1 000 分，根据指标的重要性，参照行业内相关权重配置规则，应用专家打分法，对一级、二级、三级指标分别确定权重（见表 5-2）。

表 5-2 自然人公共信用评价指标权重

一级指标	权重1	二级指标	权重2	三级指标	权重3	指标说明	数源部门
基本情况	140	名下单位运行信息	50	名下单位严重失信信息	30	名下单位列入严重失信名单等信息	有关部门、法院系统
				名下单位未履行生效裁判信息	20	名下单位未履行生效裁判信息	法院系统、有关部门
		履职从业信息	90	重点监管信息	50	被各部门纳入重点监管对象名单信息	有关部门
				执业情况信息	40	撤销、吊销执业资格的行政处罚信息	有关部门

一级指标	权重1	二级指标	权重2	三级指标	权重3	指标说明	数源部门
履约能力	110	市场交易信息	90	合同违约未履行生效裁判信息	40	有无与合同违约相关的未履行生效裁判信息	法院系统、有关部门
				合同违约刑事犯罪信息	50	有无因合同违约造成的刑事犯罪信息	法院系统
		信用承诺信息	20	行政事项承诺信息	20	在行政事项办理过程中作出信用承诺但未履行的信息	有关部门
经济行为	90	金融信息	60	公积金贷款逾期信息	20	在公积金贷款还款期间发生逾期违约的信息	住建部门
				金融逃废债信息	40	金融逃废债信息	金融部门
		税费信息	30	税收缴纳信息	30	税收欠缴信息	税务部门
遵纪守法	470	行政管理信息	160	行政处罚信息	60	行政处罚信息	有关部门
				行政强制信息	50	行政强制信息	有关部门
				其他行政认定不良信息	50	不构成行政处罚，但经部门认定的其他不良行为信息	有关部门
		司法处理信息	130	其他未履行生效裁判信息	50	除失信被执行人和与合同违约相关外，个人未履行生效裁判信息	法院系统、有关部门
				其他刑事犯罪信息	60	除与合同违约相关外，违反刑法规定构成犯罪的信息	法院系统、有关部门
				虚假诉讼信息	20	被法院认定的且未构成刑事犯罪的虚假诉讼信息	法院系统
		严重失信信息	180	严重失信名单信息	180	列入严重失信名单（失信被执行人）的信息	有关部门、法院系统
社会公德	190	公益慈善信息	80	志愿服务信息	40	参加志愿服务的信息	省委宣传部（省文明办）、团省委
				慈善捐赠信息	40	参加慈善捐赠的信息	省红十字会、民政部门
		守信激励信息	110	红名单信息	60	列入红名单信息	有关部门
				荣誉奖励信息	50	县级及以上人民政府或政府部门颁发的荣誉奖励信息	有关部门

3. 社会组织公共信用评价指标与权重设置。社会组织信用评价模型信用画像是基

于基本情况、经济行为、遵纪守法、社会责任、荣誉记录五大要素刻画的主体信用形象，总分为1 000分，根据指标的重要性，借鉴民政部门开展的社会组织评估方法，应用专家打分法，对一级、二级、三级指标分别确定权重（见表5-3）。

表5-3　　　　　　　　　　社会组织公共信用评价指标权重

一级指标	权重1	二级指标	权重2	三级指标	权重3	指标说明	数源部门
基本情况	200	年度检查信息	50	履行年度检查义务信息	20	是否正常开展年度检查	民政部门
				年度检查报告完整性信息	30	年度检查报告中信息是否按要求填写完整	民政部门
		主要人员信息	50	主要人员严重失信信息	30	法定代表人、董监高、实际控制人等主要人员列入严重失信名单或刑事犯罪记录信息	有关部门、法院系统
				主要人员未履行生效裁判信息	20	法定代表人、董监高、实际控制人等主要人员未履行生效裁判信息	法院系统、有关部门
		业务活动信息	100	活动异常名录信息	50	是否被纳入活动异常名录	民政部门
				业务活动开展信息	50	是否有开展业务活动	民政部门
经济行为	170	金融信息	90	融资未履行生效裁判信息	40	有无与融资信贷领域相关的未履行生效裁判信息	法院系统、有关部门
				融资刑事犯罪信息	50	有无与融资信贷领域相关的刑事犯罪记录信息	法院系统、有关部门
		税费信息	80	社保缴纳信息	40	社保费用欠缴信息	税务部门
				税收缴纳信息	40	税收欠缴信息	税务部门
遵纪守法	390	行政管理信息	120	行政处罚信息	60	行政处罚信息	有关部门
				行政强制信息	60	行政强制信息	有关部门
		司法处理信息	120	其他未履行生效裁判信息	40	除失信被执行人和融资领域外，单位未履行生效裁判信息	法院系统、有关部门
				其他刑事犯罪信息	50	除融资领域外，违反刑法规定构成犯罪的信息	法院系统、有关部门
				虚假诉讼信息	30	被法院认定的且未构成刑事犯罪的虚假诉讼信息	法院系统

一级指标	权重1	二级指标	权重2	三级指标	权重3	指标说明	数源部门
遵纪守法	390	严重失信信息	150	严重失信名单信息	150	列入严重失信名单（失信被执行人）的信息	有关部门、法院系统
社会责任	130	公益慈善信息	70	公益活动开展信息	30	是否组织开展公益活动	民政部门
				志愿服务信息	20	参加志愿服务的信息	省委宣传部（省文明办）、团省委
				慈善捐赠信息	20	慈善捐赠信息	省红十字会、民政部门
		信息公开信息	60	履行信息公开义务信息	60	是否通过一定方式公开必要信息	民政部门
荣誉记录	110	守信激励信息	60	红名单信息	30	列入红名单信息	有关部门
				荣誉奖励信息	30	县级及以上人民政府或政府部门颁发的荣誉奖励信息	有关部门
		优秀评比信息	50	等级评估结果信息	50	民政部门评估出的优秀社会组织被赋予的等级信息	民政部门

4. 事业单位公共信用评价指标与权重设置。事业单位公共信用评价模型基于基本情况、公益服务、遵纪守法、经济行为、社会责任五大要素刻画事业单位的信用形象，总分为 1 000 分，根据事业单位改革要求，借鉴兄弟省市对事业单位的评价方法，应用专家打分法，对一级、二级、三级指标分别确定权重（见表 5-4）。

表 5-4 　　　　　　事业单位公共信用评价指标权重

一级指标	权重1	二级指标	权重2	三级指标	权重3	指标说明	数源部门
基本情况	170	主要人员信息	40	主要人员严重失信信息	20	法定代表人、董监高、实际控制人等主要人员列入严重失信名单等信息	有关部门、法院系统
				未履行生效裁判信息	20	法定代表人、董监高、实际控制人等主要人员未履行生效裁判信息	法院系统、有关部门
		运营信息	70	法人证书信息	30	法人证书被冻结的信息	事业单位登记部门
				非正常户信息	40	被认定为非正常户信息	税务部门
		年报公示信息	60	履行年度报告公示义务信息	60	是否按规定正常履行年度报告公示义务的信息	事业单位登记管理部门

一级指标	权重1	二级指标	权重2	三级指标	权重3	指标说明	数源部门
公益服务	60	公益服务能力	30	公益指标信息	30	事业单位公益指标评价信息	事业单位登记管理部门
		公益服务管理信息	30	投诉举报信息	15	被投诉后经核查存在问题的信息	有关部门
				慈善资助使用违规信息	15	慈善资助违规使用被处罚的信息	事业单位登记管理部门
遵纪守法	360	行政管理信息	140	行政处罚信息	50	行政处罚信息	有关部门
				行政强制信息	50	行政强制信息	有关部门
				廉政建设信息	20	单位人员有职务犯罪或受到党纪处分的信息	纪检监察机关、组织部门、法院
				其他行政认定不良信息	20	不构成行政处罚，但经部门认定的其他不良行为信息	有关部门
		司法处理信息	220	其他未履行生效裁判信息	60	除失信被执行人和融资领域外，单位未履行生效裁判信息	法院系统、有关部门
				其他刑事犯罪信息	70	除融资领域外，违反刑法规定构成犯罪的信息	法院系统、有关部门
				失信被执行人信息	90	失信被执行人信息	法院系统
经济行为	230	金融信息	130	融资未履行生效裁判信息	60	与融资信贷领域相关的未履行生效裁判信息	法院系统、有关部门
				融资刑事犯罪信息	70	有无与融资信贷领域相关的刑事犯罪记录信息	法院系统、有关部门
		税费信息	100	社保缴纳信息	60	社保费用欠缴信息	税务部门
				税收缴纳信息	40	税收欠缴信息	税务部门
社会责任	180	公益慈善信息	60	志愿服务信息	30	参加志愿服务的信息	团省委
				慈善捐赠信息	30	慈善捐赠信息	红十字会、民政部门
		守信激励信息	120	红名单信息	60	列入红名单信息	有关部门
				荣誉奖励信息	60	县级及以上人民政府或政府部门颁发的荣誉奖励信息	有关部门

5. 政府机构公共信用评价指标与权重设置。政府机构评价对象分为两类：地方人

民政府（以下简称"地方政府"）和政府部门。通过依法行政、政务公开、勤政高效、守信践诺、履职成效五大要素刻画地方政府和政府部门的信用形象，政府机构公共信用评价是应用专家打分法，对一级、二级、三级指标分别确定权重（见表5-5、表5-6）。

表5-5　　　　　　　　　地方政府公共信用评价指标权重

一级指标	权重1	二级指标	权重2	三级指标	权重3	指标说明	数源部门
依法行政	220	行政复议诉讼信息	160	行政复议纠错率	80	被纠正案件数量与案件总数的比值	司法行政部门
				行政诉讼败诉率	80	行政诉讼案件败诉数量与GDP比值信息	法院系统
		行政执法信息	60	规范执法信息	35	有无开展行政执法主体确认公告、落实行政执法"三项制度"情况	司法行政部门
				行政执法监督信息	25	有无因违法行政执法行为被依法限期纠正、变更或撤销情况	司法行政部门
政务公开	150	政务公开能力信息	150	政务公开指数信息	150	政务公开领域主动公开情况、解读回应情况、平台建设情况	省政府办公厅
勤政高效	190	"最多跑一次"改革工作推进情况信息	70	"最多跑一次"改革工作考核信息	70	"最多跑一次"改革工作考核结果	省委改革办
		管理能力信息	120	债务超警戒线信息	45	是否存在债务超警戒线情况	财政部门
				公共事件一票否决信息	40	是否存在公共事件一票否决情况	政法、应急管理等部门
				地方融资平台违约信息	35	是否存在违约情况	发改、人民银行、证监部门
守信践诺	225	廉政建设信息	125	公务员党纪政务处分率	75	受到党纪政务处分的公务员人数与总数的比值	纪检监察机关、组织部门
				公务员职务犯罪率	50	有职务犯罪的公务员人数与总数的比值	法院系统、组织部门
		司法处理信息	100	未履行生效裁判信息	30	有无除失信被执行人外未履行生效裁判信息	法院系统
				失信被执行人信息	70	有无失信被执行人信息	法院系统

216

续表

一级指标	权重1	二级指标	权重2	三级指标	权重3	指标说明	数源部门
履职成效	215	投诉举报信息	90	信访事项未按期受理率	30	未按期受理的信访事项件数与总数的比值	信访部门
				信访事项未按期办结率	30	未按期办结的信访事项件数与总数的比值	信访部门
				信访满意率	30	满意的信访事项件数与总数的比值	信访部门
		荣誉记录信息	125	评比表彰信息	125	是否获得全国或省级荣誉或表彰的信息	政法、宣传、发改部门

表5-6　　　　　　　　　　政府部门公共信用评价指标权重

一级指标	权重1	二级指标	权重2	三级指标	权重3	指标说明	数源部门
依法行政	280	行政复议诉讼信息	180	行政复议纠错率	80	被纠正案件数量与案件总数的比值	司法行政部门
				行政诉讼败诉率	100	行政诉讼案件败诉数量比值信息	法院系统
		行政执法信息	100	规范执法信息	50	有无落实行政执法"三项制度"情况	司法行政部门
				行政执法监督信息	50	有无因违法行政执法行为被依法限期纠正、变更或撤销情况	司法行政部门
政务公开	140	双公示信息	140	信息完整性	70	"双公示"信息必填字段缺失的条数与总数的比值	省公共数据工作机构
				信息准确性	70	"双公示"信息填报有误的条数与总数的比值	省公共数据工作机构
勤政高效	150	年度考核信息	150	政府绩效考评信息	150	政府绩效考评结果信息	省政府办公厅,各市、县(市、区)政府办公室(厅)
守信践诺	250	廉政建设信息	130	公务员党纪政务处分率	65	公务员受到党纪政务处分率信息	纪检监察机关、组织部门
				公务员职务犯罪率	65	公务员职务犯罪率信息	法院系统、组织部门
		司法处理信息	120	未履行生效裁判信息	20	除失信被执行人外未履行生效裁判信息	法院系统
				失信被执行人信息	100	失信被执行人信息	法院系统

续表

一级指标	权重1	二级指标	权重2	三级指标	权重3	指标说明	数源部门
履职成效	180	投诉举报信息	90	信访事项未按期受理率	30	未按期受理的信访事项件数与总数的比值	信访部门
				信访事项未按期办结率	30	未按期办结的信访事项件数与总数的比值	信访部门
				信访满意率	30	满意的信访事项件数与总数的比值	信访部门
		荣誉记录信息	90	评比表彰信息	90	获得全国或省级荣誉或表彰的信息	宣传部门、团省委、省妇联、省总工会

二、行业公共信用评价

（一）纳税信用评价

纳税信用评价是指税务部门每年依据评价指标体系，对纳税人纳税信用状况进行评价，对不同信用级别的纳税人实施分类服务与管理。目的是完善纳税信用体系，优化服务举措。

1. 纳税信用评价方式。纳税信用评价采取年度评价指标得分和直接判级两种方式。年度评价指标得分采取扣分方式。纳税人评价年度内经常性指标和非经常性指标信息齐全的，从 100 分起评；非经常性指标缺失的，从 90 分起评，直接判级适用于有严重失信行为的纳税人。

2. 纳税信用评分依据。税务部门依据主观态度、遵从能力、实际结果和失信程度四个维度、近 100 项评价指标（见表 5－7），对企业纳税人信用状况进行评价。评价结果由高到低分为 A、B、M、C、D 五级。A 级：年度评价指标得分 90 分以上；B 级：年度评价指标得分 70 分以上不满 90 分；M 级：新设立企业或评价年度内无经营业务收入且年度评价指标分 70 分以上；C 级：年度评价指标得分 40 分以上不满 70 分；D 级：年度评价指标得分不满 40 分或者直接判级确定。

3. 纳税信用级别评价时间。（1）税务机关每年 4 月会确定上一年纳税信用评价结果，并为纳税人提供自我查询服务；（2）纳税人对指标评价情况有异议的，可在评价年度次年 3 月份填写《纳税信用复评（核）申请表》，向主管税务机关提出复核申请，主管税务机关将在 4 月份确定评价结果时一并审核调整。

4. 纳税信用评价指标体系。纳税信用评价从纳税人信用的历史信息、税务系统内部信息和税务系统以外的相关信用信息三大维度对纳税人的信用进行评价，其基本评价框架如图 5 - 1 所示。

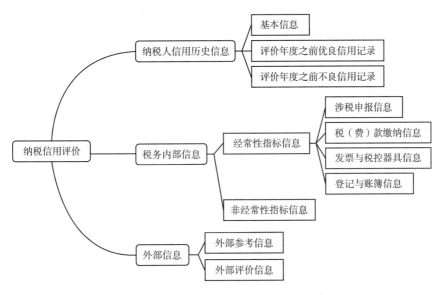

图 5 - 1　纳税人信用评价指标框架

（1）纳税人信用历史信息。纳税人信用历史信息包括纳税人基本信息、评价年度之前优良信用记录、评价年度之前不良信用记录（见表 5 - 7）。

表 5 - 7　　　　　　　　　　　纳税人信用历史信息评价指标

纳税人信用历史信息	基本信息	税务登记信息：纳税人名称，纳税人识别号，注册地址，经营地址……
		人员信息：法定代表人（姓名＋身份证号码），财务负责人（姓名＋身份证号码），出纳（姓名＋身份证号码），办税人（姓名＋身份证号码）
		经营信息：××年度经营收入合计××元，已缴税款合计×××元（其中，增值税××元，消费税××元，……）
	评价年度之前优良信用记录	外部门信用最高级别 （例如，20×0年：海关××，工商××，质检××，环保××，银行××……） （例如，20×1年：海关××，工商××，质检××，环保××，银行××……）
		本部门 A 级信用记录（例如，20×0 年，20×1 年，20×2 年……）
		税务稽查无问题年份（例如，20×1 年、20×2 年……）
	评价年度之前不良信用记录	外部门信用最低级别 （例如，20×0年：海关××，工商××，质检××，环保××，银行××……） （例如，20×1年：海关××，工商××，质检××，环保××，银行××……）
		本部门 D 级信用记录（例如，20×0 年，20×1 年，20×2 年……）

（2）税务内部信息。税务内部信息包括经常性指标信息和非经常性指标信息。

①经常性指标信息包括涉税申报信息、税（费）款缴纳信息、发票与税控器具信息、登记与账簿信息4个一级指标（见表5-8）。

表5-8 税务内部经常性信息评价指标

一级指标	二级指标	三级指标	扣分标准	直接判级
税务内部信息	经常性指标信息	01. 涉税申报信息	0101. 按照规定申报纳税	010101. 未按规定期限纳税申报（按税种按次计算）	5分	
				010102. 未按规定期限代扣代缴（按税种按次计算）	5分	
				010103. 未按规定期限填报财务报表（按次计算）	3分	
				010104. 评价年度内非正常原因增值税或营业税连续3个月或累计6个月零申报、负申报的	11分	
				010105. 自纳税人向税务机关办理纳税申报之日起不足3年的	11分	
			0102. 增值税抄报税	010201. 增值税一般纳税人未按期抄报税的（按次计算）	5分	
			0103. 出口退（免）税申报与审核	010301. 未在规定期限内办理出口退（免）税资格认定的（按次计算）	3分	
				010302. 未按规定设置、使用和保管有关出口货物退（免）税账簿、凭证、资料的；未按规定装订、存放和保管备案单证的（按次计算）	3分	
				010303. 未按规定报送出口退税申报资料的（按次计算）	3分	
				010304. 从事进料加工业务的生产企业，未按规定期限办理进料加工登记、申报、核销手续的	3分	
				010305. 出口企业提供虚假备案单证的	11分	
				010306. 将应适用增值税征税政策的出口货物劳务及服务申报出口退（免）税	11分	
			0104. 税收优惠资格资料真实申报	010401. 增值税优惠申报材料虚假；010402. 消费税优惠申报材料虚假；010403. 营业税优惠申报材料虚假；010404. 企业所得税优惠申报材料虚假；010405. 车船税优惠申报材料虚假；010406. 印花税优惠申报材料虚假；010407. 契税优惠申报材料虚假；010408. 土地增值税优惠申报材料虚假；010409. 城市维护建设税优惠申报材料虚假；010410. 资源税优惠申报材料虚假；010411. 耕地占用税优惠申报材料虚假；010412. 土地使用税优惠申报材料虚假；010413. 房产税优惠申报材料虚假	—	直接判D

续表

		一级指标	二级指标	三级指标	扣分标准	直接判级
税务内部信息	经常性指标信息	01. 涉税申报信息	0105. 未按规定报送相关涉税资料	010501. 未按规定时限报送财务会计制度或财务处理办法；010502. 使用计算机记账，未在使用前将会计电算化系统的会计核算软件、使用说明书及有关资料报送主管税务机关备案的；010503. 纳税人与其关联企业之间的业务往来应向税务机关提供有关价格、费用标准信息而未提供；010504. 未按规定提供其他涉税资料的（按次计算）	3分	
				010505. 未在规定时限内向主管税务机关报告开立（变更）账号的	5分	
				010506. 提供虚假涉税资料，不如实反映或拒绝提供涉税资料的	11分	
		02. 税（费）款缴纳信息	0201. 欠缴税（费）款次数	020101. 未按规定期限缴纳已申报或批准延期申报的应纳税（费）款（按次计算）	5分	
			0202. 欠缴税款金额	020201. 至评定期末，已办理纳税申报后纳税人未在税款缴纳期限内缴纳税款或经批准延期缴纳的税款期限已满，纳税人未在税款缴纳期限内缴纳的税款在5万元以上的（含）	11分	
				020202. 至评定期末，已办理纳税申报后纳税人未在税款缴纳期限内缴纳税款或经批准延期缴纳的税款期限已满，纳税人未在税款缴纳期限内缴纳的税款在5万元以下的	3分	
			0203. 未按规定履行代扣代缴义务	020301. 已代扣代收税款，未按规定解缴的（按次计算）	11分	
				020302. 未履行扣缴义务，应扣未扣，应收不收税款（按次计算）	3分	
			0204. 核定征收	020401. 日常管理中被税务机关依职权核定计算税款的（按税种）	11分	
		03. 发票与税控器具信息	0301. 发票开具、取得、保管、缴销、报告	030101. 应当开具而未开具发票；030102. 使用电子器具开具发票，未按照规定保存、报送开具发票数据的（按次计算）	5分	
				030103. 未按规定开具发票；030104. 纸质发票未加盖发票专用章；030105. 未按规定保管纸质发票并造成发票损毁、遗失的；030106. 未按照规定缴销发票；030107. 未按规定向税务机关报告发票使用情况的；030108. 违规跨境或跨使用区域携带、邮寄、运输或者存放纸质空白发票（按次计算）	3分	

		一级指标	二级指标	三级指标	扣分标准	直接判级
税务内部信息	经常性指标信息	03. 发票与税控器具信息	0301. 发票开具、取得、保管、缴销、报告	030109. 擅自损毁发票的（按次计算）	11分	
				030110. 虚开增值税专用发票或非善意接受虚开增值税专用发票的；030111. 非法代开发票的；030112. 私自印制、伪造、变造发票，非法制造发票防伪专用品，伪造发票监制章的；030113. 转借、转让、介绍他人转让发票、发票监制章和发票防伪专用品的；030114. 知道或者应当知道是私自印制、伪造、变造、非法取得或者废止的发票而受让、开具、存放、携带、邮寄、运输的；030115. 违反增值税专用发票管理规定或者违反发票管理规定，导致其他单位或个人未缴、少缴或者骗取税款的	—	直接判 D
			0302. 税控器具安装、使用、保管	030201. 未按照税务机关的要求安装、使用税控装置的；030202. 未按规定申请办理增值税税控系统变更发行的	3分	
				030203. 损毁或者擅自改动税控装置的	11分	
				030204. 未按规定保管税控专用设备造成遗失的（按次计算）	1分	
		04. 登记与账簿信息	0401. 税务登记	040101. 未按规定期限办理税务登记或扣缴税款登记或变更税务登记的；040102. 未按规定开具或核销外出经营管理证明的（按次计算）	3分	
				040103. 有非正常户记录的纳税人；040104. 非正常户直接责任人员注册登记或负责经营的其他纳税户；040105. D级纳税人的直接责任人员注册登记或负责经营其他纳税户	—	直接判 D
				040106. 法律规定对纳税人进行强制认定，纳税人未在规定时限内办理税务认定的（如增值税一般纳税人认定等）	5分	
			0402. 账簿与凭证	040201. 应设置未设置或未按照规定设置账簿、记账凭证以及其他纳税资料的；040202. 未按照规定保管账簿、记账凭证以及其他纳税资料的；040203. 账目混乱、残缺不全难以查账或原始凭证不合法、不真实的	11分	
				040204. 不能按照国家统一的会计制度规定设置账簿，并根据合法有效凭证核算，向税务机关提供准确税务资料的	11分	

②非经常性指标信息包括纳税评估、税务审计、反避税调查信息和税务稽查（见

表 5 - 9）。

表 5 - 9　　　　　　　　　　税务内部非经常性信息评价指标

		一级指标	二级指标	三级指标		扣分标准	直接判级
税务内部信息	非经常性指标信息	05.纳税评估、税务审计、反避税调查信息	0501.纳税评估信息	050101. 补税金额不满 1 万元且占当年应纳税额不满 1%，已补缴税款、加收滞纳金、缴纳罚款的		1分	
				050102. 补税金额不满 1 万元且占当年应纳税额 1% 以上，已补缴税款、加收滞纳金、缴纳罚款的	1分 +（评价期应补税款/评价期应纳税款）×10		
				050103. 补税金额 1 万元以上且占当年应纳税额不满 1%，已补缴税款、加收滞纳金、缴纳罚款的		3分	
				050104. 补税金额 1 万元以上且占当年应纳税额 1% 以上，已补缴税款、加收滞纳金、缴纳罚款的	3分 +（评价期应补税款/评价期应纳税款）×10		
				050105. 无补税行为，罚 2 000 元或以下且已缴纳（按次计算）		1分	
				050106. 无补税行为，罚 2 000 元以上且已缴纳（按次计算）		3分	
				050107. 在规定期限内未补缴或足额补缴税款、滞纳金和罚款		—	直接判 D
				050108. 拒绝、阻挠税务机关依法进行纳税评估的		11分	
			0502.大企业税务审计信息	同 050101		1分	
				同 050102	1分 +（评价期应补税款/评价期应纳税款）×10		
				同 050103		3分	
				同 050104	3分 +（评价期应补税款/评价期应纳税款）×10		
				同 050105		1分	
				同 050106		3分	
				同 050107		—	直接判 D
				050208. 拒绝、阻挠税务机关依法进行大企业税务审计的		11分	

续表

		一级指标	二级指标	三级指标	扣分标准	直接判级
税务内部信息	非经常性指标信息	05.纳税评估、税务审计、反避税调查信息	0503.反避税调查信息	050301.拒绝、阻挠税务机关依法进行反避税调查或拒绝提供反避税调查资料的	11分	
		06.税务稽查信息	0601.涉税犯罪	060101.存在逃避缴纳税款、逃避追缴欠税、骗取出口退税、虚开增值税专用发票等行为，构成犯罪的；060102.骗取国家出口退税款，被停止出口退（免）税资格未到期的；060103.以暴力、威胁方法拒不缴纳税款或者拒绝、阻挠税务机关依法实施税务稽查执法行为的	—	直接判D
			0602.涉税违法被行政处罚	060201.存在偷税行为，未构成犯罪，但偷税（逃避缴纳税款）金额10万元以上且占当年各税种应纳税总额10%以上，已缴纳税款、滞纳金和罚款的	—	直接判D
				060202.存在逃避追缴欠税、骗取出口退税、虚开增值税专用发票等税收违法行为，未构成犯罪，已缴纳税款、滞纳金和罚款的	—	直接判D

（3）外部信息。外部信息包括外部参考信息和外部评价信息（见表5-10）。

表5-10　　　　　　　　　　　　　外部信息评价指标

		一级指标	二级指标	评级标准
外部信息	外部参考信息	评价年度优良信用记录	外部门信用最高级别（例如，20××年：海关××，工商××，质检××，环保××，银行××……）	仅记录不扣分
		评价年度不良信用记录	外部门信用最低级别（例如，20××年：海关××，工商××，质检××，环保××，银行××……）	
	外部评价信息	银行	银行账户设置数大于纳税人向税务机关提供数	扣11分
		工商	已经在工商部门完成股权转让变更登记或其他涉税变更登记的纳税人至评价年度结束时未向税务机关报告相关信息	扣11分
		房管、土地管理部门或媒介	欠税5万元以上纳税人处置其不动产或大额资产之前未向税务机关报告	扣11分
		海关	进口货物报关数小于增值税进项申请抵扣数	扣11分
		……	……	……

①外部参考信息主要是指评价年度相关部门评定的优良信用记录和不良信用记录。

目前仅在纳税人信用信息中记录，不影响年度纳税信用评价结果。

②外部评价信息主要是指从相关部门取得的影响纳税人纳税信用评价的指标信息。当前主要有4个指标，评价方式为扣11分，即如果发现纳税人在不同部门之间存在提供信息不对称的情形，则纳税人不可以评价为A级纳税信用2个一级指标。

5. 纳税信用管理调整措施。2020年10月9日，国家税务总局发布《国家税务总局关于纳税信用管理有关事项的公告》，推出"两增加，两调整"的完善措施：

（1）增加非独立核算分支机构自愿参与纳税信用评价。非独立核算分支机构可以根据自身情况，自愿参与纳税信用评价。

（2）增加纳税信用评价前指标复核机制。即在纳税信用评价结果发布前，纳税人对指标评价情况有异议的，可在评价年度次年3月份填写《纳税信用复评（核）申请表》，向主管税务机关提出复核申请。

（3）调整纳税信用起评分的适用规则。将一个评价年度内接受过税务机关相关检查从100分起评，调整为只要在近三个评价年度内接受过税务机关相关检查的，即可从100分起评，从而大幅增加100分起评的企业数量。

（4）调整D级评价保留2年的措施，适当放宽有关标准。即适当放宽D级评价保留2年的信用管理措施：①对于因年度指标得分不满40分被评为D级的纳税人，次年由直接保留D级评价调整为评价时加扣11分；②对于直接判级的D级纳税人，维持D级评价保留两年、第三年不得评为A级。

6. 纳税信用评价结果应用。纳税信用评价结果应用主要体现在以下三个方面：

（1）结果公示，进行诚信褒扬诚信。将对企业在生产经营、投融资、招投标、商业信誉等各方面产生巨大影响。

（2）分类服务，动态管理。对A级纳税人，以提供优质纳税服务为主线，在发票领购、出口退税等方面提供便利；对D级纳税人，重点监控、从严管理，采取例如严格发票供应、加强纳税评估、严格出口退税审核等措施，实现对纳税人信用等级动态管理。

（3）税银互动，助力融资。税务部门与银监部门联系，与辖区内的银行协作，共享区域内小微企业纳税信用评价结果，协作开发小微企业融资产品例如纳税信用贷款等，共同助力企业发展。

纳税信用贷款是指企业使用税务部门评定的纳税信用等级向银行发起贷款申请，无须提供抵押和担保，申请人在银税互动服务平台上自主授权后，银行便可通过数据共享分析进一步对企业授信。这是一种通过线上即可完成贷款申请、审批以及放款的创新融资模式。纳税信用评价等级越高，可享受的信用额度也越高。

（二）物业服务行业公共信用评价

物业服务行业信用评价是指物业行政主管部门对物业服务企业在从事物业管理和

服务活动中，执行政策法规、行业标准和行业自律准则，履行物业服务合同相关约定等进行评价的活动。

物业服务企业信用等级评价结果应用：（1）作为物业服务招标、政府采购物业服务的评标参考依据；（2）作为出具企业诚信证明，为业主选聘物业服务企业提供参考；（3）作为政府、行业各类评奖评优的参考依据；（4）作为行政管理部门对物业服务企业实施行政监管的参考依据。

物业管理服务是保障各部门各单位开展日常工作的一项事务性工作，属政府采购常规品目。目前，不少省市已探索开展物业领域的分级分类管理，省级层面出台了物业企业信用信息评价管理办法。例如江西省住房和城乡建设厅印发《江西省物业服务企业信用评价标准》，明确对物业服务企业信用实行量化评分指标（见表5-11）。

表5-11　　　　　　　　　江西省物业服务企业信用评价标准

行为类别	代码	信息描述	评分标准	有效期限
1. 基本信息（最高50分）				
基础信息30分	1.1.1	按省物业信用系统要求及时、准确、全面填报工商注册登记、服务项目等信息（25分）	全部按要求如实填报的，得25分；缺1项减2分；错1项减1分	
	1.1.2	工程、管理、经济等相关专业类的专职管理和技术人员10人以上。其中，中级以上职称的人员5人以上（5分）	符合要求的计5分；不足10人的，少1人扣0.5分，其中中级以上职称不足5人的，少1人扣1分，扣完为止	
经营信息10分	1.2.1	在管物业服务项目面积（4分）	在管物业服务项目合计面积10万平方米以下的计1分，10万（含）~30万平方米的计2分，30万（含）~50万平方米的计3分，50万平方米（含）以上的计4分（以合同备案面积计算）	—
	1.2.2	备案物业服务项目个数（1.5分）	1个项目计0.5分，2~5个项目计1分，6个及以上项目计1.5分（按备案项目数量计算）	
	1.2.3	开展物业管理服务工作年限（1.5分）	首个备案物业服务合同满1年的计0.5分，满2年的计1分，满3年及以上的计1.5分	
	1.2.4	在管物业管理项目覆盖物业类型（1.5分）	备案的物业服务合同载明的项目类型只有1种的计1分，有住宅、商业、办公等多种项目类型的计1.5分	

续表

行为类别	代码	信息描述	评分标准	有效期限
1. 基本信息（最高50分）				
经营信息 10分	1.2.5	参与保障性住房、城镇老旧小区改造项目物业服务（1.5分）	承接有保障性住房小区或2005年以前建成的城镇老旧小区物业服务的计1.5分，未承接的计0分	—
纳税信息 5分	1.3.1	依法诚信纳税（5分）	A级企业计5分，B级企业计4分，M级企业计3分，C级企业计2分，D级企业计0分	
党建信息 5分	1.4.1	加强物业服务企业党建工作（5分）	符合建立党组织条件的物业服务企业建立了党组织的计5分；暂不具备组建条件但向党组织书面申请选派党建指导员的计4分	
2. 日常服务管理评价信息（最高50分）				
业主评价 30分	2.1	业主对物业项目综合服务、物业项目公共秩序服务、共用部位和共用设施设备管理与维护、公共区域保洁服务、物业项目绿化养护管理等评价（30分）	业主评分，取均值	1年
政府部门 评价 15分	2.2.1	无因物业服务企业责任引发的群体性事件和大规模集体上访，未造成重大负面舆情（2分）	无群体性事件和大规模集体上访的计1分；无重大负面舆情的计1分；存在有关情形的，相应扣分	1年
	2.2.2	消防器材配置完整，消防设施设备功能正常，疏散通道、安全出口畅通。电动自行车集中停放充电，未在疏散通道、安全出口、楼梯间存放、充电，按要求组织消防宣传和消防演练（2分）	管理规范的计2分；每发现一项在职责范围内管理不到位，扣0.5分	
	2.2.3	装饰装修管理规范，全部签订有协议，并告知禁止行为和注意事项，违法违规装修行为及时劝阻、报告（1分）	管理规范计1分，未履行告知义务扣0.5分，未及时劝阻、及时报告有关部门扣0.5分	
	2.2.4	人防设施设备维护管理到位（1分）	维护管理到位计1分，基本到位计0.5分	
	2.2.5	监控设施设备管理规范，摄像头完好（1分）	出入口完好计0.5分，其他部位完好率90%以上（含）计0.5分；80%以上（含）计0.3分，低于80%相应扣分	
	2.2.6	排水设施设备维护管理规范，按交付标准100%能够正常运行（1分）	100%正常运行计1分，每降低10%扣0.2分	

行为类别	代码	信息描述	评分标准	有效期限
2. 日常服务管理评价信息（最高50分）				
政府部门评价15分	2.2.7	供水设备维护管理到位，按规范要求保障用水安全（1分）	管理到位计1分，基本到位计0.5分，不到位计0分	1年
	2.2.8	电梯等特种设备按规定进行年检，委托有资质单位维保，电梯紧急呼叫有人应答（1分）	符合要求计1分，未按期年检扣0.5分，维保单位无资质扣0.3分，紧急呼叫无人应答扣0.2分	
	2.2.9	极端天气、消防等紧急情况的应急预案建立情况（1分）	按规定建立计1分，建立不完善计0.5分，未建立的计0分	
	2.2.10	项目建设、设施设备管理运行、业主信息等档案资料管理（1分）	管理规范计1分，基本规范计0.5分，不规范的计0分	
	2.2.11	物业收费标准、公共收益、信用标识等信息按要求公示，公示规范（1分）	符合公示要求计1分，未按期公示扣0.5分，公示不规范扣0.5分	
	2.2.12	无明显侵占绿地、公共场地、占用消防通道、消防车登高操作场地行为（1分）	无明显侵占计1分，每发现一处问题，扣0.5分	
	2.2.13	履行生活垃圾分类投放管理责任人义务情况（1分）	合格计1分，不合格计0分	
街道社区评价5分	2.3.1	接受街道社区党组织领导，落实党建引领物业工作情况（2分）	符合要求计2分，基本符合要求计1分，不符合计0分	1年
	2.3.2	配合街道社区开展疫情防控等应急处置有关工作情况（1分）	积极配合计1分，基本配合计0.5分，不配合计0分	
	2.3.3	配合街道社区物业管理矛盾纠纷调处工作（1分）	积极配合计1分，基本配合计0.5分，不配合计0分	
	2.3.4	配合街道社区开展精神文明建设工作情况（1分）	积极配合计1分，基本配合计0.5分，不配合计0分	
3. 良好行为信息（最高20分）				
企业良好行为10分	3.1.1	获得党委、政府表扬表彰	省级及以上计5分	3年
			设区市级计4分	2年
			县级计3分	2年
			街道（乡、镇）级计2分	1年
	3.1.2	获得物业管理相关部门表扬表彰	国家级计5分	2年
			省级计4分	2年

行为类别	代码	信息描述	评分标准	有效期限
3. 良好行为信息（最高 20 分）				
企业良好行为 10 分	3.1.2	获得物业管理相关部门表扬表彰	设区市级计 3 分	1 年
			县级计 2 分	1 年
	3.1.3	作为主要起草单位或者主编单位编写物业服务国家、行业、地方标准、文件以及团体标准	国家级计 5 分	2 年
			省级计 4 分	2 年
			设区市和团体计 3 分	1 年
	3.1.4	遵守行业自律管理要求，获得物业管理行业协会表扬表彰	国家级计 3 分	2 年
			省级计 2 分	2 年
			设区市级计 1 分	1 年
			县级计 0.5 分	1 年
项目良好行为 10 分	3.2.1	获得党委、政府表扬表彰	省级及以上计 4 分	3 年
			设区市级计 3 分	2 年
			县级计 2 分	2 年
			街道（乡、镇）级计 1 分	1 年
	3.2.2	获得物业管理相关部门表扬表彰	国家级计 4 分	2 年
			省级计 3 分	2 年
			设区市级计 2 分	1 年
			县级计 1 分	1 年
	3.2.3	遵守行业自律管理要求，获得物业管理行业协会表扬表彰	国家级计 3 分	2 年
			省级计 2 分	2 年
			设区市级计 1 分	1 年
			县级计 0.5 分	1 年
	3.2.4	项目管理服务具有典型示范性	国家级计 4 分	2 年
			省级计 3 分	2 年
			设区市级计 2 分	1 年
			县级计 1 分	1 年
	3.2.5	项目负责人因物业管理服务工作获得表扬表彰	国家级计 4 分	2 年
			省级计 3 分	2 年
			设区市级计 2 分	2 年
			县级计 1 分	2 年

续表

行为类别	代码	信息描述	评分标准	有效期限
4. 不良行为信息				
违法违规行为惩戒	4.1	发生生产安全事故，经司法机关或行政机关认定由物业服务企业负全部责任或主要责任	特别重大事故扣10分，重大事故扣5分，较大事故扣4分	3年
			一般事故扣2分	2年
	4.2	经司法机关认定涉黑涉恶且有关责任人被追究刑事责任的	扣10分	3年
	4.3	提供虚假证明材料骗取信用加分	扣5分	2年
	4.4	依法应当退出物业服务区域，但拒不退出	扣5分	2年
	4.5	违法将一个物业服务区域内的全部物业管理一并委托给他人	扣5分	2年
	4.6	退出物业服务区域拒不移交或者损坏、隐匿、销毁有关财物资料等	扣5分	2年
	4.7	侵占或挪用住宅专项维修资金	扣5分	2年
	4.8	擅自撤离物业服务区域，终止服务	合同期内擅自撤离的扣5分	2年
			合同期满未提前通知的扣2分	1年
	4.9	利用虚假资料等不正当手段谋取中标，或者协助他人围标	以不正当手段谋取中标的扣5分	2年
			协助他人围标的扣3分	1年
	4.10	未按规定办理承担查验手续承接物业管理项目	扣3分	1年
	4.11	擅自改变物业用房用途	扣3分	1年
	4.12	擅自改变物业服务区域内按规划建设的公共建筑和共用设施用途	扣3分	1年
	4.13	擅自占用、挖掘物业服务区域内道路、场地等	扣3分	1年
	4.14	擅自利用物业共用部位、共用设施设备经营	扣3分	1年
	4.15	经营活动中被相关行政管理部门或者街道（乡、镇）发现问题责令整改未按期完成整改，或者被相关行政管理部门或者街道（乡、镇）行政处罚、约谈的	设区市以上扣3分，县级扣2分，街道（乡、镇）级扣1分	1年
	4.16	经营活动中被物业管理行业协会通报批评或约谈的	省级以上扣3分，设区市级扣2分，县级扣1分	1年

（三）建筑业企业公共信用评价

建筑业企业公共信用评价是指住房城乡建设主管部门运用定量的分析方法，依据建筑业企业从事生产经营活动中所发生的市场行为信息，对企业作出信用评价，并依据评价结果对企业实施综合管理的活动。建筑业企业公共信用评价从企业规模、财务能力、工程质量安全管理、科技创新、社会信誉等方面对参评企业进行综合评定（见表 5 - 12）。

表 5 - 12　　　　　　　　　　建筑业企业公共信用评价参考标准

序号	项目	分值	评价内容	评价标准	评价实施单位	评分判定
1	基础分	60 分	企业基础信息	企业参与企业通常行为评价的基础分为60分：企业基础信息完整真实有效的	通过评价系统如实填报	企业如实递交申报
2	经济指标	满分20 分	企业产值（或营收）	企业上一年度在滇累计完成的建筑业产值（或营收）：上一年度同类企业（单位、机构）排名第 1～50 名，得 20 分；排名第 51～200 名，得 19 分；排名第 201～500 名，得 18 分；排名第 501～1 000 名，得 16 分；排名第 1 001～2 000 名，得 14 分；排名第 2 001～5 000 名，得 12 分；5 001 名后有产值（或营收）额的，得 10 分；无产值（或营收）额的，得 0 分（按同行业排名）	企业通过评价系统如实填报，系统评价	企业自行如实填报完成的产值（或营收），每季度上报一次
3	纳税总额	满分5 分	企业纳税信息	税务部门评定的企业纳税信用等级：纳税信用等级为 A 级，得 5 分；纳税信用等级为 B 级，得 4 分；纳税信用等级为 M 级，得 3 分；纳税信用等级为 C 级，得 2 分；纳税信用等级为 D 级及无纳税信用等级评价的不得分	企业通过评价系统如实填报，系统评价	如实申报，须与税务系统生成的纳税信用等级保持一致
4.1	良好信息	满分10 分	工程质量类奖项	企业承建（或参与项目建设的各方）的工程近 3 年内获得以下工程质量奖项：（1）由国家建设行政主管部门或授权相关机构组织评选的工程奖，每一项目得 5 分；（2）由省级建设行政主管部门或授权相关机构组织评选的工程奖，每一项目得 3 分；（3）由州（市）级建设行政主管部门或授权相关机构组织评选的工程奖，每一项目得 1 分。省部级及以上奖项，不设等级的得满分，设等级的，每降低一个等级扣 0.5 分；州市级不设等级的得满分，设等级的，每降低一个等级扣 0.2 分；特级奖项按一级奖项记录得分。同一项目多次获奖的，以最高奖项记录	企业通过评价系统如实填报，系统评价	以生效的通报文书为准

序号	项目	分值	评价内容	评价标准	评价实施单位	评分判定
4.2	良好信息	满分5分	安全文明施工类奖项	企业承建（或参与项目建设的各方）的工程项目近2年内获得建筑施工安全生产标准化工地项目：（1）获得国家级标准化工地的得5分；（2）获得省级标准化工地的得3分；（3）获得州（市）级标准化工地的得1分。同一项目多次获奖的，以最高奖项记录	企业通过评价系统如实填报，系统评价	以生效的文书为准
4.3	良好信息	满分5分	通报表彰	企业承建（或参与项目建设的各方）近2年内参与省组织的抢险救灾活动、灾后重建活动、易地扶贫搬迁等公益活动的：（1）受省级及以上行政主管部门通报表彰，一次得3分；（2）受到州（市）级行政主管部门通报表彰，一次得2分。同一项目多次获奖的，以最高奖项记录	企业通过评价系统如实填报，系统评价	以生效的文书为准
4.4	良好信息	满分5分	绿色科技创新技术	企业承揽的工程项目近2年内，建筑面积20 000平方米以上，主体结构施工工艺采用新技术、新工艺等"四新技术"的，每个项目加1分	企业通过评价系统如实填报，系统评价	企业如实递交申报
4.5	良好信息	满分10分	职工参保率5分	$Z=$企业职工参保人数企业/签订劳动合同总人数	企业通过评价系统如实填报，系统评价	企业如实递交申报
			职工执业信息5分	$Z=$（企业助理级职称以上人数＋企业有执业资格人数－企业既有职称又有执业资格人数）/企业签订劳动合同总人数		
4.6	良好信息	满分3分	取得认证体系	质量管理体系认证，得1分	企业通过评价系统如实填报，系统评价	以证书为准
				环境管理体系认证，得1分		
				职业健康安全管理体系认证，得1分		
4.7	良好信息	满分8分	实施工程总承包全过程咨询项目	企业近3年内牵头承接项目的工程总承包或对建设工程进行全过程工程咨询项目，每个项目得1分。评价期内承接了与工程相关的投资咨询、招标代理、勘察、设计、监理、全过程工程咨询、财政支出绩效评价、BIM咨询、PPP咨询、EPC等咨询业务，每个类型得1分	企业通过评价系统如实填报，系统评价	企业如实递交申报
4.8	良好信息	满分10分	科学技术奖励奖项	企业近3年内项目获得以下奖项：（1）企业近3年，在滇完成项目，获得国家级科学技术奖项，每项得6分；（2）企业近3年，完成项目，获得省、部级科学技术奖项，每项得3分；	企业通过评价系统如实填报，系统评价	企业如实递交申报

序号	项目	分值	评价内容	评价标准	评价实施单位	评分判定
4.8	良好信息	满分10分	科学技术奖励奖项	（3）省高新技术企业，得2分；（4）省成长型中小企业，得2分；（5）省科技型、创新型企业，得2分；（6）省级及以上工程建设工法，每项得2分；（7）省级及以上企业技术中心，得2分；（8）编制完成地方标准并颁布实施的，每项得2分；（9）省建筑信息模型（BIM）技术、装配式建筑应用试点示范项目、省住建厅或省科技厅科技计划项目、省住建厅科技示范项目，每项得2分；（10）省绿色施工示范工程，每项得2分；（11）省优秀质量管理小组，每项得1分。同一项目多次获奖的，以最高奖项记录	企业通过评价系统如实填报，系统评价	企业如实递交申报
4.9	经济指标	满分5分	注册地企业在省外、国外经济指标	上一年度同类企业（单位、机构）产值或营收排名第1~50名，得5分；排名第51~100名，得4分；排名第101~200名，得3分；排名第201名后的，得2分；没有省外、国外产值或营收的，得0分	企业通过评价系统如实填报，系统评价	企业如实递交申报
4.10	良好信息	满分6分	取得建筑行业企业信用第三方综合评价指标得分	按企业信用综合评价指标得分折算。信用综合评价得分＝企业信用综合评价指标得分÷100×6	企业通过评价系统如实填报，系统评价	企业如实递交申报
5.1	不良信息	扣分累计	市场交易类处罚信息	将承担的项目转包或者违法分包，1次扣20分	由各级住房和城乡建设主管部门或其委托的评价机构负责填报并实施评价	生效的行政处罚文书或司法机关判决文书。无处罚时限的按一年处罚期限实施评价
				在投标过程中有以他人名义投标或者以其他方式弄虚作假行为的，1次扣20分		
				存在串通投标行为的，1次扣20分		
				投标人及其利害关系人故意捏造事实、伪造证明或者以非法手段取得证明材料进行招投标投诉的，1次扣20分		
				若招标人不按照招标文件和中标人的投标文件订立合同，合同的主要条款与招标文件、中标人的投标文件的内容不一致，或者另行订立背离合同实质性内容协议的，1次扣10分		
				中标人无正当理由不与招标人订立合同，在签订合同时向招标人提出附加条件，或者不按照招标文件要求提交履约保证金或保函、保证保险的，1次扣10分		

续表

序号	项目	分值	评价内容	评价标准	评价实施单位	评分判定
5.2	不良信息	扣分累计	项目管理类处罚信息	企业承建（或参与项目建设的各方）的项目发生特别重大质量或生产安全责任事故，1次扣100分	由省住房和城乡建设主管部门或其委托的评价机构负责填报并实施评价	以有关行政主管部门的工程质量安全事故通报或按事故鉴定报告为准
				企业承建（或参与项目建设的各方）的项目发生重大质量或生产安全责任事故，1次扣60分		
				企业承建（或参与项目建设的各方）的项目发生较大质量或生产安全责任事故，1次扣30分		
				企业承建（或参与项目建设的各方）的项目发生一般质量或生产安全责任事故。1次扣10分		
				企业承建（或参与项目建设的各方）的项目未办理施工许可证（开工令）擅自施工，1次扣5分		生效的行政处罚文书、通报文书
5.3	不良信息	扣分累计	综合管理类处罚信息	被行政主管部门列入欠薪黑名单，一次扣30分；拖欠农民工工资，受到各级行政主管部门通报的，一次扣20分；因恶意讨薪被行政主管部门列入黑名单，一次扣30分；企业以被拖欠工程款或价格纠纷为由，恶意讨要农民工工资、工程款，故意集访、群访的，一次扣20分	由省住房和城乡建设主管部门或其委托的评价机构负责填报并实施评价	生效的行政处罚文书或行政处理文书。文书有处罚时限的按处罚时限内实施评价，无处罚时限的按一年处罚期限实施评价
				涂改、伪造、出借、转让企业资质证书、企业营业执照，允许其他单位或个人以本单位名义承接项目的，一次扣20分		
				企业不具备相应资质（资格）或超越本单位资质承接工程的，1次扣10分		
				在企业资质（资格）、人员资格许可过程中，存在弄虚作假行为的，1次扣10分		
				企业以买卖、租借或其他形式非法取得个人执业注册证书或执业印章的。1人/次扣5分。（按行政处罚文书或司法机关判决文书时限计算）		生效的行政处罚文书或行政处理文书。无处罚时限的按一年处罚期限实施评价

续表

序号	项目	分值	评价内容	评价标准	评价实施单位	评分判定
5.3	不良信息	扣分累计	综合管理类处罚信息	企业被人民法院判决生效的行贿受贿犯罪案件中认定有相关行贿事实的，并被录入检察机关《行贿犯罪档案查询系统》，1 次扣 20 分	由省住房和城乡建设主管部门或其委托的评价机构负责填报并实施评价	各级人民法院生效的判决文书或检察机关《行贿犯罪档案查询系统》信息
				企业或企业法定代表人因拒不履行生效法律文书确定的义务，被人民法院依法纳入失信被执行人名单的，1 次扣 20 分		生效的行政处罚文书或行政处理文书。文书有处罚时限的按处罚时限内实施评价，无处罚时限的按一年处罚期限实施评价
				企业在申报企业通常行为信息过程中，提供虚假信用信息，每 1 条虚假信息，扣 10 分		
				企业在填报上述信息时，需如实完整、逐条填报；评价过程中发现未填报完整的，经核实，企业资质或在册专业技术人员或近五年已完工项目及在建项目信息，每类缺项扣 10 分		

第三节　信用修复

一、信用修复类型

实践中常见的信用修复分为信用信息修复（即行政处罚信用信息修复）、失信被执行人的信用修复和商事主体的信用修复（即国家企业信用信息公示系统不良记录的信用修复）、征信异议处理（即中国人民银行征信中心记录信息的异议处理）四大类。

从广义主体的角度来看，信用修复还包括各行业或领域行政主管部门主导的行业市场主体的信用修复，例如纳税信用修复、环保信用修复、交通运输信用修复、物业服务信用修复等。

二、信用修复条件及流程

（一）信用修复考量的条件

针对信用主体违法违规行为进行信用修复，重点在于该违法违规行为是否具有可修复性，从目前的实践看，需要重点考量四个条件。

1. 信用主体修复的意愿。即信用修复程序应当基于信用主体的申请而启动。

2. 失信行为的危害程度。轻微违法违规行为和一般违法违规行为才可以纳入信用修复范围，重大违法违规行为不具有可修复性。

3. 失信行为发生的客观原因。非因信用主体的原因而引发的失信行为，原则上应当予以修复。

4. 对失信行为的主观认知。即信用主体是否真正认识到其行为的违法违规性，并通过信用承诺和实际行动纠正违法违规行为，改善其诚信状况。

（二）信用修复流程

信用修复流程主要有四步。

1. 提出申请。信用主体通过信用修复规定的信用修复方式，在纠正失信行为、消除不良影响后，可以向作出失信认定的国家机关提出信用修复申请。

2. 受理申请。按照"谁提供，谁负责"的原则，申请主体向作出处罚的行政机关提出修复申请。

3. 作出修复决定。依据申请主体主动纠正了违法失信行为及提交相关修复证明材料，作出处罚的行政机关核实同意修复，并告知申请人。

4. 数据处理和应用。根据受理机关作出的处理决定，公共信用信息管理部门进行核查并修复该主体信用信息，在公示平台将撤下相关公示信息，将信息修复情况反馈给行政机关和申请主体。各地各部门也应及时撤下同一信息，不再作为失信联合惩戒依据。

三、信用修复操作技术

（一）信用信息修复

1. 信用信息修复适用范围。全国信用信息共享平台、"信用中国"网站以及地方信用信息共享平台和信用网站（以下统称"信用平台网站"）开展信用信息修复活动。

2. 信用信息修复方式。信用信息修复的方式包括移出严重失信主体名单、终止公示行政处罚信息和修复其他失信信息。（1）终止公示行政处罚信息是指归集机构按照有关规定，对正在信用网站上公示的信用主体有关行政处罚信息终止公示。（2）移出严重失信主体名单是指认定单位按照有关规定，将信用主体从有关严重失信主体名单中移出。（3）修复其他失信信息，按照认定单位有关规定执行。

（二）信用信息修复的条件

1. 终止公示行政处罚信息的条件。（1）完全履行行政处罚决定规定的义务，纠正违法行为。（2）达到最短公示期限，其中最短期限为三个月，最长期限为三年。其中涉及食品、药品、特种设备、安全生产、消防领域的行政处罚信息最短公示期一年。最短公示期届满后，方可按规定申请提前终止公示。最长公示期届满后，相关信息自动停止公示。同一行政处罚决定涉及多种处罚类型的，其公示期限以期限最长的类型为准。行政处罚信息的公示期限起点以行政处罚作出时间为准。（3）公开作出信用承诺。承诺内容应包括所提交材料真实有效，并明确愿意承担违反承诺的相应责任。

2. 移出严重失信信息的修复、修复其他失信信息的条件。移出严重失信信息的修复、修复其他失信信息的条件按照认定单位有关规定执行。信用主体向严重失信信息的认定单位提出申请，并由其决定是否同意将信用主体移出名单。对于认定单位共享的移出名单，"信用中国"网站在收到之日起三个工作日内终止公示严重失信主体名单信息。修复其他失信信息依据法律法规、部门规章建立信用信息修复制度的，由认定单位受理相关修复申请。尚未建立信用信息修复制度的领域，由国家公共信用信息中心受理修复申请。

（三）市场主体信用修复

1. 商事主体的信用修复政策依据和方式。商事主体信用修复是指市场监督管理部门按照规定的程序，将符合条件的当事人依法移出经营异常名录、恢复个体工商户正常记载状态、提前移出严重违法失信名单、提前停止通过国家企业信用信息公示系统公示行政处罚等相关信息，并依法解除相关管理措施，按照规定及时将信用修复信息与有关部门共享。信用修复的对象包括受到市场监管部门行政处罚、被列入经营异常名录、严重违法失信名单和被标记为经营异常状态的当事人。

（1）商事主体信用修复的政策依据。2021 年 7 月，国家市场监督管理总局印发《市场监督管理信用修复管理办法》《市场监督管理行政处罚信息公示规定》和《市场监督管理严重违法失信名单管理办法》，自 2021 年 9 月 1 日起施行。

（2）商事主体信用修复的方式。针对不同的违法失信情形，规定了不同的信用修复方式。针对被列入经营异常名录或严重违法失信名单的，应当予以移出。针对被标记为个体工商户异常记载状态的，应当予以恢复。针对在国家企业信用信息公示系统公示的行政处罚信息，应当予以提前停止公示。

2. 商事主体信用修复管辖。（1）经营异常名录、严重违法失信名单信用修复管理工作由作出列入决定的市场监督管理部门负责。（2）个体工商户经营异常状态信用修复管理工作由作出标记的市场监督管理部门负责。（3）行政处罚信息信用修复管理工作由作出行政处罚决定的市场监督管理部门负责。

在国家企业信用信息公示系统公示的被市场监管部门以外的政府部门认定的市场主体失信信息的修复，由认定的部门负责。不属于商事主体的信用修复范围。

3. 商事主体的信用修复的条件。

（1）经营异常名录信用修复的条件。《市场监督管理信用修复管理办法》第 5 条规定了被列入经营异常名录或者被标记为经营异常状态的信用修复条件：①补报未报年份的年度报告并公示的；②已经履行即时信息公示义务的；③已经更正其隐瞒真实情况、弄虚作假的公示信息的；④依法办理住所或者经营场所变更登记，或者当事人提出通过登记的住所或者经营场所可以重新取得联系的。

（2）行政处罚公示信息信用修复的条件。①公示期届满。受到通报批评或者较低数额罚款的行政处罚信息自公示之日起届满 3 个月，其他行政处罚信息公示期满 6 个月，其中食品、药品、特种设备领域行政处罚信息公示期满一年；②已经自觉履行行政处罚决定中规定的义务；③已经主动消除危害后果和不良影响；④未因同一类违法行为再次受到市场监督管理部门行政处罚；⑤未在经营异常名录和严重违法失信名单中。

根据《市场监督管理行政处罚信息公示规定》第 13 条规定，仅受到通报批评或者较低数额罚款的行政处罚信息自公示之日起届满 3 个月停止公示。

（3）严重违法失信名单信用修复的条件。①已经自觉履行行政处罚决定中规定的义务；②已经主动消除危害后果和不良影响；③未再受到市场监督管理部门较重行政处罚。

为了做好行政处罚措施和严重违法失信名单管理的衔接，按照《食品安全法》等法律法规中关于行业禁入、限制从业的规定，《市场监督管理信用修复管理办法》第 7 条第 2 款规定，"依照法律、行政法规规定，实施相应管理措施期限尚未届满的，不得申请提前移出"，强化对被实施行业禁入、限制从业的严重违法失信情形的失信惩戒。

4. 商事主体信用修复流程及线上操作指引。

（1）商事主体信用修复流程。为了方便当事人申请信用修复，《市场监督管理信用修复管理办法》第 8 条规定，当事人可以到市场监管部门，或者通过国家企业信用信息公示系统向市场监管部门提出申请。同时《市场监督管理信用修复管理办法》第 14 条规定，市场监管部门可以通过纸质、电子邮件、手机短信、网络等方式告知当事人，方便当事人，提高办理效率。

①申请与受理。a. 当事人可以到市场监督管理部门，或者通过公示系统向市场监督管理部门提出申请。b. 市场监督管理部门应当自收到申请之日起 2 个工作日内作出是否受理的决定。申请材料齐全、符合法定形式的，应当予以受理，并告知当事人。不予受理的，应当告知当事人，并说明理由。

②核实与处理。市场监督管理部门可以采取网上核实、书面核实、实地核实等方式，对当事人履行法定义务、纠正违法行为等情况进行核实。

a. 补报未报年份年度报告并公示、已经履行即时信息公示义务的；申请移出经营异常名录或者申请恢复个体工商户正常记载状态的。市场监督管理部门应当自收到申请之日起 5 个工作日内作出决定，移出经营异常名录，或者恢复个体工商户正常记载状态。

b. 已经更正其隐瞒真实情况、弄虚作假的公示信息；依法办理住所或者经营场所变更登记，或者当事人提出通过登记的住所或者经营场所可以重新取得联系的，申请移出经营异常名录或者申请恢复个体工商户正常记载状态的。市场监督管理部门应当自查实之日起 5 个工作日内作出决定，移出经营异常名录，或者恢复个体工商户正常记载状态。

c. 行政处罚公示信息、严重违法失信名单申请信用修复的，市场监督管理部门应当自受理之日起 15 个工作日内作出决定。准予提前停止公示行政处罚信息或者移出严重违法失信名单的，应当自作出决定之日起 3 个工作日内，停止公示相关信息，并依法解除相关管理措施。不予提前停止公示行政处罚信息或者移出严重违法失信名单的，应当告知当事人，并说明理由。

③协调信息推送。a. 市场监督管理部门应当自移出经营异常名录、严重违法失信名单，恢复个体工商户正常记载状态，或者停止公示行政处罚等相关信息后 3 个工作日内，将相关信息推送至其他部门。b. 按照"谁认定、谁修复"原则，登记地（住所地）市场监督管理部门应当自收到其他部门提供的信用修复信息之日起 5 个工作日内，配合在公示系统中停止公示、标注失信信息。c. 作出决定或者标记的市场监督管理部门和当事人登记地（住所地）不属于同一省、自治区、直辖市的，应当自作出决定之日起 3 个工作日内，将相关信息交换至登记地（住所地）市场监督管理部门，由其协助停止公示相关信息。

④故意隐瞒真实情况、弄虚作假的处理。当事人故意隐瞒真实情况、弄虚作假，情节严重的，由市场监督管理部门撤销准予信用修复的决定，恢复之前状态。市场监督管理部门行政处罚信息、严重违法失信名单公示期重新计算。

（四）失信被执行人信用修复

1. 失信被执行人信用修复含义。失信被执行人信用修复是指已被纳入失信被执行人名单库的被执行人，有积极履行生效法律文书确定的义务的行为，向人民法院申请信用修复，人民法院根据案件具体情况，可将其名单信息从最高人民法院失信被执行人名单库中删除，并解除与提高履行能力相关的限制性措施。

从失信被执行人信用修复定义中可以看出，中国裁判文书网公开的裁判文书申请撤销或删掉不属于信用修复的范围。中国裁判文书网公开的裁判文书都是由法院经过当事人相关信息屏蔽处理，由全国各法院统一上传上去的，并不是哪个网站弄的，是为了司法公开，保证司法透明度的一种手段。那么，中国裁判文书网公开裁判文书是否可以申请撤销或删除呢？当然可以申请删除。但能不能删除应由法院审查后再进行处理。如果您的情况符合《关于人民法院在互联网公开裁判文书的规定》中不应当公示的情形时，您可以书面的方式告知法官，要求其不予公示；如果属于应当公示的判决，您可以申请法院将您的身份信息、住址删除。

2. 失信被执行人信用修复法律依据。《最高人民法院关于公布失信被执行人名单信息的若干规定》（以下简称《规定》）第 1 条规定，被执行人未履行生效法律文书确定的义务，并具有下列情形之一的，人民法院应当将其纳入失信被执行人名单，依法对其进行信用惩戒：（1）有履行能力而拒不履行生效法律文书确定义务的；（2）以伪造证据、暴力、威胁等方法妨碍、抗拒执行的；（3）以虚假诉讼、虚假仲裁或者以隐匿、转移财产等方法规避执行的；（4）违反财产报告制度的；（5）违反限制消费令的；（6）无正当理由拒不履行执行和解协议的。

《规定》第 9 条明确，不应纳入失信被执行人名单的公民、法人或其他组织被纳入失信被执行人名单的，人民法院应当在 3 个工作日内撤销失信信息。记载和公布的失信信息不准确的，人民法院应当在 3 个工作日内更正失信信息。

《规定》第 10 条明确，具有下列情形之一的，人民法院应当在 3 个工作日内删除失信信息：（1）被执行人已履行生效法律文书确定的义务或人民法院已执行完毕的；（2）当事人达成执行和解协议且已履行完毕的；（3）申请执行人书面申请删除失信信息，人民法院审查同意的；（4）终结本次执行程序后，通过网络执行查控系统查询被执行人财产两次以上，未发现有可供执行财产，且申请执行人或者其他人未提供有效财产线索的；（5）因审判监督或破产程序，人民法院依法裁定对失信被执行人中止执行的；（6）人民法院依法裁定不予执行的；（7）人民法院依法裁定终结执行的。有纳入期限的，不适用前款规定。纳入期限届满后 3 个工作日内，人民法院应当删除失信信息。

《规定》第 11 条明确，被纳入失信被执行人名单的公民、法人或其他组织认为有下列情形之一的，可以向执行法院申请纠正：（1）不应将其纳入失信被执行人名单的；（2）记载和公布的失信信息不准确的；（3）失信信息应予删除的。

《规定》第 12 条明确，公民、法人或其他组织对被纳入失信被执行人名单申请纠正的，执行法院应当自收到书面纠正申请之日起 15 日内审查，理由成立的，应当在 3 个工作日内纠正；理由不成立的，决定驳回。公民、法人或其他组织对驳回决定不服的，可以自决定书送达之日起 10 日内向上一级人民法院申请复议。上一级人民法院应当自收到复议申请之日起 15 日内作出决定。复议期间，不停止原决定的执行。

3. 法院对纳入失信和解除失信的规定。法院对纳入失信和解除失信的规定，各省高院的规定不一定一致，根据相关规定和实践经验，对如何正确掌握纳入失信被执行人名单解除的情况进行归纳，具体为：

（1）规定纳入失信记录的五种情况。

第一种情况，有能力履行而拒不履行要纳入失信记录。有履行能力而拒不履行生效法律文书确定义务的常见的情形：

被执行人承担金钱给付义务时有可供执行的财产，承担行为给付义务时有可实际履行的能力，但具有积极逃避履行或消极懈怠不履行的情形均属于"有履行能力而拒不履行生效法律文书确定义务"。其中，被执行人"有能力履行"既包括具备全部履行能力，也包括具备部分履行能力。

下列情形可以认定为"有履行能力而拒不履行生效法律文书确定义务"：①拒不履行行为义务；②拒不交付人民法院已经查封但未实际控制的车辆、船舶等动产；③人民法院就房屋、土地等不动产发布搬迁公告后，拒不搬迁的；④被执行人的工资等收入明显超出被执行人及其所扶养家属生活所必需的费用，仍拒不履行金钱给付义务；⑤被执行人放弃或怠于主张债权。

第二种情况，妨碍抗拒规避执行要纳入失信记录。规避执行情形：（1）通过虚假诉讼、仲裁妨碍执行的行为；（2）转移、毁损、隐匿、低价处置被执行人财产以及其他导致财产不能处置、迟延处置、价值贬损的行为；（3）通过恶意异议、诉讼，或恶意设置租赁、抵押、质押、债务等方式妨碍执行的行为；（4）通过住所搬迁、场地转移、主要人员变更、注销电话号码、变更登记地址等方式逃避人民法院对被执行人下落和经营场所查找的行为。

第三种情况，违反财产报告制度要纳入失信记录。以违反报告财产制度为由将其纳入失信被执行人名单的人民法院应当审查下列事项。

报告财产令是否发出。发出方式包括但不限于以下情形：①直接向被执行人送达执行通知及报告财产令的；②按照被执行人在审判程序、执行程序中确认的送达地址，发出执行通知及报告财产令的；③被执行人或其同住成年家属拒绝接收执行通知及报告财产令，人民法院将上述文书留置在被执行人住所，并采用拍照、录像等方式记录送达过程的；④按照被执行人在实名认证的社交、购物、投资等网络平台所绑定的电话号码、收货地址、传真、电子邮件等方式发出执行通知及报告财产令的。

被执行人是否有拒绝报告、虚假报告或者无正当理由逾期报告财产的情形。

第四种情况，违反限制消费令要纳入失信记录。《最高人民法院关于公布失信被执行人名单信息的若干规定》第1条规定，被执行人未履行生效法律文书确定的义务，并具有下列情形之一的，人民法院应当将其纳入失信被执行人名单，依法对其进行信用惩戒……违反限制消费令的……

第五种情况，无正当理由不履行和解协议要纳入失信记录。《最高人民法院关于公布失信被执行人名单信息的若干规定》第 1 条规定，被执行人未履行生效法律文书确定的义务，并具有下列情形之一的，人民法院应当将其纳入失信被执行人名单，依法对其进行信用惩戒……无正当理由拒不履行执行和解协议的。

（2）规定禁止纳入失信我要记录的五种情况。①已控财产够清偿的禁止纳入失信记录；②担保充足够偿还的禁止纳入失信记录；③履行条件未成就的禁止纳入失信记录；④被执行人未成年的禁止纳入失信记录；⑤单位"四类"人的禁止纳入失信记录。

《最高人民法院关于在执行工作中进一步强化善意文明执行理念的意见》第 16 条明确，不采取惩戒措施的几类情形……单位是失信被执行人的，人民法院不得将其法定代表人、主要负责人、影响债务履行的直接责任人员、实际控制人等纳入失信名单……

（3）规定审慎纳入失信记录的四种情况。

①校园贷"套路贷"审慎纳入失信记录。《最高人民法院关于在执行工作中进一步强化善意文明执行理念的意见》第 16 条明确，不采取惩戒措施的几类情形……全日制在校生因"校园贷"纠纷成为被执行人的，一般不得对其采取纳入失信名单或限制消费措施。

②已控财产可能清偿审慎纳入失信记录。《最高人民法院关于在执行工作中进一步强化善意文明执行理念的意见》第 16 条明确，人民法院已经控制足以清偿债务财产的，不对被执行人采取惩戒措施。但是在执行实践中，法院查封的被执行人的财产是否足以清偿债务，往往一时难以确定。此时应关注可能性，即如果有证据证明已经控制的财产在变现后可能全额清偿债务的，一般不对其采取纳入失信名单或限制消费措施。

③低保残疾生活困难审慎纳入失信记录。财产、收入不足以维持其基本生活的低保户、残疾人等特殊群体，一般都不具有偿付债务的能力，不符合有履行能力而不履行的情形，因此一般不得纳入失信。

④抢险救灾抗疫企业审慎纳入失信记录。《最高人民法院关于依法妥善办理涉新冠肺炎疫情执行案件若干问题的指导意见》第 7 条明确，疫情期间，对已纳入发展改革、工业和信息化部门确定的全国性或地方性疫情防控重点保障企业名单的企业，原则上不得采取失信惩戒和限制消费措施；已经采取并妨碍疫情防控工作的，要及时解除并向申请执行人说明有关情况。对未纳入重点保障企业名单的疫情防控企业采取失信惩戒和限制消费措施的，可以根据具体情况参照前述规定办理……

（4）规定可宽限纳入失信记录的七种情况。

①受灾受疫小企业可宽限。《最高人民法院关于依法妥善办理涉新冠肺炎疫情执行案件若干问题的指导意见》第 7 条明确，对受疫情影响较大、暂时经营困难的企业尤

其是中小微企业，人民法院在依法采取失信惩戒或者限制消费措施前，原则上要给予 3 个月的宽限期。

②上市公司重点企业可宽限。一般来讲，上市公司的管理和财产相对透明，偿付能力较强，将上市公司纳入失信名单或者限制消费，造成的影响也更大。重点企业一般得到的政策扶持较大，偿付能力也较强。因此在执行中，可以给予上市公司和重点企业一定的执行宽限期。

③信用记录良好企业可宽限。被执行人一贯信用良好的，人民法院可以依被执行人申请，或依职权给予一定的执行宽限期。理由是信用体系建设既要重视失信惩戒，也要重视守信激励。既往信用良好的企业和个人，其自动履行的可能性也较强。

④主动偿还部分债务可宽限。被执行人主动偿还部分债务的，已经表现出履行债务的诚意，给予其一定的宽限期，有助于被执行人更好地履行债务。

⑤在读全日制大学生及应届毕业生可宽限。全日制大学生一般没有独立的经济能力，即便兼职一般也仅够支付学费和日常生活开支。应届毕业生刚走出校园，也面临较大的独立生存压力。且这两类学生一般涉世未深，社会经验不足，可塑性较强，社会可以给予更大的宽容和纠错的机会。

⑥申请执行人同意可宽限。参照《最高人民法院关于公布失信被执行人名单信息的若干规定》第 10 条第 1 款，具有下列情形之一的，人民法院应当在 3 个工作日内删除失信信息……申请执行人书面申请删除失信信息，人民法院审查同意的……

⑦被执行人有其他债权正在执行可宽限。被执行人自身无财产可供执行，但有其他债权正在执行，且金额足以偿还申请执行人的，人民法院可以给予被执行人一定的执行宽限期。理由是此种情况下，被执行人实际上具备偿还能力，人民法院应当努力推进两个案件的执行，从根本上、整体上化解纠纷。

（5）规定应删除纳入失信记录的十一种情况。

①纳入期限届满应删除失信；②生效文书履行完毕应删除失信；③和解协议履行完毕应删除失信；④受理破产案件应删除失信；⑤再审中止执行应删除失信；⑥不予执行应删除失信；⑦终结执行应删除失信；⑧终本后两次查询无财产应删除失信；⑨申请执行人申请可删除失信；⑩积极履行生效文书可删除失信；⑪主动纠正失信行为可删除失信。

4. 纳入失信的解除与救济方法。

（1）提交的材料。①书面申请书。书面申请应载明当事人基本信息、生效法律文书确定的义务履行情况、申请事项及理由。同时承诺诚实守信，加强自我约束管理、不进行非生活和工作必需的消费，主动配合法院执行，自愿接受申请执行人和其他单位的监督。②相关证据材料。相关证据材料包括被执行人系自然人的，应当提供包括身份证明、财产情况报告（含本人、配偶、未成年子女的住房、车辆、贵重物品、股票、基金等财产情况）、人民银行征信报告、收入证明、社保信息、公积金信息等相关证明材料；被执行人系法人的，应提供包括社会统一信用代码、营业执照副本、资产状况、投资收益等相关证明材料。

（2）受理部门或负责受理人员。执行法院案件承办人处或执行事务专区工作人员。提交申请之前最好先与原该案执行法官沟通，争取信任与支持，同时了解提交申请的方式方法，通常会有事半功倍的效果。

（3）注意事项。①受疫情影响较大的被执行企业尤其是中小微企业确因复工复产需要，申请暂时解除失信惩戒措施的，人民法院应当积极与申请执行人沟通，在征得其同意后及时予以解除。②当事人对人民法院作出的关于信用承诺和信用修复的执行决定有异议，可依法向执行法院提出执行异议。执行法院应在 15 日内审查完毕；当事人仍有异议的，按照《民事诉讼法》第 225 条规定依法处理。异议复议期间，不停止原决定执行。

（五）公开裁判文书的申请撤销或删除

从失信被执行人信用修复定义中可以看出，中国裁判文书网公开的裁判文书申请撤销或删掉严格来说不属于信用修复的范围。中国裁判文书网公开的裁判文书都是由法院经过当事人相关信息屏蔽处理，由全国各法院统一上传的，是为了司法公开，保证司法透明度的一种手段。那么，中国裁判文书网公开的裁判文书是否可以申请撤销或删除呢？答案是可以的。但要由法院审查后再处理。如果您的情况符合不应当公示的情形时，可以书面方式告知法官，要求其不予公示；如果属于应当公示的判决，可以申请法院将您的身份信息、住址删除。

《最高人民法院关于人民法院在互联网公开裁判文书的规定》第 4 条规定，人民法院作出的裁判文书有下列情形之一的，不在互联网公布：（1）涉及国家秘密的；（2）未成年人犯罪的；（3）以调解方式结案或者确认人民调解协议效力的，但为保护国家利益、社会公共利益、他人合法权益确有必要公开的除外；（4）离婚诉讼或者涉及未成年子女抚养、监护的；（5）人民法院认为不宜在互联网公布的其他情形。

"人民法院认为不宜在互联网公布的其他情形"系对于不宜上网裁判文书的一个兜底条款，主要指法院认为不宜上网或上网后会带来巨大的负面影响的裁判文书，例如，涉及重大政治、外交、民族、宗教、社会稳定、历史遗留问题等敏感因素，可能导致出现严重后果的。婚姻家庭、继承、相邻关系案件的裁判文书，公布后可能导致矛盾激化或给当事人及其诉讼参与人生活、工作造成严重困扰的等，包括涉及名誉权和隐私权等因素。但实践中各地法院的解释并不统一，不同法院对兜底性条款的不同解释，由业务部门负责人或分管院领导行使自由裁量权；部分法院作了限制性规定，例如北京和重庆都规定"其他不宜上网公布的情形"，包括公布后可能对正常社会秩序和善良风俗产生重大不利影响的、公布后可能给当事人或其他诉讼参与人生活、工作造成严重困扰的裁判文书。

《浙江省高级人民法院关于在互联网公布裁判文书的实施细则》对"人民法院认为不宜在互联网公布的其他情形"解释为，文书公开影响当事人权益，删除案件信息后裁判文书已失去公开意义，或者对口头撤诉未作出裁判文书等。

2020年3月3日，北京互联网法院开庭审理某网络侵权责任纠纷案，该案原告为章××，被告则是知乎网运营主体北京智者天下科技有限公司。根据中国裁判文书网公开信息显示，该案已于3月25日完成民事一审判决。法院未公开判决书具体内容，理由为"人民法院认为不宜在互联网公布的其他情形"。据悉，该案涉及的"网络侵权责任纠纷"主要是侵犯人格权和侵犯著作权。其中人格权包括名誉权、肖像权、隐私权。这就是人民法院认为不宜在互联网公布的其他情形的依据。

在实践中，对于民事类、经济类纠纷案件，当事人主动执行裁判文书的，当事人均可以法院公开裁判文书给当事人企业经营带来一定的困扰、影响当事人权益为由，申请撤销或删掉，人民法院从有利于营造营商环境，支持企业发展的角度考虑，原则上都会受理申请的，具体做法可参照《失信被执行人的信用修复操作技巧》。

（六）限制高消费措施的采取、解除以及救济

1. 采取限制高消费措施的情形。（1）被执行人符合纳入失信被执行人名单的情形，也属于应当采取限制高消费措施的情形，法院在将被执行人纳入失信被执行人名单的同时也应当对被执行人采取限制高消费措施。（2）被执行人本身无财产可供执行，案件符合终结本次执行程序的，属于应当采取限制高消费措施的情形。（3）只要未按照执行通知书指定的期间履行给付义务，法院均可以对被执行人采取限制高消费措施。

2. 对限制高消费措施的主体范围与认定。

（1）对单位被执行人采取限制高消费措施，被执行人的法定代表人、主要负责人、影响债务履行的直接责任人员、实际控制人也可以申请一并采取限制高消费措施。①法定代表人一般以营业执照、统一社会信用代码证书等登记载明为准；②主要负责人一般是指非法人组织的代表人，原则上也以工商登记或者以营业执照、统一社会信用代码证书等登记载明的为准；③影响债务履行的直接责任人员，一般是指虽不具有法定代表人、主要负责人等特定身份，但能够通过其行为（包括作为和不作为），直接对单位的实际经营活动产生重要影响的人；④实际控制人通常是指虽不是单位的股东或其他登记的权益人，但通过投资关系、协议或者其他安排（例如代持股、家族企业、VIE协议控制等形式），能够实际支配单位行为的人。

（2）在实践中，对于非法定代表人的董事长或者执行董事，债权人可以申请法院

将其作为影响债务履行的直接责任人员采取限制高消费措施。

3. 限制高消费措施的解除。限制高消费令有两种撤销解除方式，第一种解除方式是被执行人自动履行或者向执行法院提供确实有效担保，然后申请法院解除限制高消费令。第二种方解除式是申请执行人向执行法院提交同意解除被执行人限制高消费令的申请书。属于以下情形之一的，可以申请法院解除限制高消费令。（1）生效法律文书已履行完毕的应当解除。（2）提供确实有效的担保或申请执行人同意的可以解除。（3）单位的法定代表人、主要负责人在变更后，能够提供相关的证据证明法定代表人、主要负责人已经发生变更，且变更后其也不是单位的实际控制人、影响债务履行的直接责任人员，可以向法院申请解除对其的限制高消费措施。（4）被限制高消费的个人因本人或近亲属重大疾病就医，近亲属丧葬，以及本人执行或配合执行公务，参加外事活动或重要考试等紧急情况亟须赴外地，向人民法院申请暂时解除乘坐飞机、高铁限制措施，经严格审查并经本院院长批准，可以给予其最长不超过一个月的暂时解除期间。

（七）纳税信用修复

1. 纳税信用修复定义。国家税务总局 2021 年 11 月发布的《关于纳税信用评价与修复有关事项的公告》所称的纳税信用修复，是对纳税信用评价指标和级别的修复。

2. 纳税信用修复条件。符合下列条件之一的纳税人，可向主管税务机关申请纳税信用修复：（1）发生频次高但情节轻微或未造成严重社会影响的纳税信用失信行为。（2）破产企业或其管理人在重整或和解程序中，已依法缴纳税款、滞纳金、罚款，并纠正相关纳税信用失信行为的。（3）因确定为重大税收违法失信主体，纳税信用直接判为 D 级的纳税人，失信主体信息已按照国家税务总局相关规定不予公布或停止公布，申请前连续 12 个月没有新增纳税信用失信行为记录的。（4）由纳税信用 D 级纳税人的直接责任人员注册登记或者负责经营，纳税信用关联评价为 D 级的纳税人，申请前连续 6 个月没有新增纳税信用失信行为记录的。（5）因其他失信行为纳税信用直接判为 D 级的纳税人，已纠正纳税信用失信行为、履行税收法律责任，申请前连续 12 个月没有新增纳税信用失信行为记录的。（6）因上一年度纳税信用直接判为 D 级，本年度纳税信用保留为 D 级的纳税人，已纠正纳税信用失信行为、履行税收法律责任或失信主体信息已按照国家税务总局相关规定不予公布或停止公布，申请前连续 12 个月没有新增纳税信用失信行为记录的。

3. 纳税信用修复依据。依据为国家税务总局《关于纳税信用评价与修复有关事项的公告》。

4. 纳税信用修复范围及标准（见表 5 - 13）。

表 5 – 13 　　　　　　　　　　　　纳税信用修复范围及标准

序号	指标名称	指标代码	扣分分值	修复加分分值		
				30 日内纠正	30 日后本年纠正	30 日后次年纠正
1	未按规定期限纳税申报 *	010101	5 分	涉及税款 1 000 元以下的加 5 分，其他的加 4 分	2 分	1 分
2	未按规定期限代扣代缴 *	010102	5 分	涉及税款 1 000 元以下的加 5 分，其他的加 4 分	2 分	1 分
3	未按规定期限填报财务报表 *	010103	3 分	2.4 分	1.2 分	0.6 分
4	从事进料加工业务的生产企业，未按规定期限办理进料加工登记、申报、核销手续的 *	010304	3 分	2.4 分	1.2 分	0.6 分
5	未按规定时限报送财务会计制度或财务处理办法 *	010501	3 分	2.4 分	1.2 分	0.6 分
6	使用计算机记账，未在使用前将会计电算化系统的会计核算软件、使用说明书及有关资料报送主管税务机关备案的 *	010502	3 分	2.4 分	1.2 分	0.6 分
7	纳税人与其关联企业之间的业务往来应向税务机关提供有关价格、费用标准信息而未提供的 *	010503	3 分	2.4 分	1.2 分	0.6 分
8	未按规定（期限）提供其他涉税资料的 *	010504	3 分	2.4 分	1.2 分	0.6 分
9	未在规定时限内向主管税务机关报告开立（变更）账号的 *	010505	5 分	4 分	2 分	1 分
10	未按规定期限缴纳已申报或批准延期申报的应纳税（费）款 *	020101	5 分	涉及税款 1 000 元以下的加 5 分，其他的加 4 分	2 分	1 分
11	至评定期末，已办理纳税申报后纳税人未在税款缴纳期限内缴纳税款或经批准延期缴纳的税款期限已满，纳税人未在税款缴纳期限内缴纳的税款在 5 万元以上（含 5 万元）的 *	020201	11 分	8.8 分	4.4 分	2.2 分
12	至评定期末，已办理纳税申报后纳税人未在税款缴纳期限内缴纳税款或经批准延期缴纳的税款期限已满，纳税人未在税款缴纳期限内缴纳的税款在 5 万元以下的 *	020202	3 分	涉及税款 1 000 元以下的加 3 分，其他的加 2.4 分	1.2 分	0.6 分

续表

序号	指标名称	指标代码	扣分分值	修复加分分值		
				30 日内纠正	30 日后本年纠正	30 日后次年纠正
13	已代扣代收税款，未按规定解缴的*	020301	11 分	涉及税款 1 000 元以下的加 11 分，其他的加 8.8 分	4.4 分	2.2 分
14	未履行扣缴义务，应扣未扣，应收不收税款*	020302	3 分	涉及税款 1 000 元以下的加 3 分，其他的加 2.4 分	1.2 分	0.6 分
15	银行账户设置数大于纳税人向税务机关提供数*	—	11 分	8.8 分	4.4 分	2.2 分
16	有非正常户记录的纳税人*	040103	直接判 D	履行相应法律义务并由税务机关依法解除非正常户状态，在被直接判为 D 级的次年年底前提出修复申请的，税务机关依据纳税人申请重新评价纳税信用级别，但不得评价为 A 级		
				履行相应法律义务并由税务机关依法解除非正常户状态，在被直接判为 D 级的次年年底之后提出修复申请且申请前连续 12 个月没有新增纳税信用失信行为记录的，税务机关依据纳税人申请重新评价纳税信用级别，但不得评价为 A 级		
17	非正常户直接责任人员注册登记或负责经营其他纳税户	040104	直接判 D	非正常户纳税人修复后纳税信用级别不为 D 级的，税务机关依据纳税人申请重新评价纳税信用级别		
18	D 级纳税人的直接责任人员注册登记或负责经营的其他纳税户	040105	直接判 D	D 级纳税人修复后纳税信用级别不为 D 级的，税务机关依据纳税人申请重新评价纳税信用级别		
				D 级纳税人未申请修复或修复后纳税信用级别仍为 D 级，被关联纳税人申请前连续 6 个月没有新增纳税信用失信行为记录的，税务机关依据纳税人申请重新评价纳税信用级别		
19	在规定期限内未补缴或足额补缴税款、滞纳金和罚款*	050107	直接判 D	在税务机关处理结论明确的期限期满后 60 日内足额补缴（构成犯罪的除外），在被直接判为 D 级的次年年底之前提出修复申请的，税务机关依据纳税人申请重新评价纳税信用级别，但不得评价为 A 级		

续表

序号	指标名称	指标代码	扣分分值	修复加分分值		
				30 日内纠正	30 日后本年纠正	30 日后次年纠正
19	在规定期限内未补缴或足额补缴税款、滞纳金和罚款*	050107	直接判 D	在税务机关处理结论明确的期限期满后 60 日内足额补缴（构成犯罪的除外），在被直接判为 D 级的次年年底之后提出修复申请且申请前连续 12 个月没有新增纳税信用失信行为记录的，税务机关依据纳税人申请重新评价纳税信用级别，但不得评价为 A 级		
				在税务机关处理结论明确的期限期满 60 日后足额补缴（构成犯罪的除外），申请前连续 12 个月没有新增纳税信用失信行为记录的，税务机关依据纳税人申请重新评价纳税信用级别，但不得评价为 A 级		
20	确定为重大税收违法失信主体*	—	直接判 D	重大税收违法失信主体信息已不予公布或停止公布，申请前连续 12 个月没有新增纳税信用失信行为记录的，税务机关依据纳税人申请重新评价纳税信用级别，但不得评价为 A 级		
21	其他严重失信行为*	010401 ~ 010413	直接判 D	已纠正纳税信用失信行为、履行税收法律责任，申请前连续 12 个月没有新增纳税信用失信行为记录的，税务机关依据纳税人申请重新评价纳税信用级别，但不得评价为 A 级		
		030110 ~ 030115	直接判 D			
		060101 ~ 060103、060201、060202	直接判 D			
22	因上一年度纳税信用直接判为 D 级，本年度纳税信用保留为 D 级*	—	直接判 D	已纠正纳税信用失信行为、履行税收法律责任或重大税收违法失信主体信息已不予公布或停止公布，申请前连续 12 个月没有新增纳税信用失信行为记录的，税务机关依据纳税人申请重新评价纳税信用级别，但不得评价为 A 级		

注：（1）30 日内纠正，即在失信行为被税务机关列入失信记录后 30 日内（含 30 日）纠正失信行为；30 日后本年纠正，即在失信行为被税务机关列入失信记录后超过 30 日且在当年年底前纠正失信行为；30 日后次年纠正，即在失信行为被税务机关列入失信记录后超过 30 日且在次年年底前纠正失信行为。

（2）带 * 内容，是指符合修复条件的破产重整企业或其管理人申请纳税信用修复时，扣分指标修复标准视同 30 日内纠正，直接判 D 指标修复标准不受申请前连续 12 个月没有新增纳税信用失信行为记录的条件限制。

如表 5-13 所示，在纳入纳税信用管理的企业纳税人中，可以申请纳税信用修复的有"三种类型"，共 22 种不同的情形。包括 15 项未按规定期限办理纳税申报、税款缴纳、资料备案等事项和 7 项直接判为 D 级的情形。

（1）修复时段分三档，越早修复越有利。以纳税人未按规定时限报送财务会计制度或财务处理办法为例，纳税人出现这一失信行为，将被扣除 3 分。如果纳税人在失信行为被税务机关列入失信记录后 30 日内纠正该行为，可以修复的分数为 2.4 分；如果超过 30 日且在当年年底前纠正，可以修复的分数为 1.2 分；如果纳税人超过 30 日且在次年年底前纠正失信行为，则只能修复 0.6 分。

例如纳税人已代扣代收税款，未按规定解缴的，按照规定将一次性扣除 11 分。若纳税人在失信行为被税务机关列入失信记录后 30 日内纠正该行为，涉及税款在 1 000 元以下的，扣除的 11 分可以全部修复，但涉及税款超过 1 000 元的，只能修复 8.8 分。

由此可见，企业一旦出现失信行为，应当尽早纠正，以最大限度降低失信行为对企业造成的影响。

（2）对破产重整企业纳税信用修复的支持。破产重整企业在重整或和解程序中，已依法缴纳税款、罚款、滞纳金，并纠正相关纳税信用失信行为后，可将当前的纳税信用评价结果向主管税务机关申请纳税信用修复。其中，对于未按法定期限办理纳税申报、资料备案等事项，符合条件的破产重整企业申请纳税信用修复时，统一按照"30 日内纠正"对应的修复标准进行加分；对于部分纳税信用直接判为 D 级的严重失信行为，符合条件的破产重整企业申请纳税信用修复时，不受申请前连续 12 个月没有新增纳税信用失信行为记录的条件限制。

5. 办理方式与流程。

（1）办理方式。申请修复的纳税人只需填写"一张报表"——《纳税信用修复申请表》（一式两份），同时对纠正失信行为的真实性做出承诺即可。纳税人可通过线上或线下的方式提交申请。收到修复申请后，主管税务机关会在 15 个工作日内完成审核，并向纳税人反馈信用修复结果。

①对当前的纳税信用评价结果向主管税务机关申请纳税信用修复。主管税务机关受理纳税信用修复申请后，将根据《纳税信用修复范围及标准》对企业纳税信用评价指标的分值或状态进行调整，重新评价其纳税信用级别，并反馈纳税信用修复结果。当前的纳税信用评价结果是指税务机关按照年度评价指标得分或直接判级方式确定的最新的纳税信用级别。

②完成纳税信用修复后，纳税信用级别不为 D 级的，不再受 D 级评价保留两年的限制，并按照修复后的纳税信用级别适用相应的税收政策和管理服务措施，此前已适用的税收政策和管理服务措施不作追溯调整。

（2）办理流程（见图 5-2）。

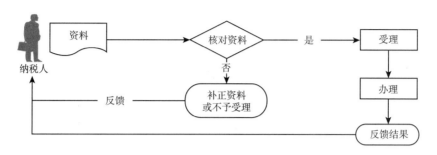

图 5-2 纳税信用修复流程

（3）办理地点。可通过办税服务厅（场所）办理，具体地点可从省（自治区、直辖市和计划单列市）税务局网站"纳税服务"栏目查询。

（八）征信异议

1. 征信异议定义。征信异议是指信息主体认为征信机构采集、保存、提供的信息存在错误、遗漏的，有权向征信机构或者信息提供者提出异议，要求更正。异议的对象是征信机构、信息提供者或金融机构，异议的客体是征信记录的信息。"征信修复"只是民间的称谓，在央行的政策中，是不存在征信修复的。因此，所谓的"征信修复"，狭义上即指的是央行口径的征信异议处理。

2. 征信异议的法律依据。《征信业管理条例》第 25 条规定，信息主体认为征信机构采集、保存、提供的信息存在错误、遗漏的，有权向征信机构或者信息提供者提出异议，要求更正。征信机构或者信息提供者收到异议，应当按照国务院征信业监督管理部门的规定对相关信息作出存在异议的标注，自收到异议之日起 20 日内进行核查和处理，并将结果书面答复异议人。经核查，确认相关信息确有错误、遗漏的，信息提供者、征信机构应当予以更正；确认不存在错误、遗漏的，应当取消异议标注；经核查仍不能确认的，对核查情况和异议内容应当予以记载。

《征信业管理条例》第 26 条规定，信息主体认为征信机构或者信息提供者、信息使用者侵害其合法权益的，可以向所在地的国务院征信业监督管理部门派出机构投诉。受理投诉的机构应当及时进行核查和处理，自受理之日起 30 日内书面答复投诉人。信息主体认为征信机构或者信息提供者、信息使用者侵害其合法权益的，可以直接向人民法院起诉。

3. 可申请异议处理的范围。

（1）非恶意欠款造成的逾期记录。大多数人出现逾期，是除了正常还款以外的其他费用未还款项，而导致的逾期。例如年费、利息、滞纳金等这些比较少注意、难计算的费用等。

（2）银行主动过失造成的逾期记录。造成逾期的原因并不完全是个人的责任而是银行存在过失行为的。例如信用卡年费调整未通知、周末系统升级无法扣款、收费存在霸王条款导致客户逾期等。

（3）第三方还款失败造成的逾期记录。通过第三方机构还款并不是实时到账，会有一定的延迟，例如跨行柜台、网银转账还款失败和绑定跨行自动扣款失败而造成逾期。

（4）账单未收到造成的逾期记录。信用卡的还款一般都是以账单为参考来还的，如果持卡人没有及时收到银行的账单，包括纸质账单、电子账单等。

（5）小额欠款未还的记录。大多数人还款都可能是按整数来还，有时候没有太注意一些零头，所以容易出现逾期。

（6）不实信息导致的逾期记录。银行审核不严，导致个人信息被冒用，或信息有误等不实信息导致的逾期记录。

（7）超过法定保存期限的不良记录。《征信业管理条例》规定，个人不良记录保存的期限是 5 年，超过 5 年的征信机构就应该予以删除。如征信机构没有予以删除，则可通过申诉来处理。但要注意：5 年保留期是从还款之后才开始算，不要误以为不良记录 5 年后自动消失，因此，欠的钱不必归还。也不要认为还款后注销卡片，不良记录就会随之消除。《征信业管理条例》只规定个人不良记录保存的期限是 5 年，对企业不良记录保存的期限没有明确的规定。

（8）不可抗力等客观原因造成的逾期记录。例如自然灾害、疫情隔离治疗、观察或参与防疫以及因疫情影响暂时失去收入来源等。具体情况如下：①因公安拘留、疫情隔离治疗导致逾期所产生的信用不良记录；②因发生意外事故导致无力按时还款所产生的信用不良记录，例如意外交通事故；③因疾病、疫情导致无力按时还款导致的逾期所产生的信用不良记录；④因失业导致无力按时还款导致的逾期所产生的信用不良记录；⑤其他非本人意愿导致逾期所产生的信用不良记录情况。

4. 征信异议业务规程。

（1）申请。企业或个人认为企业信用报告中的信息存在错误、遗漏的，向所在地的中国人民银行分支机构或直接向征信中心提出异议申请。

①企业提出异议申请时应提供以下材料：企业法定代表人提出异议申请的，应提供本人有效身份证件原件、企业营业执照原件供查验，同时填写《企业信用报告异议申请表》，并保留有效身份证件复印件、其他证件复印件备查。委托经办人代理提出异议申请的，应提供经办人身份证件、企业的其他证件原件及企业法定代表人授权委托证明书原件供查验，同时填写企业信用报告异议申请表，并保留有效身份证件复印件、其他证件复印件、企业法定代表人授权委托证明书原件备查。

②个人提出异议申请时应提供以下材料：本人有效身份证件的原件及复印件，并留存有效身份证件复印件备查。同时如实填写《个人信用报告异议申请表》，并留存《个人信用报告本人查询申请表》原件备查。委托他人代理提出异议申请的，代理人应提供委托人和代理人的有效身份证件原件、授权委托公证证明原件、《授权委托书》原件供查验，同时填写《个人信用报告异议申请表》，并提交委托人和代理人的有效身份证件复印件、授权委托公证证明原件、《授权委托书》原件备查。

在提出异议申请之前，要注意做好以下工作：

第一步：查征信。查看自己征信上的逾期记录和具体情况。查看后给放款机构客服打电话，询问逾期金额、逾期时间以及逾期期间是否有消费，便于我们具体分析，做出对应的处理方案。

第二步：找理由。找一个合情合理的修复理由，考虑用哪些理由，才能作出合情合理的解释。

第三步：申诉。申诉前先确认手机号码是不是逾期行或逾期机构的预留手机号，如果不是，请先到逾期行或逾期机构办理手机号码更改，确认无误后，即可以打电话表达自己的主观诉求。

第四步：申诉提交异议申请表。异议申诉通过后，就需要填写征信异议申请表，一般来说都是线上邮件提交申请表，小部分银行会让你到线下填写申请表。

（2）资料审核。中国人民银行分支机构或征信中心对接收的异议申请相关材料进行齐备性审查。企业法定代表人或经办人无法提供有效身份证件或相关申请材料不全的，将不予接收，并告知不予接收的原因。

（3）异议处理。人民银行分支机构或征信中心在企业法定代表人或经办人提出异议申请2日内完成异议登记和确认。中国人民银行分支机构或征信中心设专人负责异议处理业务及相关活动，不得无故拒绝企业提交异议申请。人民银行分支行机构在收到个人异议申请的2个工作日内将异议申请转交征信服务中心。征信服务中心在接到异议申请的2个工作日内进行内部核查。

（4）处理结果反馈。①对企业处理结果反馈。人民银行分支机构或征信中心应当在自接收异议信息之日起20日内，向企业法定代表人或经办人提供《企业征信异议回复函》。②对个人处理结果反馈。征信服务中心应当在接受异议申请后15个工作日内向异议申请人或转交异议申请的中国人民银行分支机构提供书面答复；转交异议申请的人民银行分支机构应当自接到征信服务中心书面答复和更正后的信用报告之日起2个工作日内，向异议申请人转交。

5. 对异议处理结果不满意的处理。

（1）声明：可以向征信中心申请在信用报告中添加"本人声明"，说明情况。

（2）投诉：可以向当地人民银行分支机构投诉。

①投诉的受理。人民银行分支机构接到投诉后，能够当场答复是否予以受理的，应当当场答复；不能当场答复的，应当于接到投诉之日起 5 日内，做出是否受理的决定，并告知投诉人或代理人。

对于决定不予受理的投诉申请，还应当明确告知不予受理的理由。投诉有以下情形之一的，人民银行分支机构不予受理：a. 无明确的投诉对象；b. 无具体的投诉事项和理由；c. 人民银行相关分支机构已就投诉事项进行过核实处理，无新情况、新理由；d. 投诉事项已通过司法等途径受理或处理。

投诉人所在地与被投诉机构所在地不一致的处理。投诉人所在地与被投诉机构所在地不一致的，投诉人可以向任一人民银行分支机构投诉。接到投诉的人民银行分支机构应当与相关人民银行分支机构协商处理该投诉。

②投诉的处理。

a. 处理结果。人民银行分支机构应当在投诉受理之日起 30 日内作出处理决定，并及时送达投诉人和被投诉机构。处理决定应当载明投诉人信息、投诉事项、投诉要求和处理意见等内容。被投诉机构对投诉处理结果无异议的，应当在收到处理决定之日起 10 日内按照处理意见进行整改，并将整改情况向人民银行分支机构报告。被投诉机构未按照要求整改的，人民银行分支机构可以依据《征信业管理条例》给予处罚。

b. 复议情形。投诉人、被投诉机构对投诉处理结果持有异议的，可以向做出投诉处理决定的人民银行分支机构上一级机构申请复议。

c. 和解情形。被投诉机构与投诉人达成和解协议，投诉人撤销投诉的，人民银行分支机构可以终止投诉处理。

（3）诉讼。可以向有管辖权的法院起诉，通过司法程序解决你的诉求。《征信业管理条例》第 26 条规定，信息主体认为征信机构或者信息提供者、信息使用者侵害其合法权益的，可以向所在地的国务院征信业监督管理部门派出机构投诉。受理投诉的机构应当及时进行核查和处理，自受理之日起 30 日内书面答复投诉人。信息主体认为征信机构或者信息提供者、信息使用者侵害其合法权益的，可以直接向人民法院起诉。可见，我国对征信侵权行为有行政救济和司法救济两种方式。

（九）"征信修复"的套路与陷阱分析

"征信修复"行业鱼龙混杂，割韭菜骗局频发。所谓的"征信修复"大多数就是个骗局，因为"征信修复"的成功概率是极低的。不少中介声称在人民银行有内部关系，打出"黑户漂白""永久消除""100% 处理"等噱头吸引眼球，客户需提供个人征信记录和身份、账户密码等信息，并事先支付保证金，事成后补交余款，最终骗取客户几千元到几万元不等的修复费用。有白就有黑，这是亘古不变的，因为有利润的充斥，"征信修复"的新概念、新事物被搬上台面吸引了眼球，很多心术不正的就打起了歪念头。

1. "征信修复"的套路。

(1) 惯用伎俩：这些"征信修复"机构为了包装自己，一般会邀请你前往考察，吹嘘费用"征信修复"是国家战略，有中国人民银行批文，国家市场监督管理总局颁发的唯一一块经营牌照，并包装自己的形象。一般人都会心动，既然心动了，那么你就得乖乖缴纳代理加盟费。这个费用本是无可厚非，但遗憾的是当你向该征信修复机构上报逾期单后，一切美好都会化为泡影。因为这些所谓的征信修复公司根本就没有这个能力。实际上这样的公司只是采取所谓的技术手段"伪造假病历、住院证明"，将 PS 好的证明递交给银行，其结果自然毫无悬念，不可能会被银行采纳。

温馨提示：目前，从事征信修复服务，不需要什么资质许可。不少"征信修复"中介机构，宣称有中国人民银行批文，其实就是中国人民银行颁发的一张已作废的《企业征信机构备案证》。以这样一张已作废的证书对外宣传，不仅误导了不少客户，还带有欺骗性。中国人民银行 2016 年 9 月 21 日印发的《企业征信机构备案管理办法》第 16 条规定，人民银行及其省级分支通过各自网站同步公布备案企业征信机构情况，并实施在线名单管理。第 25 条规定，人民银行省级分支不再颁发纸质《企业征信机构备案证》，此前发放的纸质《企业征信机构备案证》自前款的企业征信机构名单公布之日起作废。

(2) 赚钱噱头：这些"征信修复"公司的业务很简单：所谓代办非恶意征信修复，包括逾期、止付、呆账和冻结等问题，只是噱头。他们赚钱的主要来源，实际上就是赚代理商的加盟费。此类中介公司最多只能修复非恶意逾期单，有征信瑕疵的客户他们根本就搞不定，而这样的修复，其实你自己就能搞定，不需要出这个冤枉钱。

(3) 合作模式：这些征信修复公司通常会采取五种合作方案：省级分公司、市级分公司、区县级分公司、合作公司及业务合伙人，承包费为 50 万~5 000 万元不等。每条征信修复市场定价 3 000 元，业务提成 40%~60%。征信报告评估价格定价 300元，其中 100 元为推广提成。除此之外，各级合作方还享受相应的区域派单分红、推荐业务量提成和区域管理费。

(4) 宣传话术：征信非恶意逾期是可以修复的，成功通过率 100%。与客户签订协议修复期 90 天，从现阶段运营数据来看，普遍在两个月内处理完毕。这个行业都需要客户先付全款，我们承诺：修复不成功，全额退款……"成功案例截图"及相关宣传文案；征信有问题贷款不了？找×××，真是简单粗暴。

(5) 朋友圈攻势：这些公司还会在朋友圈营造一种氛围并发布信息：三天连续签约南京、张家界、东莞分公司；征信有污点，贷款难度高，只需 3 000 元帮你搞定；各类逾期、止付、呆账，都能帮你洗白；经手的征信修复成功率是 100%……

2. "征信修复"陷阱分析。"征集修复"诈骗手法类似于电信诈骗，各种花言巧语抓住你的弱点和心理。例如先收你个修复定金，然后再一步步套你，让你交这个费那个费，因为你不想先前的本金受损，对方又很"专业"，后续费用如材料费、委托费、保密费等，一切费用交了之后，因为操作是需要时间的，你还要等个漫长的 20~30 天周期……最后他们把你拉黑，神奇地消失了！你却手足无措！

除了前端的信用污点洗白业务，中介还开设信用修复培训课程，在全国范围内进行招生，利用"征信修复"噱头不断发展下线，借机收取培训费和加盟费。有偿推介客户、加盟式培训、修复费用预支付，"征信修复"行业已形成层层叠叠的灰色产业链。

那么这些中介的操作过程是怎样的？

中介惯用征信洗白三步走。第一步：让客户结清所有逾期欠款。第二步：和银行客服沟通，开具非恶意逾期证明（该项证明能否开具要看和银行沟通的结果，部分中介让客户卖惨，例如伪造出生病、昏迷、住院、遭遇特殊情况等证据提交银行，以期换得商量的余地。但银行对于这种惯用套路也有着高度警惕性，申请通过率往往很低）。总的来说，中介只是在和银行沟通的话术方面更为精通，熟悉整个申诉的流程，而这些操作客户自己就可以完成。第三步：将证明提交至央行征信中心，申诉该逾期非本人有意为之。

中介所谓的修复术最多只对近期的逾期有一点效果，多数情况是修复无果中介拿钱跑路。中介利用客户对于"征信修复"的法规盲点进行诱骗，巧立"预付定金""资料费""申诉费""培训费"等名目进行圈钱。

（十）第三方征信平台的信用修复

第三方平台主要是指天眼查、企查查、爱企查、启信宝等第三方非官方征信平台。由于第三方平台公示信息主体失信信息数据来源于政府网站的公开数据，主要来源为信用中国及地方信用门户网站、全国企业信用信息公示系统、中国裁判文书网、中国执行信息公开网、国家知识产权局、商标局、版权局。也就是说在第三方平台能查到的信息主体的信息，在这些政府网站上均可查询。所以，如果直接通过第三方平台处理，即使第三方平台删除了信息主体信息，作为数据源头的政府网站依旧可查。

因此，对于在第三方平台公示的失信信息，正确的处理方式为：首先要找到数据源头，然后按数据源头部门的相关规定进行修复，修复后，则第三方平台修复水到渠成。具体方法：再找第三方平台，要求撤销该信息的公示。如出现第三方平台提出无理要求或者无正当理由拒绝修复，则可通过向征信管理部门进行投诉处理或通过司法途径处理。

失信主体在第三方平台公示的失信信息，失信主体通过法定的程序修复后，第三方平台原则上应同步删除，但有部分第三方平台出于利益或其他原因，将该信息转移为历史信息，这样可以避免被投诉，规避了法律风险。

对于第三方平台例如在企查查、天眼查上查到的历史失信信息，对于相关公司去招标或者别人查询这家企业还是有影响的，那么这个历史记录可以删除吗？答案是可以的。具体也可与该平台客服联系，进行协商解决。

根据国家发展改革委员会关于信用修复的相关规定，从"信用中国"网站获取失信信息的第三方信用服务机构，应当建立信息更新机制，确保与"信用中国"网站保持一致。信息不一致的，以"信用中国"网站信息为准。国家公共信用信息中心应当对第三方信用服务机构的信息更新情况进行监督检查，对不及时更新修复信息的机构，可以暂停或者取消向其共享信息。

本章练习

一、思考题

1. 公共信用评价有何作用？
2. 失信被执行人的可信用修复情形。
3. 纳入失信的解除与救济方法。
4. 对征信异议处理结果不满意的处理方法。

二、不定项选择题

1. 关于征信投诉不予受理的情形有（　　）。

A. 有明确的投诉对象

B. 无异议处理的地点

C. 投诉事项已通过司法等途径受理

D. 人民银行相关分支机构已就投诉事项进行过核实处理，无新情况

2. 在征信活动中，我国对征信侵权行为的解决方式有（　　）两种方式。

A. 行政救济　　　　B. 司法救济　　　　C. 诉讼　　　　　　D. 仲裁

3. 实践中常见的信用修复的主要类型有（　　）。

A. 行政处罚信用信息的信用修复　　　B. 失信被执行人的信用修复

C. 商事主体的信用修复　　　　　　　D. 征信异议处理

4. 信用修复考量的条件有（　　）。

A. 信用主体修复的意愿　　　　　　　B. 失信行为的危害程度

C. 失信行为发生的客观原因　　　　　D. 对失信行为的主观认知

5. 在实践中，失信被执行人积极履行生效法律文书确定的义务并同时具备（　　）情形的，可以向人民法院申请信用修复。

A. 经传唤于规定时间到达法院配合执行　B. 遵守财产报告制度

C. 遵守限制消费令　　　　　　　　　D. 积极配合人民法院处置现有财产

6. 在实践中，失信被执行人（　　）情况，属于不予修复情形。

A. 以虚假诉讼规避执行的　　　　　　B. 未能完全履行生效文书确定义务的

C. 隐藏财产的　　　　　　　　　　　D. 以明显不合理的低价转让财产的

三、分析题

A 公司是一家企业征信机构，接受了 B 公司的委托对其客户 C 公司的信用进行资信调查。A 公司采集了 C 公司的信用信息，并对 B 公司出具了 C 公司的资信调查报告。资信调查报告中认为 C 公司与其供应商 D 公司的一笔交易存在延期付款 120 天的情况，因此给予了 C 公司"风险较高"的信用评级，并建议给予其"极低的授信额度或者拒绝授信"。B 公司根据这份资信调查报告，拒绝了客户 C 公司的信用申请，客户 C 公司却认为资信调查报告中其与供应商 D 公司的交易是因为 D 公司的产品存在质量问题，双方出现贸易纠纷，才导致延期付款 120 天。请问：

（1）C 公司认为 A 公司出具的资信调查报告存在问题时应如何处理？

（2）A 公司收到 C 公司对资信评估报告的异议时应如何处理？

（3）C 公司认为 A 公司出具的资信评级报告侵害其合法权益时应如何处理？

（4）C 公司认为 A 公司出具的资信评级报告侵害其合法权益时，受理投诉的机构应如何处理？

（5）C 公司对受理投诉机构的处理结果不服时，C 公司应如何处理？

参考文献

[1] 陈文, 曹洪医. 助理信用管理师实务 [M]. 广州: 广东人民出版社, 2015.

[2] 陈文, 蒋海. 中级信用管理师实务 [M]. 广州: 广东人民出版社, 2015.

[3] 陈文, 庞素琳. 高级信用管理师实务 [M]. 广州: 广东人民出版社, 2015.

[4] 林钧跃, 陈殿佐. 信用管理师 [M]. 北京: 中国劳动社会保障出版社, 2006.

[5] 焦瑾璞. 金融机构信用管理 [M]. 北京: 中央广播电视大学出版社, 2011.

[6] 刘澄, 徐明威. 信用管理 [M]. 北京: 经济管理出版社, 2010.

[7] 关建中. 国家信用评级新论 [M]. 北京: 中国金融出版社, 2011.

[8] 秦国勇. 商业保理操作实务 [M]. 北京: 法律出版社, 2011.

[9] 郭箭. 浅析企业征信系统异议处理 [J]. 征信, 2010 (5).

[10] 刘乐平. 信用评级原理 [M]. 北京: 中国金融出版社, 2012.

[11] 方立新. 助理信用管理师实务 [M]. 北京: 中央广播电视大学出版社, 2010.

[12] 陈斯雯. 企业赊销管理与账款追收 [M]. 北京: 经济科学出版社, 2007.

[13] 孙森, 翟淑萍. 信用管理 [M]. 北京: 中国金融出版社, 2012.

[14] 王玥. 个人征信权益保护问题的调查与研究 [J]. 征信, 2012 (164).

[15] 孙健. 账款催收的心理博弈术 [M]. 北京: 电子工业出版社, 2011.

[16] 高秀屏, 赵迎东, 汪宇瀚. 企业信用管理 [M]. 上海: 上海财经大学出版社, 2013.

[17] 何发超. 微型信贷业务 [M]. 北京: 经济科学出版社, 2014.

[18] 吴晶妹. 三维信用论 [M]. 北京: 当代中国出版社, 2013.

[19] 叶伟春. 信用评级理论与实务 [M]. 上海: 上海人民出版社, 2011.

[20] 《征信前沿问题研究》编写组. 征信前沿问题研究 [M]. 北京: 中国经济出版社, 2010.

[21] 戴根有. 征信理论与实务 [M]. 北京: 中国金融出版社, 2009.

[22] 谢旭, 蒲小雷, 韩家平. 助理信用管理师 [M]. 北京: 中国劳动社会保障出版社, 2006.

［23］高武．小额贷款评估技术与风险控制［M］．北京：中国金融出版社，2013．

［24］巩宇航．中小企业融资实训教程［M］．北京：中国金融出版社，2013．

［25］安建，刘士余，潘功胜．征信业管理条例释义［M］．北京：中国民主法制出版社，2013．

［26］林钧跃．征信技术基础［M］．北京：中国人民大学出版社，2007．

［27］企业信用管理工作指南　第1部分：基本要求（DB 3703/T 7.1—2022）。

［28］企业信用管理工作指南　第2部分：企业信用管理体系（DB 3703/T 7.2—2022）。

［29］企业信用管理规范（DB32/T 4186—2022）。

［30］企业信用分析框架债券投资信用风险研究分析［EB/OL］．互联网文档资源，tps：ww.doc88.co，2020．

［31］财务报表粉饰与识别．互联网文档资源，https：//ishare.iask.，2021．

［32］赵红波，赵继红．浅议赊销风险及其防范［J］．商场现代化，2009 – 05 – 20．

［33］企业应收账款管理研究．互联网文档资源，www.docin.com，2012．

［34］账款催收技巧四篇．互联网文档资源，www.docin.com，2020．

［35］小额贷款风险控制．互联网文档资源，www.wenku.baidu.com，2019．

［36］全国企业信用信息公示系统，http：//www.gsxt.gov.cn/index.html．

［37］信用中国，http：//www.creditchina.gov.cn．

［38］中国市场监管行政处罚文书网，http：//cfws.samr.gov.cn．

［39］全国法院被执行人信息查询，http：//zxgk.court.gov.cn/zhixing/．

［40］中国执行信息公开网，http：//zxgk.court.gov.cn/．

［41］中国裁判文书网，http：//wenshu.court.gov.cn/．

［42］中国法院网"公告查询"，http：//www.live.chinacourt.org/fygg．

［43］国家市场监督管理总局，http：//www.sda.gov.cn．

［44］建设工程相关资质，http：//www.mohurd.gov.cn/wbdt/dwzzcx/index.html．

［45］纳税人查询，http：//hd.chinatax.gov.cn/fagui/action/InitCredit.do．

［46］全国中小企业股份转让系统网站，http：//www.neeq.com.cn/．

［47］中国人民银行征信中心，http：//www.pbccrc.org.cn/．

［48］全国组织机构代码管理中心，http：//www.nacao.org.cn/．

［49］中国商标局商标查询系统，http：//wsjs.saic.gov.cn/．

［50］中国版权保护中心，http：//www.ccopyright.com.cn/．

［51］ICP/IP地址/域名信息备案管理系统，http：//www.miibeian.gov.cn．

［52］香港公司注册处综合信息系统，http：//www.icris.cr.gov.hk/csci/．

［53］香港知识产权署网上查询系统，http：//ipsearch.ipd.gov.hk/index.html．